庭审N+1实训教程

王瑞 主编

復旦大學 出版社

内容提要

随着我国判例指导制度的日渐成熟，在法学本科育人模式中引入专业的庭审实训已成为教学之必须。为此，天津财经大学法学院王瑞副教授组建了一支理论与实践并重的科研团队，申请了天津财经大学"十三五"建设项目"庭审N+1实训教学中心"（项目编号：031707）并顺利获批，在精准研究的基础上，初步探索构建了我国新时代创新型卓越法律人才的教育教学实训机制。本书受该项目资助，是该项目的阶段性研究成果，其定位为新时代创新型卓越法律人才教育培养实训教学的指导用书。

依托庭审N+1实训教学中心基地，本书以"N+1"作为运作精神展开。"N"即视角多维、方法多样、领域纵横、能力综合。通过多种教学与实践方法，采用宏观视角、多方维度考察法律人才的庭审思维，借灵活形式、综合方式考评法律人才的庭审技巧，从领域广度、领域深度着眼法律人才的庭审能力，以实践能力、创新能力衡量法律人才的庭审意识。"1"即信念唯一、宗旨恒定。信念即全面、高效培养学生的庭审意识、庭审思维、庭审技巧，促进人才培养与就业需求紧密对接；宗旨即引导法科生夯实知识基础，了解法学前沿问题，培养具备社会责任感、创新能力及实践能力的法律人才。

本书共分为三篇：上篇阐述新时代法学实践教育背景下庭审N+1实训课程之教学模式构建；中篇为庭审N+1实训课程之核心技能实训；下篇为庭审N+1实训课程之模拟法庭实训。下篇中还以民事案件、刑事案件和行政案件为实训内容，介绍模拟法庭实训课程的操作方法，培养法科生的综合素养和专业技能。

前　言

在高等教育体系中,本科教育的体量规模最大,是大学生知识架构、基础能力的形成期。恰如教育部部长陈宝生在新时代全国高等学校本科教育工作会议上指出的:高教大计,本科为本;本科不牢,地动山摇。法学本科教育要引导法科生夯实知识基础,了解法学前沿,接触社会实际,最终成为具有社会责任感和实践能力的法律人才。据不完全统计,中国目前有六百多所法学院,每年培养出数以万计的法科生。每一所高校的法学院都有义务为学生提供趋于科学、系统的法学基础教育,使其在走向社会时,能以最短时间完成从法科生到法律执业者的转变。

说起法律执业者,我倒想起另一个群体——医生。医生和律师的执业活动,具有极大的相似性:他们都需要经验的累积,都是常人眼中"越老越吃香"的职业;医生救治病患,律师则维持社会的正义,何尝不是另一种救治;医学院和医院、法学院和法院,连从校园到职场的转变都同是一字之差,何其相似。同医学一样,法学从来不是一门纸上谈兵的学问,法学教育也应当以实践为本。失去对社会现实的关照,法学教育将变得没有生命力。

如何在法学教育中贯彻实践性,将法律实践融于本科教学中,是最近十余年来,我和我的同事们一直感兴趣的命题。早在2004年,我就与我校宋哲新教授合作主持过天津市"十五"综合投资教改项目"临床法学教育模式研究与构建",试图参照医学院与医院的模式,探索我国法学教育的新模式。如今,随着我独立主持的天津市"十三五"建设项目"庭审N+1实训教学中心"(项目编号:031707)的立项及相关研究的深入开展,我的法学实践教学探索之路得以更进一步。本书即受该项目资助,是该项目的阶段性研究成果。为使课程结构趋于合理，我和我的团队成员不仅查阅了众多文献，更身体力行，走出书斋，奔赴杭州、武汉等地调研考察了多所大学。希望我们的努力能为中国的法学实践教育事业添砖加瓦。

本书编写团队成员既有来自高校的教师，也有来自实务部门的专家。具体分工如下：

王瑞（天津财经大学法学院），负责编写第一、三、七章；

温新宇（天津财经大学珠江学院），负责编写第二、四、五、六章；

李青松（天津澍泽律师事务所），负责编写第八章；

王楠（天津财经大学马克思主义学院），负责编写第九、十章；

全书由我和温新宇审校、统稿。

天津财经大学法学院硕士研究生苏晨、吴松玲、许可、窦赛、孙伊凡、安宝双、严梓嘉为本书的编写搜集、整理了大量资料，感谢他们。另外，责任编辑方毅超先生、李荃女士为本书的出版付出了辛勤的汗水，在此对他们表示感谢。

在本书的编写过程中，我们参考了国内一些专家、学者的著述、教材等资料（已在注释及参考文献中说明），从中深受启发与教益，感谢他们！

囿于水平所限，本书纰漏与错谬在所难免，恳请各位读者批评指正。

王 瑞

2019 年 10 月于天津财经大学统计湖畔

目　录

上篇　庭审 N+1 实训教学总述

第一章　庭审 N+1 实训教学模式 ………………………………… 3
　第一节　法学实践教育的基本分析 ………………………………… 3
　第二节　庭审 N+1 实训教学模式构建 …………………………… 15

第二章　庭审 N+1 实训课程设计 …………………………………… 25
　第一节　实训课程体系的构建 ……………………………………… 25
　第二节　实训课程设计方案 ………………………………………… 27

中篇　庭审 N+1 实训课程之技能实训

第三章　法律逻辑学 …………………………………………………… 33
　第一节　法律逻辑学概述 …………………………………………… 33
　第二节　命题逻辑之非模态命题 …………………………………… 37
　第三节　命题逻辑之模态命题 ……………………………………… 49
　第四节　推理 ………………………………………………………… 52

第四章　法律辩论学 …………………………………………………… 65
　第一节　法律辩论学概述 …………………………………………… 65

第二节　法庭辩论的价值 …………………………………… 66
　　第三节　法庭辩论的方法 …………………………………… 73

第五章　证据法学 …………………………………………… 83
　　第一节　证据法学概述 ……………………………………… 83
　　第二节　证据法 ……………………………………………… 86
　　第三节　证据 ………………………………………………… 94
　　第四节　证明 ………………………………………………… 104

下篇　庭审N+1实训课程之模拟法庭实训

第六章　实训主体角色教学 ………………………………… 113
　　第一节　法官 ………………………………………………… 113
　　第二节　检察官 ……………………………………………… 121
　　第三节　律师 ………………………………………………… 127

第七章　模拟法庭实训教学总纲 …………………………… 134
　　第一节　模拟法庭概述 ……………………………………… 134
　　第二节　模拟法庭实训操作方法 …………………………… 137

第八章　民事案件实训 ……………………………………… 142
　　第一节　民事案件实训的内容和方式 ……………………… 142
　　第二节　民事案件实训操作 ………………………………… 159
　　第三节　民事诉讼案例素材 ………………………………… 171

第九章　刑事案件实训 ……………………………………… 175
　　第一节　刑事案件实训的内容和方式 ……………………… 175
　　第二节　刑事案件实训操作 ………………………………… 196
　　第三节　刑事诉讼案例素材 ………………………………… 217

第十章 行政案件实训 ·· 221
  第一节 行政案件实训的内容和方式 ······················ 221
  第二节 行政案件实训操作 ································ 235
  第三节 行政诉讼案例素材 ································ 254

参考文献 ·· 258

附件1 常用诉讼文书格式 ·································· 267
附件2 民事案件审判流程图 ································ 276
附件3 行政案件审判流程图 ································ 277
附件4 刑事(自诉)案件审判流程图 ······················ 278
附件5 各类案件收费标准 ·································· 279

上 篇
庭审 N+1 实训教学总述

第一章　庭审 N+1 实训教学模式

第一节　法学实践教育的基本分析

一、法学实践教育发展的时代背景

对法学实践教育的研究,始终不能离开其所依托的时代背景,中国的法学实践教育大致经历了如下历程:

1998 年教育部高等教育司颁布的《普通高等学校本科专业目录和专业介绍》中除了要求 4 年制的法科生学习 14 门主要课程①外,还明确要求设置见习、法律咨询、社会调查、专题辩论、模拟审判、疑案辩论、实习等实践教学环节②,且时长一般不少于 20 周。

1998 年教育部出台《关于普通高等学校修订本科专业教学计划的原则意见》,强调要"处理好理论教学与实践教学的关系,要加强理论联系实际,明确实践目标,加强教学、科研和社会实践的有机结合,丰富实践教学的内容、方式和途径,培养出适应 21 世纪社会经济发展需要的,德、智、体全面发展,基础扎实、知识面宽、能力强、素质高,富有创新精神的专门人才。"③④

---

①　包含法理学、中国法制史、宪法、行政法与行政诉讼法、民法、商法、知识产权法、经济法、刑法、民事诉讼法、刑事诉讼法、国际法、国际私法、国际经济法。邓旭.论涉外卓越法律人才的知识构成[J].法学教育研究,2015,13(2):45-60+379.

②　韩爱芹,张兰芳.实践教学的规范化与应用型法律人才的培养[J].现代企业教育,2008(8):169-170.

③　湛丽.我国大学课程政策特征及其前瞻性研究[D].长沙:湖南师范大学,2010.

④　教育部.关于加强高等学校物资工作的若干意见.教高〔1997〕14 号.

教育部提出各大高等院校要"大力加强实践教学,努力提高在校生的科研实践能力"。各大高等院校需要加强实践育人理念,区分不同学科的具体实践需求,制定合理教学方案,完善教学教育体系。加强实验、实习、社会实践、毕业设计(论文)等实践教学环节的监督考评工作,保证各环节的时效与质量,制定合理标准,不得随意降低标准。严格管理大学生毕业设计(论文),把控内容,严审格式,选题内容要贴近实际,保质保量。要持续改革实际教学工作内容,改进教学方法,提高教学质量,政策引导为辅,教师教导为主。吸引科研高水平人才加入教师团队,提升整体教学水平。要加强产学研合作,充分整合利用世界先进教育资源,不断拓展国际教学沟通渠道,加强国际知名高校、科研院所、高新企业与本国高等院校的学术交流,加强各种形式的教学基地、产学研平台建设,将实践教学质量高低作为评估教学工作好坏的关键特征。

2007年教育部和财政部联合发布了《关于实施"高等学校本科教学质量与教学改革工程"的意见》,明确要对实践教学与人才培养模式进行改革创新,进一步深化高等学校教学改革,提高人才培养的能力和水平,更好地满足经济社会发展对高素质创新性人才的需要。具体措施为:要大力加强实验、实践教学改革,重点建设500个左右实验教学示范中心,推进高校实验教学内容、方法、手段、队伍、管理及实验教学模式的改革与创新。开展基于企业的大学生实践基地建设试点,拓宽学生的校外实践渠道①。

为了全面落实依法治国基本方略,深化高等法学教育教学改革,提高法律人才培养质量,2011年12月23日,教育部和中央政法委员会决定联合实施卓越法律人才教育培养计划,发布了《关于实施卓越法律人才教育培养计划的若干意见》。这是教育部为贯彻落实全国教育工作会议的精神和国家中长期教育改革和发展规划纲要的精神,颁布的第一个针对法学高等教育的指导性文件,也是教育部在社会科学领域最先实施的卓越人才培养计划②。其中明确规定"要强化法学实践教学环节:加大实践教学比重,确保法学实践环节累计学分(学时)不少于总数的15%。加强

---

① 张峰.关于实践教育改革的思考[J].科技信息,2009(11):62.
② 黄进.中国法学教育状况(2012)[M].北京:中国政法大学出版社,2016:127.

校内实践环节,开发法律方法课程,搞好案例教学,办好模拟法庭、法律诊所等①。充分利用法律实务部门的资源条件,建设一批校外法学实践教学基地,积极开展覆盖面广、参与性高、实效性强的专业实习,切实提高学生的法律诠释能力、法律推理能力、法律论证能力以及探知法律事实的能力"②。

为贯彻落实中共十八大作出的战略部署,加快建设社会主义法治国家,中共第十八届中央委员会第四次全体会议于2014年10月23日通过了《关于全面推进依法治国若干重大问题的决定》,强调全面推进依法治国必须要加强法治工作队伍建设,并首次以中共中央决定的形式明确要求创新法治人才培养机制。其中明确规定要"坚持用马克思主义法学思想和中国特色社会主义法治理论全方位占领高校、科研机构法学教育和法学研究阵地,加强法学基础理论研究,形成完善的中国特色社会主义法学理论体系、学科体系、课程体系,组织编写和全面采用国家统一的法律类专业核心教材,纳入司法考试必考范围③。坚持立德树人、德育为先导向,推动中国特色社会主义法治理论进教材进课堂进头脑,培养造就熟悉和坚持中国特色社会主义法治体系的法治人才及后备力量。"

2015年5月,国务院办公厅发布了《关于深化高等学校创新创业教育改革的实施意见》,强调要创新人才培养机制,实施高校毕业生就业和重点产业人才供需年度报告制度,完善学科专业预警、退出管理办法,探索建立需求导向的学科专业结构和创业就业导向的人才培养类型结构调整新机制,促进人才培养与经济社会发展、创业就业需求紧密对接④。

2015年12月,为深入贯彻落实中共十八大和十八届三中、四中全会精神,加强法制工作队伍建设、全面推进依法治国,中共中央办公厅、国务院办公厅印发了《关于完善国家统一法律职业资格制度的意见》。意见中

---

① 李子瑾,施鹏.卓越法律人才培养背景下的国际法双语体验式模拟法庭教学[J].浙江理工大学学报(社会科学版),2019,42(1):97-102.
② 周颖,李冰.广州商学院法学专业实践基地建设与研究[J].湖北开放职业学院学报,2019,35(5):52-53.
③ 周佑勇.新时代中国法学研究及学科发展的新任务[J].武汉大学学报(哲学社会科学版),2019,72(2):5-11.
④ 张春妍,杜丽萍,宋小丽.高职院校创新创业课程研究与实践[J].无线互联网科技,2019,16(5):107-108.

明确要遵循法治工作队伍形成规律,遵循法律职业人才特殊的职业素养、职业能力、职业操守要求,按照法治建设队伍建设正规化、专业化、职业化标准,科学设计和实施国家统一法律职业资格制度,提高法律职业人才选拔、培养的科学性和公信力。可以看出,该意见是结合当今法律人才的独特需求而作出的调整,对于推进法治工作队伍正规化、专业化、职业化,为建设社会主义法治国家提供人才保障具有重要意义。

中共十九大提出,建设教育强国是中华民族伟大复兴的基础工程。2018年1月30日,教育部发布《普通高等学校本科专业类教学质量国家标准》,其中涵盖普通高校本科专业目录中的全部92个本科专业类、587个专业,涉及全国高校5.6万多个专业点,这是我国发布的第一个高等教育教学质量国家标准[1]。该标准坚持与世界高等教育发展的先进理念相契合,遵循突出学生中心、突出产出导向、突出持续改进三大基本原则,尤其强调激发学生的学习兴趣和潜能,创新形式、改革教法、强化实践,推动本科教学从"教得好"向"学得好"转变。

综上所述,法学教育的发展有面向实践、迎合实际需要的趋势,国家政策及战略都在推动法学教育的改革。改变重理论、轻实践的教育方法,加强对我国高等学校实践教学的研究,使我国素质教育和职业能力的培养相结合,是法学本科教育必须思考和解决的问题[2]。

二、法律人才培养的基础理论

(一)法律人才的培养模式

从法律制度的演变历史和其他国家的经验来看,当代法律教育的基本特征在于实现两对要求:法律实践训练与法律理论学习;法律知识教育与普通常识教育[3]。中国的法学教育究竟应当是通识教育还是专业教育,素有争议,但笔者认为这种争议并没有太大意义。法学是一门综合性的应用学科,它承担着让学生了解和应用法学知识的双重使命。通识教

---

[1] 文学舟,梅强.高校本科专业教学效果影响因素实证研究[J].高校教育管理,2019,13(1):104-112.
[2] 邵文涛.我国本科法学教育中实践教学体系的构建与运行[D].济南:山东师范大学,2008.
[3] 周汉华.法律教育的双重性与中国法律教育改革[J].比较法研究,2000(4):389-406.

育和专业教育并非是完全割裂的：通识教育是专业教育的基础，专业教育是通识教育的细化。科学的法律人才培养模式应当既注重通识教育，又注重专业教育。

通识教育是指："提供广泛的、非功利性的、非专业性的知识和能力的教育，旨在培养自由社会中人格健全的公民，它与专业教育相对应、与专业教育同属高等教育的组成部分。"①通识教育对于法科生来说是非常必要的，因为法律职业要求从业者具有广博的知识，对经济、政治、社会保持敏锐的洞察力，有的业务门类甚至需要对科技、医疗卫生、心理学等方面有深入的理解。对于法律从业者来说，通识教育甚至就是专业教育的有机组成部分②。通识教育是我国卓越法律人才教育的主题之一：在推进法治中国建设的过程中，高等法学教育的重要任务就是面向全社会培养法治国家的建设者与管理者，培养各行各业所需要的法律人才。因此，法学教育必须包括通识教育③。

就专业教育而言，法学教育的目的是培养具有良好的人际交往能力、独立思考能力、批判性思维能力的，集知识、素质于一体的，可以适应现代法律职业需要的专门人才。这种目标的实现就要求在完成通识教育的基础上，将教育重心由单一的课堂讲授转向对法律实践能力的培养。由于社会分工和学科发展的精细化，专业教育显得越来越重要。如何把握好专业教育的度、通过何种途径实现专业教育已成为法学教育面临的迫切问题。

综上，将通识教育与专业教育有机融合才是我国法学教育应遵循的培养模式，而如何将二者巧妙地融合在法学实践教育之中则是值得我们深思的一个问题。

（二）法律人才的培养目标

法学教育在我国民主法治建设中具有基础性、先导性、战略性地位。这里起决定作用的是培养目标，即培养什么样的法律人才。法学教育的目标问题是法学教育的基本问题④。

---

① 李曼丽.通识教育——一种大学教育观[M].北京：清华大学出版社，1999.
② 葛云松.法学教育的理想[J].中外法学，2014(2)：285-318.
③ 张艳丽.法学本科教育目标与教学方法[J].北京理工大学学报(社会科学版)，2007(1)：95-99.
④ 焦富民.经济全球化视野下的法学研究性教学[J].行政与法，2012(7)：75-77.

1998年教育部高等教育司发布的《普通高等学校本科专业目录和专业介绍》中明确了法学专业的业务培养目标：培养系统掌握法学知识，熟悉我国法律和党的相关政策，能在国家机关、企事业单位和社会团体，特别是能在立法机关、行政机关、检察机关、审判机关、仲裁机构和法律服务机构从事法律工作的高级专门人才[①]。教育部和中央政法委员会2011年发布的《关于实施卓越法律人才教育培养计划的若干意见》中提到，法学教育的培养目标是：经过10年左右的努力，形成科学先进、具有中国特色的法学教育理念，形成开放多样、符合中国国情的法律人才培养体制，培养造就一批信念执著、品德优良、知识丰富、本领过硬的高素质法律人才。

法学院的目标应该是使毕业生"能够在没有课堂教授的情况下也能依靠自身的通过法学教育培养起来的素质和基础知识迅速理解和运用新法律"[②]。法学教育的目标不在于填鸭式的知识灌输和法条的背诵，而在于培养法律人才独特的法律思维和处理法律疑难问题的综合能力[③]。法学教育应当着眼于培养具备综合素质的全面法律人才。

(三) 法律人才的能力要求

1. 英国律师公会提出的24项基本能力

英国律师公会于1988年发表的改革报告中列出了24项律师需要掌握的能力：① 拥有足够实体法知识的能力；② 认定、有效及中肯论证法律问题的能力；③ 充分合理地运用一切资料进行研究的能力；④ 深入了解法律背后的基础政策和外部社会环境的能力；⑤ 分析阐述抽象概念与理论的能力；⑥ 辨别逻辑学和统计学中简单问题的能力；⑦ 使用规范用语表达的能力；⑧ 积极主动地学习的能力；⑨ 认定与核实相关法律问题及事实问题的能力；⑩ 针对争议事实批评论证的能力；⑪ 掌握足够的法律事务与诉讼程序知识的能力；⑫ 高效适用法律的能力；⑬ 草拟法律文书的能力；⑭ 针对场合不同，发表不同的有力论证的能

---

① 最受考生关注的10大高考专业排行榜[J].中国高等教育评估,2012,24(2):75-79.
② 苏力.法学本科教育的研究和思考[J].比较法研究,1996(2):52.
③ 王晨光.卓越法律人才培养计划的实施[J].中国大学教育,2013(3):6-12.

力,可采取书面或口头形式;⑮掌握足够的与行业道德标准有关的知识的能力;⑯区分不同场合与客户按照不同方式进行有效沟通的能力,如,帮助客户了解法律条文的含义以及界定相关法律问题的性质,努力帮助客户解决困扰,了解不同客户的不同经济、社会、文化以及教育背景,了解少数客户特殊的文化需求;⑰在与客户接触的过程中,与客户建立良好的互动关系的能力;⑱帮助客户明晰所有可供选择的选项,以便其做出最优的选择;⑲与客户对手或其代理律师开展高校高质量谈判的能力;⑳把握好将客户转介给法律以外的专业人士的时间节点,并保证其提出的建议无损于客户诉讼信心的能力;㉑安抚好客户在刑事或民事诉讼中产生的焦虑情绪的能力;㉒以非法律专业用语向客户提出建议,并尽力避免引发客户的反感情绪的能力;㉓与涉案的相关专业领域人士合作的能力;㉔对现代组织、管理技术的熟练使用能力,如大数据分析检索能力。

按照何美欢教授的观点,上述24项技能可以分为两大类:智能技能和实务技能。智能技能是指使用符号的能力,是一种程序上的认知,具体内容包括知识传授及技能训练,主要体现在前12项能力之中;实务技能主要包含处理人际关系的技能,体现在后12项能力之中[①]。这24项能力中有15项都必须通过非课堂理论教学进行培养,因此,实训教学应与传统课堂理论教学结合起来,共同促进法学教育的健康发展,更好地帮助学生掌握优秀法律人应具备的这24项能力。

2. 核心能力

《中华人民共和国高等教育法》第5条明确规定,高等教育的任务是培养具有社会责任感、创新精神和实践能力的高级专门人才,发展科学技术文化,促进社会主义现代化建设。当代社会越来越讲究实践能力和创新能力,这也是法律人才必须具备的两种核心能力。

(1) 实践能力。"实践"一词源于古希腊,指人们习惯性的行为和行为准则。台湾地区学者张春兴将实践能力界定为"个体在适当时间与适当空间内,在行为上的适当能力表现。所谓适当能力表现,包括解决问题

---

① 何美欢.理想的专业法学教育[J].清华法学,2006(3):110-140.

的能力与对付困境的能力等"①。学术界对于法律人才的实践能力应当包含哪些具体内容进行了许多研究和探讨。周世中、倪业群将其概括为逻辑思维能力、交流能力、谈判能力、诉讼能力、调研能力和随机应变能力②。邓建民、李芽认为法科生的实践能力是法律人应当具备的职业素质,其要素包括法律思维能力、法律表达能力和对法律事实的探知能力。法律思维能力应当包含能准确掌握法律概念、正确建立和把握法律命题、具有法律推理能力,以及有对即将作出的法律裁决或法律意见进行论证的能力。法律表达能力包括口头表达能力和文字表达能力,是法科生通过语言或文字,对特定事实或问题表达法律意见的能力。探知法律事实的能力,即法科生调查、搜集、制作、组合、分析、认证法律事实的能力。探知法律事实的过程是法律人运用法律去判断、分析、确认、选择事实的过程,是一个客观事实与法律事实对立统一的过程③。张发斌、陆嘉蓉将实践能力分为基础能力和专业能力,其中基础能力包括口头和书面表达能力、社会交往与适应能力、现代科技工具操作能力;专业能力包括法律推理能力、法庭辩论能力、法律文书制作能力、识别和解决法律问题的能力等④。综合来看,法律人才应具备的实践能力应当包括但不限于:对法治社会状况的认知和适应能力、对法律问题的识别与提炼能力、专业沟通能力、法律事实的探知能力、专业自主学习能力、法律外语及法律检索等工具能力、法律业务的程序操作及驾驭能力⑤。很显然,这些既包括传统知识型又包括现代技术应用型的法学实践能力是无法通过单一的课堂讲授模式实现的,必须依赖案例分析、模拟法庭、法律诊所、社会实习等直观方式获得。尤其是法律专业沟通能力这种与人密切相关的技能,更是需要在具体的情境中去体会与学习,而非简单地通过文字去

---

① 张春兴.张氏心理学辞典[M].上海:上海辞书出版社,1991:56.
② 周世中,倪业群.医学教育与法科学生实践能力的培养[M].北京:中国法制出版社,2004:67.
③ 邓建民,李芽.论法学实践教学形式的完善和更新[J].西南民族大学学报(人文社科版),2006(10):116-120.
④ 张发斌,陆嘉蓉.论法科学生实践能力及其培养模式[J].东方企业文化,2010(3):201-202.
⑤ 刘茂林.新法学实验教程——基于LETS软件的实验原理与操作[M].北京:北京大学出版社,2012:320.

了解。

　　(2)创新能力。创新就是将已有的经验和知识进行分解、重新组合后,产生某种新的、独特的具有社会意义和社会价值的成果的过程。法律人才的创新能力是指法律专业人员在法律实践活动中的能力与创新性,由法律价值判断能力、法律知识综合能力、法律技术的运用能力、法律借鉴能力和创新意识构成。中国学生的创新能力欠缺有两个方面的原因:一是环境因素,从整体教育模式看,我国的传统教育重知识传授、轻创造力培养;二是个体因素,影响创新能力的个体因素包括好奇心、进取心、自我独立性和心理成熟度,如果人们忽视成长过程中对这些品质的培养,就很难在创新方面具有可塑性①。基于此,法科生创新能力培养的目标应当定位为:① 培养学生法律价值的判断,使学生具有追求法的理想的精神,能够在客观、真实的基础上认识法律价值的科学性,具有对法的坚定的立场定位;② 要求学生系统掌握法律综合知识,培养学生更新知识的能力;③ 培养学生法律技术的运用能力,尤其是培养学生法律方面的运用性技巧,使学生在掌握法律基本技术的基础上,具有运用上的原则性、灵活性和创造性;④ 培养学生法律借鉴能力,如洞察能力、鉴别能力、研究能力、触类旁通的能力等;⑤ 培养学生的创新意识,鼓励学生的创造欲和求知欲,培养学生的挑战和进取精神,增强学生的自信心和意志力②。须指出的是,创新能力的培养应着眼于学生的探索精神,而非要求学生必须有成功的创新结果,毕竟成功的创新总是有限的,但有限的成功创新恰是建立在人们普遍的、不断的探索与挑战之上的。培养学生探索精神的意义,在于改变我国大学生惯于认同、不思挑战的思维惰性,使大学生养成富有求知欲和创造欲的思维习惯,富有勇于挑战和进取的精神,具有承受创新失败的心理素质③。

---

　　① 张晋红,幸红,彭虹.论法学专业学生的素质及创新能力培养[J].政法学刊,2002(3):65-67.
　　② 张晋红,幸红,彭虹.论法学专业学生的素质及创新能力培养[J].政法学刊,2002(3):65-67.
　　③ 张晋红,幸红,彭虹.论法学专业学生的素质及创新能力培养[J].政法学刊,2002(3):65-67.

三、我国法学实践教育的发展现状

(一) 我国法学实践教育的发展历程

19世纪90年代前中国缺少法律职业,法学教育基本上停留在理论分析、法律诠释阶段,距离司法实践的要求差距较大。后来,虽然市场提出了新的要求,但由于法学院学生数量急剧增加,师资力量缺乏,上大课、讲理论仍然是法学教育的主导方式①。19世纪90年代中期之后,基于市场的压力,法学教师参与法律实务的机会日益增多,法学院亦普遍开始聘请律师讲学。

1994年初,司法部正式提出建立和实施中国法律援助制度,并开始了试点。1996年,第八届全国人民代表大会对《中华人民共和国刑事诉讼法》(以下简称《刑事诉讼法》)的第一次修正,以及全国人大常务委员会制定的《中华人民共和国律师法》(以下简称《律师法》),正式确立了法律援助制度在中国法律体系中的地位,法律援助制度于1996年6月之后开始全面推行。从2000年秋季开始,在美国福特基金会的资助下,我国首次在北京大学、清华大学、中国人民大学、武汉大学、中南财经政法大学、复旦大学和华东政法学院(今华东政法大学)7所高校的法学院开设了"法律诊所教育"选修课程②。这一课程的开设,打破了我国学历教育的传统模式,开始注重培养学生的职业技能③。但这种模式引入中国后基本还是停留在传统法学教育的教学方式方法改革的层面。而此时,高等教育正走向大众化,面对经济的转型与社会的转轨,传统人才培养模式越来越不能适应社会的需求,人才培养模式亟待变革。各大高校积极探索现代型人才培养模式,提出了应用型人才培养模式、复合型人才培养模式、创新型人才培养模式,以及三者合一的"三型"人才培养模式④。受此影响,2011年"国家卓越法律人才教育培养计划"也将应用型、复合型法律人才的培养教育作为卓越法律人才计划的重点⑤。随之,越来越多的

---

① 苏力.当代中国法学教育的挑战与机遇[J].法学,2006(2):3-21.
② 刘晓明.论诊所法律教育在独立学院法学教育中的应用[J].阿坝师范高等专科学校学报,2013(1):38-42.
③ 甄贞.一种新的教学方式:诊所式法律教育[J].中国高等教育,2002(8):35-36.
④ 项瑞芳.山西大学本科人才培养的现实选择[D].太原:山西大学,2011.
⑤ 侯作前,袁继红.职业导向的复合型法律人才培养模式:创新与实践[M].杭州:浙江工业大学出版社,2014:6.

高校在国家政策和社会发展需要的驱动下开始关注法学实践教学的发展，引导学生在实践中将所学法学理论知识转化为应用技能，尝试用多种形式的实践教学来辅助传统的理论教学。

(二) 对我国法学实践教育存在问题的反思[①]

早在20世纪90年代初期，法学还是一门相当"火爆"的专业，法院、检察院等司法机关以及律师行业的发展为法律工作者提供了大量的就业机会，法律毕业生一时间供不应求。但仅二十余年，由于法学教育的盲目扩张，法律毕业生的就业形势就发生了戏剧性的转变。王利明教授指出，目前我国法学教育总体上存在"三强三弱"：法律理论知识教学相对较强，法律应用培训弱；师资的科研能力相对较强，实践教学能力弱；法律解释传授能力相对较强，法律实践经验讲授能力弱。在这样的人才培养机制下，学生对法律基础理论包括外国法知识了解较多，对法律实务了解较少，更缺乏解决法律实际问题的训练，当其从事法律服务工作后，难免要经历一个很长的震荡期。我们要培养的学生不仅要能够像律师那样思考，而且还要有独立的思辨能力、审辨能力、批判能力，对同一事实、争议，要能够从不同角度提出解决方案[②]。

我国传统法学教育理论，无论在目标定位上还是在具体制度上，都已远不能满足现代法治国家对法律人才的需要。法学教育实践取向不明显，具体来说，主要体现在以下四个方面[③]。

1. 法学教科书

教科书是教育模式的着陆器。法学教科书，特别是民法、刑法、行政法等部门法教科书，应当充分体现实践中存在的问题、提炼的原则等，不仅应当包含案例，在法律规范的解释上也必须与实践密切结合。中国的大多数教科书仅仅从编写体例上就能看出对实践性的忽视：它们的套路都是(某一制度或者类似规范的)概念、特征、与其他相关概念的区别，或者原则、理论争议等。但这并不是实务中执业者的思维路径，以此为本进行授课，很难体现实践性。近年来很多作者已经注意到这一问题，因此在

---

① 何志鹏.我国法学实践教育之反思[J].当代法学,2010(4):151-160.
② 王利明.法学教育的使命[J].中国法学教育研究,2017(1):3-11.
③ 何志鹏.我国法学实践教育之反思[J].当代法学,2010(4):151-160.

编写教科书时,除了阐述原理,也加入了一些案例,但相关分析往往浮于表面,原理与案例彼此分离,无法实现有机结合。

2. 教学过程

课程的教学方法与内容是仅次于教科书的影响学生学习效果的关键。法学教育是为法律执业活动做准备的,应当注重实践认知、规范理解、规则解释、表达能力的培养。然而时至今日,中国的法学专业教育仍然没有真正职业化。教学方法上,以填鸭式讲授为主,缺乏师生之间的良性互动;内容设计上,着重于概念、原则、条条框框的灌输,而不对条文的具体应用及应用过程中的具体问题进行剖析。这样的教学过程不利于增强学生的实践能力。

3. 考核标准

由于教科书的编写和教学过程存在着偏离实践的问题,所以法科生的考核标准也基本与实践能力无关。许多学校的期末考试甚至只有名词解释、简答、论述这样的题型,此种考核标准会形成一种糟糕的"倒逼机制"——如果想在期末考试中取得优秀的成绩,关注社会问题、立足法律实践是不足够的(甚至是无用的),背书、背笔记、背考试范围才是王道。学法律不等于背法条,这是每一个法律人都知道的,但现行的考核标准却一直在这条路上引导学生。

4. 与实务的衔接

在中国,一些律师事务所、检察院、法院、法律援助机构会挂着"××高校法学院法律实践基地"的牌子;一些高校在进行招生宣传时也会说明与哪些法学实践部门有合作关系。但是,在笔者看来,这种高校与实务领域的衔接很多都是装点性的。在法律实务领域,执业者遇到棘手的问题很少会选择听取高校法学院的意见,自然地,他们对于处理这些问题所形成的经验与教训,也没有太大心思分享给高校;在高校,很多教师醉心于理论研究,对于实务领域究竟有哪些问题不了解(甚至不想了解),对于如何用理论来分析解决实践问题思之甚少。这样的疏离,导致法学教育与实践长期以来无法衔接,法科生在课堂里和校园中对实践所知甚少,到工作岗位需要重新学习、适应,无形中增加了法律人才的培养成本。

第二节 庭审 N+1 实训教学模式构建

一、庭审 N+1 实训教学理念

(一) 庭审 N+1 实训教学的内涵

基于目前我国法学实践教育存在的不足,笔者提出了庭审 N+1 实训教学模式。庭审 N+1 实训教学依托庭审实训教学中心去实现,以 N+1 为运作精神,"N"即视角多维、方法多样、领域纵横、能力综合,"1"即信念唯一、宗旨恒定。法学教育对实践性要求极高,作为法律人,无论在诉讼还是非诉讼领域,实践能力均是重要的执业基础。随着我国判例指导制度的日渐成熟,在本科育人模式中引入专业的庭审实训成为教学之必须。然而,专业且多元化的庭审实训课程在我国国内法学教育教学中仍处于摸索阶段,故本实训课程体系的建设,将开创我国法学教学之崭新模式。

(二) 庭审 N+1 实训课程体系的特色

1. 以案例为线索

19 世纪末期,美国哈佛法学院院长兰德尔开创了"判例教学法",其在结构上包括了四个维度:以科学为基础;以案例为素材;以苏格拉底式方法为手段;以"像律师一样思考"为目标[①]。"判例法教学"主要是以法院真实判例来训练学生自主分析案件的能力。目前,这种教育模式在美国法学院中仍占据主流地位。以案例为线索的教学方法,充分借鉴了美国的判例教学法,在教学环节中用对案例的解读代替系统的理论讲授,由于有具体的案例为依托,使得学习不再是对其他传统部门法课程的简单重复,而是一种对所学知识的"再认识"[②]。

2. 指导性教学

指导性教学是指以指导代替讲授,借鉴自英美国家的"诊所式"法律

[①] 李政辉.美国案例教学法的批判历程与启示[J].南京大学法律评论,2012(2):337-358.
[②] 温新宇,李亚茹,王天平,等.论高校开放式模拟法庭实践体系之建立——法学实践教学新路探索[J].南方论刊,2013(8):107-110.

教育(Clinical Legal Education)，在"诊所式"教育中，诊所教师指导学生处理法律实务问题，例如，为委托人提供法律咨询服务，"诊断"问题，开出"药方"。在实训课程讲授中，老师的传统角色发生了一些改变，即老师由单纯的理论知识讲授人的角色转变为执业律师的角色，学生的角色则转变为"实习律师"，老师通过模仿执业律师指导实习律师开展法律事务工作的形式教育学生，这种教育模式能够最大限度地激发学生的创造性与主观能动性。

"以案例为核心的指导性教学"的目的就在于将模拟法庭的教育模式延展到庭审之前的诉讼准备、法律咨询阶段，教师通过模仿律师指导实习律师承办案件的真实状况，使学生能够真正参与到法律实务工作中去、收获知识，而不只是流于形式。

二、庭审 N+1 实训教学的组织与运行
(一) 教学模式

传统的教学方法一味地依赖教师讲授理论知识，忽视了对学生实践能力的培养，学生成为学习的机器，而不是学习的主人。提高学生法律实践能力，必须改变传统的教学方法，以提高学生实践能力为核心，加大教学方法的改革力度①。

1. 启发学生独立思考

"启发式教学"最早可追溯到古希腊苏格拉底时期，苏格拉底认为，教师的职责在于帮助和引导学生独立自主地进行思考，引导学生主动学习。相反，在传统的法学教学中，多是由教师讲授理论，而学生被动吸收"经过加工"的知识的模式，久而久之，学生便失去了自主学习的能力。但是在 N+1 实训教学中，学生是学习的主体，教师只起到辅助性作用，如提出问题、引导学生发散思维、分析法律条文与真实案件的对应关系，充分发挥学生的创造性与实践性，培养学生解决实际问题的能力。由此可见，教师不仅要帮助学生掌握基本的理论知识，更要关注学生实践应用理论知识的能力。

---

① 吴贵春.论法学专业学生实践能力的培养[J].蚌埠学院学报,2014(2)：126-128.

2. 鼓励学生通过角色扮演,积极参与教学

角色扮演是指以真实案例为剧本,让学生扮演原告、被告、检察官、法官、律师等角色,通过模拟真实的法庭审判,让学生通过法庭辩论的形式,参与案件的分析,以找到解决案件的最佳审判方案。这种教学方式不仅可以充分调动学生的积极性,而且可以使学生对案件理解得更加透彻。当然,教师的指导在模拟法庭进行的全过程中必不可少。在模拟法庭开庭前,教师要帮助学生挑选案例,具体的标准为:所选案例要集"代表性、典型性、启发性"三性于一身。案例的难度要适中,既不能过于复杂,也不能过于简单,这样更便于初次接触法庭辩论的同学们操作。在模拟法庭开庭后,教师要认真仔细地点评,首先要肯定学生的闪光点,然后也要指出学生表现欠佳的地方,使学生对案件理解地更加准确到位,以使其在下一次的模拟法庭中表现得更加优秀。

3. 通过研究式教学,锻炼学生思维能力

研究式教学是指针对现实中发生的法律问题进行研究,通过调查研究加深对某一方面法律知识的掌握程度,从而更加熟练地运用相关法律知识处理现实中的法律问题。在"研究式教学"方法的运用背景下,教师要协助学生选择合理的研究主题。首先,选题范围不宜太过宽泛。不能只追求选题标新立异,而忽视了学生的实际研究能力,选题应该贴近学生的实际生活,结合学生的研究兴趣,选择能够激发学生研究热情的题目为佳。其次,要指导学生如何高效搜集相关文献资料,熟练运用各种文献检索工具,提高研究效率。根据具体情况,可以由教师为学生推荐参考书目,帮助学生更加深入地了解所选领域。再次,教师要帮助学生厘清研究的逻辑脉络,理顺研究思路。因为研究思路是研究的关键一环,教师要指导学生认真分析资料,整理提炼、去伪求真,形成清晰严谨的研究脉络。最后,教师要对学生的研究成果进行科学合理的评价,既要指出研究所取得的积极成果,又要指出研究中存在的不足,使学生在研究过程中收获法律专业知识的同时,提高自身的逻辑思维能力。

(二)管理制度

1998年发布的《国家教委关于普通高等学校修订本科专业教学计划的原则意见》指出,教学管理制度是关乎教学计划能否顺利实施的重要保证,各高等院校在修订教学计划的同时,不能忘记改革优化学籍管理、教务处管理、教师聘任等管理制度,研究和制定教育教学各环节的监督评价标准、检查方式以及考察途径,不断完善教学质量保证与服务体系,形成以教学计划为主线、以教学管理保证实施、充满活力、严谨且周密的教学活动的有机统一体。

为确保庭审实训课程的顺利开展,各大高校应着力制定并落实与庭审实训教学相关的各项配套制度,如《实验教学管理规定》《法学院法学实验中心管理办法》《法学院法学实验中心学生主任职责》《模拟法庭学生实验守则》《模拟法庭实验情况登记表》等。在庭审教学的实践过程中,应严格遵守上述规章制度,秉承制度化教学管理的原则,高质量开展庭审教学工作。

三、庭审 N+1 实训教学的保障机制
(一)提供软硬件结合的物质保障
1. 法学实验教学中心

2007 年的《关于实施"高等学校本科教学质量与教学改革工程"的意见》提出,要大力加强实验、实践教学改革,重点建设 500 个左右实验教学示范中心,推进高校实验教学内容、方法、手段、队伍、管理及实验教学模式的改革与创新①。

法学实践教学的实验室主要有模拟法庭、法律援助中心、多媒体诊所教室等,要加大投入力度,为法科生提供必要的实践条件。模拟法庭实验室是模拟庭审教学必备的场所,也是校内法学实践教学的重要基地,国内许多著名大学均建有功能齐全的模拟法庭实验室。模拟法庭实验室一般至少应该容纳一个班的学生,并配以必要的实验设备和设施等。大学生法律援助中心也是校内的法学实验室,学校应作为法科生实践课程管理,由于需要接待来访者,应当建立固定的场所,提供必要的设施和经费保障②。

除了硬件设施之外,还应注重引进先进的软件来优化教学效果。如

---

① 陈慧娟.论法学专业学生实践能力的培养[J].法制与社会,2009(36):311-312.
② 邵文涛.我国本科法学教育中实践教学体系的构建与运行[D].济南:山东师范大学,2008.

中南财经政法大学的法学实验教学中心就投入了大量的经费,在全国率先自主开发了一套法学实验教学软件——LETS 软件。LETS 是一个数字化法学实验教学平台与载体,由教学管理、立法实验、执法实验、诉讼实验、非讼实验五个子系统构成[①]。通过这个系统,教师能创建大量法学实验教学项目;学生可以分组开展立法、执法、诉讼和非讼业务的模拟实验。LETS 系统也可以用于立法评估以及人大代表、律师、执法人员、司法人员的培训业务。基于 LETS 的法学实验可以给同学们带来新颖而丰富的体验。以往的诉讼实验依赖模拟法庭设备,而法律院校的模拟法庭资源十分有限,大多数同学都缺乏诉讼实验的经验。LETS 系统突破了硬件资源的约束。在应用 LETS 的法律院校,只要在连接校园网的电脑上就可以进行法学实验。在一位教授的民事诉讼法学课堂上,200 多名学子分成 38 个小组,在同一个时段内分别进行两个案件的对抗式诉讼实验。实验小组成员分别担任原告律师、被告律师、法官等角色,运用高度仿真的实验材料,在系统提供的结构化业务流程下,进行起诉、答辩、举证、质证、开庭、合议与裁决,培养文书制作、证据运用与法律分析的能力[②]。

2. 法学实践基地

2011 年的《关于实施卓越法律人才教育培养计划的若干意见》指出,要依托"本科教学工程",支持高校与法律实务部门重点建设 100 个共享共用的示范性法学实践教学基地,鼓励各地各高校结合实际,建设相应的法学实践教学基地。

实践教学基地建设是实践教学的重要支撑,是理论课教学的延伸,是促进产学研结合、加强学校和社会联系、利用社会力量和资源联合办学的重要举措,是确保实践质量、增强学生实践能力和创新能力的重要手段。建设高质量的实践教学基地直接关系到实践教学质量,是培养复合型应用型人才的必备条件[③]。

---

① 陈友雄,向玲.完善法学实验教学质量监控体系研究[J].现代商贸工业,2017(4):175-176.

② 刘茂林.新法学实验教程——基于 LETS 软件的实验原理与操作[M].北京:北京大学出版社,2012:320.

③ 邵文涛.我国本科法学教育中实践教学体系的构建与运行[D].济南:山东师范大学,2008.

实践基地要能够满足学生的基本生活、学习、卫生、安全等资源硬件条件,考虑到节约经费,应秉持就近设立实践教学基地的原则。为了方便管理,要签订协议书以规范双方的权利义务关系;同时,实践教学基地建成以后,要加强沟通联系,巩固双方的合作基础,可以考虑在负责人之间每年进行定期交流沟通,通过召开联谊会、座谈会的形式,听取教学基地负责人对基地教学建设的意见和建议;基地负责人应秉承"互惠互利、共同发展"的原则,不只要完成基地教学任务,还要帮助基地培养人才与业务骨干,提供相应教育服务;聘请专家为学生做专题报告,指导学生的毕业论文(设计)和答辩,多方面巩固双方合作的基础,保证实践教学基地长期稳定地发展下去①。

3. 丰富的资料信息库

基于法律实践课程的特点,教师在教学中为搜集案例素材、法律文书素材等必然需要参考大量资料,学生在这个过程中也需要借助图书、多媒体、互联网等查阅相关的法律信息。可以说,信息是一切知识的来源。

因此,为辅助庭审实训教学的进行,首先,可以建立经典庭审案例库,筛选包括"大法官开庭"在内的国内外经典庭审影视或纪实影像资料入库,并对案例库定期进行更新完善。其次,可以通过学校图书馆购买丰富实用的法学数据库,引导学生高效地查找资料,培养他们发现问题、探究问题的能力。再次,也可以利用专项资金建立法学庭审实训的图书资料室,根据学生及教师的需求和意向集体采购图书,实现资源共享,在交流和学习中深化实训教学。

(二)培养法学实践教学教师队伍②

1. 加强双能型教师的培养

双能型教师是指教师要集较高的教学能力与较强的实践能力于一身。因此,要提高高等院校教师的法律实践能力,途径之一便是鼓励教师到相关司法部门挂职锻炼。但实际情况是,一些高校教学任务紧张、师资力量不足,没有更多的师资力量可以补充到司法部门挂职锻炼;另外,工

---

① 邵文涛.我国本科法学教育中实践教学体系的构建与运行[D].济南:山东师范大学,2008.
② 吴贵春.论法学专业学生实践能力的培养[J].蚌埠学院学报,2014(2):126-128.

作量无法准确计算,也是阻碍高校教师挂职锻炼的现实问题之一。综上所述,各大高校应该创新现有政策制度,给予教师更多的灵活自主性,鼓励更多教师深入实践工作去锻炼自身,打造一支理论知识过硬、实践能力强的双能型法学教师队伍。

2. 发挥兼职教师的能动性

改善法学专业教师师资结构、提高教学质量的重要举措之一,便是要加强兼职教师师资团队建设。各高校法学院可以聘请经验丰富的司法实务工作者任兼职教师,如法官、检察官、执业律师、公司法务从业者等,这些优秀的兼职教师可以指导学生提升他们的法律实践能力。为了提高兼职教师授课的积极性,高校应当颁布一套激励机制,给认真负责的兼职教师授予荣誉称号,解聘不负责、不专业的兼职教师,形成一套长期有效的激励体系,保证高校兼职教师师资成员的稳定性。

3. 加强与实务部门的互动交流

2011年发布的《关于实施卓越法律人才教育培养计划的若干意见》中就曾明确要求加强法学师资队伍建设。要探索建立高校与法律实务部门人员互聘制度,鼓励拥有丰富理论知识和实践能力的优秀法务工作者深入到高校法学课堂任教,鼓励高校全职教师到司法部门挂职锻炼,致力于建设一支理论实践兼具的教师团队。要鼓励高校优秀的法学教师到海外学习、交流,提高专业水平和教学能力。同时,要积极引进海外高素质人才,聘请世界一流的法学教育工作者,提升国内法学院校法学教育的国际化水平。

高校有科研理论研究的优势,司法实务部门有法律实践的优势。高校与司法实务部门定期交流互动,可以实现两者的优势互补,以优势填补不足,更好地促进高校教师提升将理论转化为实践的能力。两者定期交流,可以达到合作共赢、互利互惠的目的,具体来说,司法实务部门可以与高校教师探讨疑难案件,寻求前沿法学理论的支持;高校教师可以在交流中获取最新的法律案件处理方式,更新教学计划,更好地培育法学人才。

(三) 完善实训教学的评价体系

2005年教育部颁布的《关于进一步加强高等学校本科教学工作的若干意见》提出了"强化教学管理,确保教学工作正常秩序""强化教师教学工作制度,完善教师教学考核机制""高等学校要努力探索和建立本校教学质量保证与监控机制"等措施①。教学评估作为高校加强教学管理与提升教学质量的自我监督手段之一,现如今已受到社会各界越来越多人的关注。想要提高教学质量、保证教育可持续发展、培养与国家经济建设水平相适应的高素质人才,就要建立一套科学有效的教学评估体系。因此,积极出台一套符合高校教学规律、便于实际操作的教学质量评估体系,是保证教学质量的关键所在,也是高校培养高素质人才的基本保障。

评价体系尤为重要,尤其是对于法学实践这样一个系统性整体来说,其重要性不言而喻。评价是指在教学过程中,对教师教学、学生学习的情况进行分析,根据相关的评价体系,把教学过程中发生的情况真实、全面地反馈给系统的各方面,以发现问题,提高各方面素质,它是教学质量监控系统中的一个重要环节,是提高教学质量的极其重要的因素②。如果缺少科学的评价方式,就很难衡量教学实践的落实程度,在完整的教学过程中,评价是整个教学过程中不可或缺的环节之一。只有通过评估,才能掌握学生的真实情况,了解学生的切实需要,才能根据学生反馈的意见,更有针对性地改进教学方案,不断调整教学方式,让学生更好地掌握知识,更好地完成教学目标。

最终决定实训教学的成效的是学生对相关知识掌握的程度与自身素质提高的限度,所以,将实训教学实施过程中学生的表现、实训教学结束后学生收获知识的多少与实训教学原本预期达到的目标和要求进行比较,是评价实训教学是否取得成效的重要环节。

1. 评价实训教学本身

主要考察学校开展实训教学的情况。

(1)不同人员对实训教学本身的评价,主要包括三部分。第一部分,教师对实训教学的评价。由教师根据教学目标对实训教学进行评价。第二部分,学生对实训教学的评价。学生对教学质量最有评价的权利,可以

---

① 邵文涛.我国本科法学教育中实践教学体系的构建与运行[D].济南.山东师范大学,2008.

② 邵文涛.我国本科法学教育中实践教学体系的构建与运行[D].济南.山东师范大学,2008.

通过制定评价指标,让学生对实训教学的情况进行评价。第三部分,校外人员对实训教学的评价。实训教学不同于校内的其他课程,在课程中学生有机会接触校外人员。教学质量评价体系中,校外专家、同行、实习基地人员、实践过程中的当事人的评价也十分重要,他们的评价从另一个角度反映了实训教学的开展情况[①]。

(2) 对实训教学本身的评价应从以下几个方面进行：实训教学开展情况、师资配备数量和质量、基地建设、实验室建设、管理体制与规章制度、教学投入、教学效果。

当然,评价并不是目的,通过评价对下一步的实训教学进行全面质量控制,发扬优点,改进不足,才是建立评价体系的目的。

2. 评价实训教学参与者

主要考察学生的学习情况和教师的教学情况。

(1) 对学生的评价。对学生的评价主要包括：学生自评、学生之间互评、来自校外社会各界对学生的外部评价、教师对所教学生的评价。对学生评价的主要内容包括：学习态度、团队协作意识、学习效率、社会道德等。

① 学生自评。实训教学的主导者应该是学生,同时,学生还是自主学习的主体,所以,学生自评是最基础的环节。学生给自己做出评价,也是审视自己、提升自己的过程。学生开展自评的方式多种多样,例如,可以通过事先填写好的制式表格进行,条件允许的学院还可以利用音像设备,将自评过程录制下来,学生对照既定的目标开展自评和自我剖析。

② 学生间互评。实训教学课堂一定是由多名学生共同进行的,学生之间有明确分工,也需要团队协作,因而在教学结束后,一定会涉及团队成员之间彼此评价的过程。学生互评,既可以从客观地角度指出自评不能发现的缺点与不足,也能带着欣赏的眼光发掘别人身上的优点,这也是一个共同学习、一起进步的过程,是极其典型的教学方式。

③ 校外社会各界对学生的评价。诉讼当事人、法官等外界专业法律人士对参与法律实践的学生的表现所做的评价,是实训教学区别于一般

---

① 邵文涛.我国本科法学教育中实践教学体系的构建与运行[D].济南：山东师范大学,2008.

理论授课的显著特征,也是实训教学的核心组成部分。

④ 教师对所教学生的评价。评价标准主要是:通过实训课程学习,学生的法律实践能力是否提高,法律职业道德方面的困惑是否得到解决,对法律这门学科的学习是否有了更加深入的认识,以及能否将通过本次实训教学习得的实践能力举一反三地运用到别的学科中去。教师的评价方式灵活,可以选择口头评价,也可以进行书面评价。但无论哪种评价方式,都一定要建立在原始的技术资料的基础之上,评价要留有原始记录。教师对学生的评价是对学生整体表现的综合评论。

(2) 对实训教学教师的评价。实训教学教师在实训教学中扮演着重要的角色,因此,在评价体系中对教师的评价无疑是不可或缺的一环。通过评价教师,可以检验他们是否真正领悟到实训教学的教学理念,是否能够真正运用自身知识使学生受益匪浅。评价的重点标准包括:教师能否驾驭课程内容,能否将教学理论转化为教学实践,学生能否通过聆听教师的讲授明显有所提升,教师是否具有基本敬业精神与职业道德,教师是否有感召力与独特的教学魅力,教师确定的教学目标能否实现、是否能达到既定的教学效果,等等。

第二章 庭审 N+1 实训课程设计

第一节 实训课程体系的构建

一、课程定位

1998年,教育部高教司编写出版的《全国高等学校法学专业核心课程教学基本要求》确定了法学14门核心课程。2007年,教育部高校法学学科教学指导委员会又将法学核心课程增至16门,该16门课程仍然以法学的理论课程为主,虽然包含了三大诉讼法课程(民事诉讼法、刑事诉讼法、行政诉讼法),但一些具有实践意义的课程如司法文书、法律辩论等课程并未包含在内,故而仅仅依靠16门核心课程仍无法满足实训教学的需要。

因此,在对庭审 N+1 实训课程体系的定位问题上,笔者认为应突出其实践性、体系性以及开放性的特征,形成一个16门法学核心课程并存的实训教学课程体系。

二、课程特点

庭审 N+1 实训课程将以学生为主体进行教学实践活动,纳入教学计划并计算学分。其特征如下。

(一)强调实践技能的培养

法学理论课程注重法学理论知识的传授,强调知识的系统性和完整性。而实训课程是以培养学生创新精神和实践能力为目标,侧重于学生实践技能的培养[①]。实践性是该课程体系最突出的特点,主要体现在:在教学目的上,该课程体系旨在培养学生的执业技能,使学生具备从事法律工作的实践能力;在教学内容上,该课程体系将目前部分法学高校、院系已经开设的司法文书、模拟法庭等实践课程与一些法学边缘学科相融合,最大限度地满足实践需要;在授课方式上,采取"以案例为线索的指导性教学",以案例为线索教学能使课程内容更加具体,指导性教学代替传统的填鸭式教学则改变了师生在授课中的角色定位[②]。

(二)强调整体课程之间的体系性

目前很多高校的法学院都相继开设了一些法律实践课程,如法律辩论、模拟法庭、法律文书写作、诉讼辩护技巧等,但是仔细比较后就会发现,一些法律院校的法律实践课程设置水平参差不齐,并且教学方法并不一致,课程与课程之间缺少联系。相反,N+1实训教学课程采用"课程群"的授课模式,使不同法律实践课程形成一个统一的体系,每门课程之间并非毫无关联,而是有内在的脉络联系,以具体的法律案件为线索,将所有课程串联起来,服务于最终的教学目标,即模拟法庭的庭审环节。

(三)强调课程体系的开放性

笔者通过对比目前各大高校法学院开设法律实践课程的情况,得出如下结论:虽然有一些高校开设了超出法律专业知识的课程,如中山大学法学院开设了"博弈论""商业法律环境"课程,但绝大多数高校法学院开设的课程仅局限于法律理论知识本身。然而现实是,法律人在处理法律事务的过程中,不可能仅仅需要法律专业的理论知识,我们时常会碰到理论知识以外的内容,这就要求实践课程突破专业理论知识的局限性。"N+1实训课程体系"能够有效突破现有课程设置的局限,开放地纳入更多执业律师应具备的法律事务技能,如法律辩论学、

[①] 吴贵春.论法学专业学生实践能力的培养[J].蚌埠学院学报,2014(2):126-128.
[②] 温新宇,李亚茹,王天平,等.论高校开放式模拟法庭实践课程体系之建立——法学实践教学新路探索[J].南方论刊,2013(8):107-110.

法律逻辑学等。

第二节 实训课程设计方案

一、总体设计思路

1998年的《关于普通高等学校修订本科专业教学计划的原则意见》明确指出：课程设置是教学计划的核心内容，是实现专业培养目标和培养规格的中心环节。课程设置可由公共基础课程、专业基础课程（技术基础课程）、专业课程、必要的教学实习、生产实习（社会实践）和毕业论文（毕业设计）等组成。专业基础课程既要包括本专业的基本知识、基本理论和基本技能内容的课程，也要包括相邻专业的基本知识内容的课程；专业课程既要体现专业培养目标的要求，又要体现专业自身特点和办学特色；对于社会确有需要的某些特殊人才，可通过在宽口径专业内设置专业方向进行培养，但不能将专业方向办成专业。实践教学根据各专业的实际情况采取分散与集中相结合的办法进行安排，但要制定明确的评价、监测标准和方式[1]。

因此，庭审N+1实训教学课程体系将专业课程设计从三个角度切入：庭审技能教学、庭审角色教学和庭审实务教学。庭审技能教学主要围绕法律逻辑学、法律辩论学、证据法学等庭审所需的技能展开。庭审角色教学主要是从法官、律师、检察官三种角色切入，让学生通过不同的角色扮演来加深对每种法律职业的认识，从而达到在真实环境中学习法律实务的目的。庭审实务教学主要是通过对民事、刑事、行政等案例的模拟庭审，培养学生解决实际问题的能力。

二、学时分配

1998年的《关于普通高等学校修订本科专业教学计划的原则意见》同时也指出，科学地进行学时分配是充分发挥学生学习主动性与创造性、

---

[1] 桂林.我国高等院校学前教育专业本科生培养方案研究[D].重庆：西南大学,2013.

改进教学效果、提高教学质量和效益的重要措施①。要合理安排教学全过程的学时分布、课内与课外的学时比例和必修课程与选修课程的学时比例等。学生在校期间各学期的周学时数应做到均衡分布。应逐步提高选修课程的学时比例②。在总学时安排上,各高等学校都要努力改变总学时数过多的状况,力争总学时数有明显减少;办学历史悠久、教学资源丰富、生源质量高的高校更应加大这一改革力度。

笔者认为,对于传统理论课程与实践课程的课时分配亦应遵循此要求,合理配置,以最大程度实现培养全方位法律人才的教学目的。

总结目前大多数高校法学院开设的模拟法庭课程,主要有以下两种形式:一是将模拟法庭课程纳入诉讼法教学计划,由诉讼法授课教师负责讲授;二是由学生分组自由组合,再由任意学科教师临时进行指导。这两种做法没有体现出学院对模拟法庭这门课程的重视程度,学生参与度不高,积极性不强。同时,课程设置过于随意,往往导致学生与教师只注重庭审过程,忽略庭前准备和庭后评价的环节,让模拟法庭这门课程流于形式、走过场,这样的课程设置不利于学生实实在在地掌握法律实践能力,浪费了学生与教师的宝贵时间。各大高校法学院应该将模拟法庭这门课程设置为学生的必修课,最好在理论知识基本学习完毕的第六、第七学期开设,这时学生们已有一定的理论基础,更合适学习实务课程。在这个阶段设置模拟庭审课程的具体理由如下:① 此时学生们已学过主要的实体法与诉讼法,具备理论基础;② 此时学生们已经历过的法院或其他社会实习,对庭审的流程有一定了解;③ 三年的大学生活使每个学生的综合素质趋于成熟,能够表现得更加沉稳,模拟法庭的课程也能够为这些即将进入社会工作的准毕业生们打下牢固的实践基础;④ 模拟法庭课程可以激发一些低年级的学生观众对法律的兴趣,培养他们研究实务的能力,而且低年级同学可以在庭审结束后,利用这个宝贵机会向教师、学长学姐请教问题③。

---

① 江晓云,伍进.旅游管理专业课程体系现状调查及创新研究——以桂林工学院旅游管理专业为例[J].桂林旅游高等专科学校学报,2003(4):70-76.
② 丁汉初.面向21世纪大学本科生培养计划[J].理工高教研究,1999(2):74-76.
③ 杨欣,宋艳慧.模拟法庭实验教程[M].北京:中国民主法制出版社,2015:18.

三、代表性课程

(一) 法律逻辑学

逻辑学是知识生产、交流、使用的工具,与人们的日常思维、语言表达、推理论证等有密切的关系,在人类知识的创新、传播和接受过程中有着重要的作用①。逻辑是知识的基础,也是知识创新的前提和钥匙。逻辑思维与创新能力之间存在密切联系,提高大学生创新能力的重要途径之一就是普及逻辑知识,训练正确思维的技能。法律逻辑学可以为法科生提供方法论的指导,是培养法律工作者逻辑思维和思辨能力不可缺少的重要课程。法学与逻辑学存在着特别密切的关系,如法律的制定或执行、法律的研究和运用,无不广泛地涉及逻辑问题;再如司法人员的逻辑思辨、反应能力直接关系到侦查破案、法庭审理、定罪量刑等工作的质量。无论是法学研究者还是实务工作者,都应当具有丰富的逻辑知识、高度的逻辑修养和严密的逻辑思维能力。因此,法律逻辑对从事法律工作的人来说是必不可少的基础知识。

(二) 证据法学

案件事实均建立于证据之上,无证据则无事实。证据法学是研究司法、执法等活动中运用证据证明案件事实或者其他相关事实的规律、方法以及证据法律规范的学科。总体上来说,该课程包括两大方面的内容:其一是理论方面的内容,主要包括证据基本理论(如证据概念、类别等)以及证明的理论(如证明的概念、证明的标准、证明的责任等);其二是实践方面的内容,主要包括有关证据的收集、审查、认可等方面的法律规定和实际运用②。

(三) 法律辩论学

思辨能力在一名法律工作者的职业生涯中具有十分重要的地位。一名合格的法官、检察官或者律师,必须具备很强的辩论与分析能力③。谈

---

① 连丽霞,刘巍.素质教育视野下的逻辑学精品课建设[J].当代教育论坛,2006(9):58-59.
② 代义.《证据法学》课程教学模式改革探析[J].华章,2011(34).
③ 温新宇,李亚茹.论高校改革模拟法庭实践课程体系之建立——法学实践教学新路探索[J].南方论刊,2013-8-8.

判在几乎所有的领域中都占有十分重要的地位,谈判往往也是解决法律纠纷的一种重要手段。辩论与谈判不仅仅对语言表达能力有着很高的要求,而且对思维能力也有着很高的要求,因此开设关于法律辩论学的课程,有助于系统地锻炼法科生的辩论与谈判技能,提高他们的思辨能力。

中 篇
庭审 N+1 实训课程之技能实训

第三章 法律逻辑学

通过对本章的学习,应掌握逻辑学的基本原理和基本方法,包括词项逻辑、命题逻辑、谓词逻辑、归纳逻辑及逻辑基本规律等。同时,作为一门应用性极强的课程,学生还应该了解侦查逻辑、法律规范逻辑、法律论辩逻辑等特殊的法律逻辑问题。

第一节 法律逻辑学概述

一、逻辑科学的产生与发展

逻辑问题,即思维或辩论的正确性问题。它成为人们的研究对象几乎同时源于三个国家,即古希腊、古印度和中国[①]。不过,真正形成比较完整的学科体系并在世界范围内流传至今的,是古希腊的逻辑学。提及古希腊,我们便不得不提被后世誉为"逻辑学之父"的哲学家亚里士多德,他所创建的逻辑学为后世所传颂。在古希腊经济文化繁荣、论辩风气盛行及自然科学迅速发展的背景之下,出现了一批所谓有智慧、善于辞令的教师,即"智者学派",但是后期,他们变成了实质意义上的"诡辩派"。正是这些不正当的辩论手法,迫使人们研究如何在辩论中有效地证明和反驳,注重逻辑的严密性。同样,在公元前6世纪的印度,不同教派相互论争,各派都试图在论争中维护自己的观点、教义,为此就不得不研究一些

---

① 蒯晓明.逻辑学[M].北京:中国商业出版社,2004:1-2.

论辩的方法和技巧,从而"造就了总结出推理论证的逻辑形式的'圣手',促进了逻辑的诞生"①。而在中国,春秋时期出现了"百家争鸣"的局面,诸子百家为让世人采纳己见、排除异己,不仅相互争辩,并且各自都在研究、总结辩论的目的、方法、作用和规律,探讨关于名(概念)、辞(判断)、说(推理)等方面的逻辑问题,并在逻辑学说《荀子·正名》等论著中体现。

  逻辑学的发展脉络最早形成于亚里士多德之后的斯多葛学派,他们研究论证形式分析、语法分析、概念理论、命题理论等内容。文艺复兴后期,把逻辑学作为理性探究之基础的看法有所复苏,推崇亚里士多德。文艺复兴后,由于觉察到亚氏逻辑无法处理自然科学研究中的因果问题,人们将目光投向科学领域——归纳逻辑,其标志是1620年培根《新工具》的出版。到19世纪,英国哲学家穆勒将培根方法发展成为完整的求因果联系②的方法,人称"穆勒五法"③;在1847年,英国数学家、逻辑学家布尔在《逻辑的数学分析》中引入了一种代数方法,现称"布尔逻辑"④,带领人们将目光转向数学领域——符号逻辑。1910—1913年,怀特海与罗素合作的《数学原理》三卷本相继出版,逻辑学家们的注意力几乎完全被引向了数学领域,数理逻辑似乎成了唯一的逻辑。但发展到20世纪40年代末50年代初,数理逻辑在逻辑学中的绝对优势地位被逐渐打破,例如1948年,比利时哲学家佩雷尔曼试图用符号逻辑来为价值判断提供逻辑证明,但其研究结果却表明这是不可能的。直至20世纪70年代末80年代初,随着非形式逻辑、论证理论以及批判性思维的兴起,逻辑学的实践转向才基本实现,并且至今都仍在继续之中⑤。当今世界,逻辑科学已经显现出多种角度、多种层次发展的趋势。

二、逻辑学的研究对象

  "逻辑"是一个外来词语,是英文 Logic 的音译,而英文 Logic 则源于

---

 ① 杨百顺.比较逻辑史[M].成都:四川人民出版社,1989:28.
 ② 因为三段论是从一般性前提出发演绎出结论,而自然科学则需根据个别现象概括出一般性结论,以解释现象间的因果关联。
 ③ 熊明辉.逻辑学的演进[N].光明日报,2016-04-13(14).
 ④ 熊明辉.逻辑学的演进[N].光明日报,2016-04-13(14).
 ⑤ 熊明辉.逻辑学的演进[N].光明日报,2016-04-13(14).

希腊文,其原意是指思想、言辞、理性、规律等。张大松、蒋新苗认为"逻辑"有四种常见的含义：一是客观事物的规律；二是某种特殊的理论、观点或看问题的方法；三是思维的规律、规则；四是逻辑学这门科学①。雍琦认为"逻辑"具有三种含义：一是客观事物的规律性；二是思维、语言表达或论证的规律性、科学性；三是引申出的贬义的用法,如所谓的"霸权主义的逻辑"等②。

逻辑学的研究对象是思维形式的结构和基本规律,也包括一些简单的逻辑方法。须注意,主要研究对象是思维形式的结构及其基本规律,而非思维本身。思维形式本身各部分之间的连接方式就是思维形式的结构,也称为思维的逻辑形式。其中具体剥离出来的第一要素是思维的内容,事物及其性质、关系、规律反映在思维之中；剥离出来的第二要素是思维的形式,亦称思维形态,包括概念、判断(命题)、推理。

思维形式的结构,或者说思维的逻辑形式,实则都包含了两个部分：一是用符号表示的可以代入具体内容的可变部分,叫逻辑变项；二是在相同的逻辑形式中都存在的不变部分,叫逻辑常项③。以下面四个判断为例说明：

所有的公民都是民事权利的主体。

所有的商品都是劳动产品。

上述判断都是"所有……都是……"的形式,若用 p、q 替换上述两个概念,则可用"所有的 p 都是 q"来表示。

如果某甲是案犯,那么某甲有作案时间。

如果是共同犯罪,那么就不只有一个犯罪嫌疑人。

上述判断都是"如果……那么……"的形式,若用 p、q 替换上述两个概念,则可用"如果 p 那么 q"来表示。

因此,结合上述概念,我们可以清晰地看到,可以替换的可变概念 p 和 q 是逻辑变项,其改变并不会影响逻辑形式；同一种逻辑形式中都存在的部分,如上述示例中的"所有……都是……""如果……那么……",是不变的部

---

① 张大松,蒋新苗.法律逻辑学教程[M].北京：高等教育出版社,2003：1.
② 雍琦.法律逻辑学[M].北京：法律出版社,2004：2.
③ 雍琦.法律逻辑学[M].北京：法律出版社,2004：12.

分,即逻辑常项,同时这也是区分不同种类的思维形式结构的唯一依据。

三、逻辑学的作用

(一) 有助于准确表达思想,提高辩论能力

思维同语言是密不可分的,因此,表达能否清楚、准确,和思维是否清晰、正确密切相关。表达要准确、清楚,首先思维必须清楚;思维不清楚,表达必然混乱。逻辑学不仅有助于我们表达清楚、准确,做到论证合乎逻辑,而且还有助于我们在辩论中识别和驳斥谬误,提高辩论能力[1]。

(二) 有助于培养和提高科学研究能力

逻辑学提供的一系列理论、规律和方法,可以提高我们的认知能力,使我们的思维更加敏捷,也给我们提供了科学研究的工具。美国大法官卡多佐曾这样说:"运用我们的逻辑、我们的类推、我们的哲学,我们向前走,直到我们到达某个特定的点。"[2]

(三) 有助于培养和提高思维素质

思维素质是人的基本素质。逻辑学作为思维科学,专门研究思维形式及规律,研究认识事物的简单的逻辑方法,尤其是推理有效性的理论、规律与方法。英国哲学家培根认为:"历史予人智慧,诗歌使人诙谐,数学使人准确,自然哲学使人深邃,道德令人庄重,逻辑和修辞则教人长于雄辩。"

(四) 有助于提高立法工作水平,提高依法办案能力

对于从事立法工作、法学研究与司法工作的人来说,逻辑论证与表达能力、案情归纳与演绎分析能力、识别与驳斥逻辑谬误或诡辩的论辩能力是不可或缺的,这些能力的形成、发挥与一个人所具有的逻辑素养密切相关,学好逻辑学有助于提高立法工作的水平、提高司法工作者依法办案的能力。

四、司法工作者必须懂得逻辑

司法工作者泛指一切从事与法律相关的实际工作者,主要指法官、检

---

[1] 雍琦.法律逻辑学[M].北京:法律出版社,2004:16.
[2] 杨为程.法律逻辑学教学中的几个基本问题[J].新疆教育学院学报,2013,29(1):84-87.

察官、律师以及从事侦查与治安、保卫工作的人员。由于工作的严肃特性，司法工作者必须具有严谨缜密的逻辑思维能力。前苏联法学教授库德里亚夫采夫在《定罪通论》一书中指出："逻辑学对于法学，特别是对于定罪的意义是不容置疑的。"①法律领域同社会生活的其他领域有很大的不同，最主要的原因可能在于法律的逻辑性：违背法律的逻辑，会造成不正确的推理，从而导致错误的结论，引起重大的社会危害。可见，重视推理的逻辑性十分必要，作为法律工作者，我们更应该遵守法律的逻辑性，在侦查和审理案件的过程中严格秉承法律的逻辑和严谨的思维规律办事。

在案件侦破工作中，侦查人员运用逻辑推理对案件层层剖析，以实现对案件事实的认识，从而达到惩罚犯罪、保护人权的目的②。在案件审理过程中，无论是律师的辩护行为，抑或是法官的审理行为，都是适用法律的过程，即将一般性法律规定适用于具体案件，从而得出裁判结论的过程，这既是实践性很强的法庭技术操作活动，也是复杂的逻辑思维活动③。

第二节 命题逻辑之非模态命题

一、命题逻辑概述

(一) 词项逻辑之欧拉图

正确地解决概念外延间的关系，就要对概念外延间的关系作准确、全面、科学的分类和概括④。概念外延间的关系，即根据概念外延指称的对象是否完全相同而形成的关系。一个概念的全部外延，可表示为一个圆圈。两个或两个以上概念的外延间关系，也就可以表示为相应多个圆圈

---

① B.H.库德里亚夫采夫.定罪通论[M].北京：中国展望出版社，1989：59.
② 姜保忠.法律适用错误基本问题研究：以审判为中心[J].河南社会科学，2014，22(10)：39-45.
③ 雍琦.法律逻辑学[M].北京：法律出版社，2004：17-18.
④ 张俊芳.概念外延间关系初探[J].东北师大学报，1990(3)：18-21.

的关系。这种用圆圈来表示概念外延关系的方法,是由 18 世纪瑞士数学家欧拉首先设计出来的,所以人们也把这种方法称作欧拉图表示法。若用欧拉图表示,则任意的两个概念 A 和 B 之间的外延关系,不外乎下列五种①:

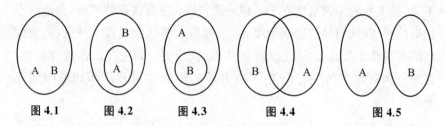

图 4.1　　　图 4.2　　　图 4.3　　　图 4.4　　　图 4.5

设 A、B 两个概念,如果它们的外延全部重合,则二者间的关系即全同关系,亦称同一关系。具有全同关系的两个概念,外延重合而内涵不尽相同。如宪法(A)和国家的根本大法(B),北京(A)和中华人民共和国的首都(B)。概念间的全同关系可用欧拉图形 4.1 表示。

设 A、B 两个概念,如果 A 概念的全部外延包含于 B 概念的外延之中,并且 A 概念的全部外延仅仅是 B 概念外延的一部分,则 A 概念就真包含于 B 概念。A 概念对 B 概念的这种关系即真包含于关系,亦称种属关系,如犯罪行为(A)和违法行为(B),基层法院(A)和法院(B)。概念间的真包含于关系用欧拉图形 4.2 表示②。

设 A、B 两个概念,如果 A 概念的外延包含着 B 概念的全部外延,并且 B 概念的全部外延仅仅是 A 概念外延的一部分,则 A 概念就真包含 B 概念。A 概念对于 B 概念的这种关系即真包含关系,亦称属种关系。传统逻辑学中,真包含关系与真包含于关系统称"属种关系"。其中,外延较大的概念叫属概念,外延较小的概念叫种概念,如法律(A)和婚姻法(B)。概念间的真包含关系可用欧拉图形 4.3 表示。

设 A、B 两个概念,如果 A 概念的外延与 B 概念的外延相互只有一部分相重合,则二者间的关系即交叉关系,如律师(A)和党员(B)、律师

---

① 雍琦.法律逻辑学[M].北京:法律出版社,2004:40.
② 麦买提·乌斯曼.论区分犯罪构成要件和犯罪构成要素[J].新疆社科论坛,2005(6):43-45.

(A)和法学家(B)。概念间的交叉关系可用欧拉图形 4.4 表示。

设 A、B 两个概念,如果 A 概念的全部外延与 B 概念的全部外延没有任何部分重合,则二者间的关系即全异关系。概念间的全异关系可用欧拉图形 4.5 表示。具有全异关系的两个概念,有的是属于同一论域的,如"成年人"与"未成年人"、"侵犯财产罪"与"渎职罪";有的是不属于同一论域的,如"法院"与"律师"、"学生"和"教师"等。就同一论域来说,概念的全异关系还可进一步分为矛盾关系和反对关系。

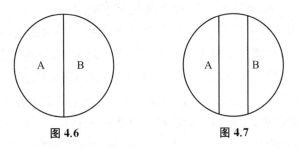

图 4.6　　　　　　图 4.7

如果两个具有全异关系的种概念的外延之和等于其属概念的外延,那么这两个概念之间的关系就是矛盾关系。例如,当 A 概念和 B 概念分别表示"成年人"与"未成年人"或"有罪"与"无罪"时,它们的外延之和分别等于它们的属概念"人"或"行为"的外延,A 概念与 B 概念之间的关系就是矛盾关系。A 概念与 B 概念之间的矛盾关系可用欧拉图形 4.6 表示。

如果两个具有全异关系的种概念的外延之和小于属概念的外延,那么,这样两个概念之间的关系就是反对关系。例如,当 A 概念和 B 概念分别表示"侵犯财产罪"与"渎职罪"或"民法"与"刑法"时,它们的外延之和分别小于它们的属概念"犯罪"或"法律"的外延,A 概念与 B 概念之间的关系就是反对关系。概念间的反对关系可用欧拉图形 4.7 表示。

(二) 命题的概念、特征及分类

命题是借助语句来表达的,反映思维对象情况并具有真假之分的思想[1]。事实是证据的应有内容,命题是事实的唯一表达方式,命题的证据

---

[1] 杨为程.逻辑学教学中几个基本问题[J].新疆教育学报,2013,29(1):84-87.

地位是在竞争过程中获得的,判断命题能否获得证据地位就是要看它能否与经验事实相符合,即相关性、合法性和真实性是命题之所以获得证据地位(成为诚实证据)的内在逻辑①。命题存在两个逻辑特征:一是对事物的情况有所断定;二是有真假之分。

命题(或称判断)是内容和形式的统一体,命题形式是同类型命题所表现出来的共性,亦即不同命题本身各部分之间所具有的相同的连接方式。例如,"中国人都是勤劳勇敢的。"我们把命题中表达具体内容的概念分别用 S、P 表示,可得到"(所有)S 都是 P"的形式。

首先,根据其中是否包含"必须""可能""禁止"等模态词,命题可以分为模态命题与非模态命题两大类。在模态命题中,又分为真值模态命题和规范模态命题。其次,在非模态命题中,根据命题本身是否由其他命题组成,或者说根据它是否包含其他命题成分,分为简单命题和复合命题。再次,简单命题中,又根据是断定对象具有或不具有某种性质,还是断定对象与对象之间存在或不存在某种关系,分为性质命题与关系命题。在复合命题中,根据组成复合命题的各个命题成分之间的联系性质,亦即根据不同的逻辑连接词,又可分为联言命题、选言命题、假言命题和负命题②。如图 4.8 所示。

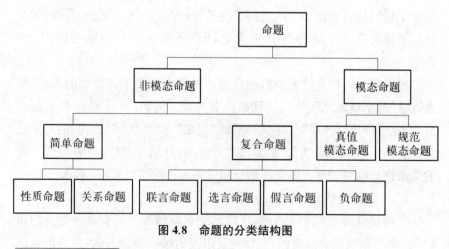

图 4.8　命题的分类结构图

---

① 张继成.命题获得证据地位的内在逻辑[J].中国法学,2011(4):63-77.
② 雍琦.法律逻辑学[M].北京:法律出版社,2004:78-79.

二、关系命题

(一) 关系命题的定义及性质

关系命题即断定客观对象之间具有或不具有某种关系的命题,是由词项构成的简单命题。

普通逻辑学研究的命题都反映某种或某些关系,是由命题的实质决定的。命题作为一种思维形式,表现了人们的一种认识,任何认识都是对事物之间、事物内部诸方面之间关系的反映,因此表示认识的任何命题都反映客观世界和思维的某种关系①。

(二) 关系三段论

任何关系命题都由三个部分构成,即关系主项、关系项和关系量项。关系主项就是命题中表示"关系"承担者的概念,逻辑学中常用小写字母 a、b、c 等来表示;关系项是表达主项具有何种"关系"的词项,它是由各种各样表达关系的概念充当的,逻辑学中常用 R 来表示;关系量项是人们在使用关系命题来断定事物之间具有某种关系的时候,用来表达所断定的关系主项的数量或范围的词项②。

三、性质命题

(一) 性质命题的构成及特征

性质命题是反映对象具有或不具有某种性质的命题,这是一个属加种差的概念,即揭示被定义项邻近的属概念和种差的定义③。直言命题一般由主项、谓项、联项、量项四部分构成。其中主项指直言命题中指称事物的词;谓项是直言命题中指称事物所具有或不具有的性质的词项;联项又称为直言命题的质,是表示主项与谓项之间逻辑关系的词项,联项有肯定的与否定的两种。肯定联项一般用语词"是"表示;否定联项一般用语词"不是"表示。量项又称为直言命题的量,是表示主项外延数量的词项。量项有全称

---

① 李小虎.论关系命题的逻辑性质[J].齐鲁学刊,2001(6):76-80.
② 雍琦.法律逻辑学[M].北京:法律出版社,2004:81-83.
③ 陆玉文.性质命题及其对当关系审思[J].吉林师范大学学报(人文社会科学版),2004(3):101-104.

量项和特称量项两种。全称量项一般用语词"所有""任何""每一个""一切"等表示;特称量项一般用"有的""一些""存在""至少有一个"等表示。

(二) 性质命题的种类

根据性质命题量项的不同,可将其分为全称命题与特称命题。全称命题的逻辑形式为"所有 S 是(或不是)P";特称命题的逻辑形式是"有的 S 是(或不是)P"。根据性质命题联项的不同,分为肯定命题和否定命题。肯定命题断定 S 指称的对象(全部或至少有一个对象)具有 P 性质,其逻辑形式是"(所有或有的)S 是 P";否定命题是断定 S 指称的对象(全部或至少有一个对象)不具有 P 性质,其逻辑形式是"(所有或有的)S 不是 P"[1]。

(三) 性质命题主项和谓项的周延性

性质命题的词项周延性问题,是指一个性质命题的主项或谓项在该命题中是否被断定了全部外延的问题。性质命题可以分为全称肯定命题(SAP,以下简称 A 命题)、全称否定命题(SEP,以下简称 E 命题)、特称肯定命题(SIP,以下简称 I 命题)、特称否定命题(SOP,以下简称 O 命题)。如果在一个性质命题中断定了主项或谓项的全部外延,那么该词项在这个命题中就是周延的;反之,它就是不周延的[2]。如表 4.1。

表 4.1 性质命题主项和谓项的周延性

命题类型	主项 S	谓项 P
全称肯定命题 A	周 延	不周延
全称否定命题 E	周 延	周 延
特称肯定命题 I	不周延	不周延
特称否定命题 O	不周延	周 延

(四) 对当关系推理

直言命题的对当关系推理是指根据命题的四种对当关系得出结论的推理。直言命题有四种对当关系,即差等关系、矛盾关系、上反对关系及

---

[1] 陆玉文.性质命题及其对当关系审思[J].吉林师范大学学报(人文社会科学版),2004(3):101-104.
[2] 雍琦.法律逻辑学[M].北京:法律出版社,2004:87.

下反对关系。

A、E、I、O 四种命题(判断)具有相同的主项与谓项,同一素材的 A、E、I、O 之间存在的真假相互制约关系,称为"真假关系"。

根据欧拉图表中的五种关系,我们可以用表 4.2 来表示。

表 4.2　欧拉图表表示之五种关系

	全同关系	真包含于关系	真包含关系	交叉关系	全异关系
SAP	真	真	假	假	假
SEP	假	假	假	假	真
SIP	真	真	真	真	假
SOP	假	假	真	真	真

从表 4.2 中可以看出,A、E、I、O 四种性质命题相互之间有着真假的制约关系。一是 A 与 E 之间为上反对关系,二者不可能同真,但可以同假;二是 A 与 O、E 与 I 之间为矛盾关系,二者既不可能同真,也不可能同假;三是 A 与 I、E 与 O 之间为差等关系,二者不可能同假,但可能同真(见图 4.9)①。

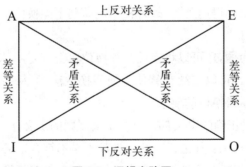

图 4.9　逻辑方阵图

(五) 变形推理

性质命题变形推理,就是调换主项和谓项的位置,或者改变性质命题的联项(将肯定改为否定,或者将否定改为肯定),得到另一个新的性质命

---

① 许春红.模态性质命题传统逻辑方阵的建立[J].内蒙古农业大学学报(社会科学版),2011(1):303-305.

题的直接推理[①]。

1. 换质法

通过改变一个性质命题的质,并将其谓项换成它的矛盾概念,从而得出一个与原命题不同质的性质命题。

例如:正确的定义都是符合定义规则的定义。

可以换质为:正确的定义都不是不符合定义规则的定义。

其他三种命题亦然,故可得出一般换质法的变化规则:

SAP→SE$\bar{P}$;SEP→SA$\bar{P}$;SIP→SO$\bar{P}$;SOP→SI$\bar{P}$。

2. 换位法

通过改变原命题主项与谓项的位置,不改变原命题的质,可以得到原命题隐含的,而又改变了断定对象的命题。

例如:有的见义勇为的人是进城务工的农民。

可以换位为:有的进城务工的农民是见义勇为的人。

即可以得出:SAP→PIS;SEP→PES;SIP→PIS。

值得注意的是,运用换位法时,于 O 命题而言,若 SOP 换位为 POS,"S"成了否定判断的谓项,是周延的,违反换位法规则"原命题中不周延的词项在换位后也不得周延"。故特称否定命题不能换位。

3. 换质位法

一个性质命题,还可以将换质法和换位法交替使用,即可以一次性地运用换质位法,也可以连续交替使用换质换位法,但每一次换质或换位,都必须遵循换质或换位的要求。

例如:凡是正确的定义都是符合定义规则的定义。

先换质,可得出:凡是正确的定义都不是不符合定义规则的定义。

后换位,可得出:凡是不符合定义规则的定义都不是正确的定义。

即 SAP→SE$\bar{P}$→$\bar{P}$ES

因此,一次性换质位的公式可以表示为:

A:SAP→SE$\bar{P}$→$\bar{P}$ES E:SEP→SA$\bar{P}$→$\bar{P}$IS

I:SIP→SO$\bar{P}$(不能再换位) O:SOP→SI$\bar{P}$→$\bar{P}$IS

[①] 汪柏树.性质命题推理有效性的欧拉图解法判定[J].黄山学院学报,2010(1):54-62.

若进行多次的换质换位法,既可以先换质,也可以先换位。这种连续多次交替进行换质换位的方法,叫作戾换法。

四、复合命题

(一) 复合命题概述

所谓复合命题,就是表达复合判断的语言形式,是由其他命题及命题联结词组成的命题。在逻辑学中与简单命题相对应,构成复合命题的命题叫作"肢命题",可用 p、q、r 表示。它可以是简单命题,也可以是复合命题;既可以是肯定命题,也可以是否定命题。肢命题为复合命题的复合命题,称为多重复合命题[1]。

复合命题的真假由其肢命题的真假来确定,在肢命题真假确定的情况下,复合命题的真假值也是唯一确定的。确定复合命题的真假,常借助于真值表。

(二) 复合命题的基本形式及其逻辑性质

1. 负命题

负命题就是对一个命题(称为负命题的肢命题)进行否定,一个负命题如果是真的,那么它所否定的肢命题一定是假的[2]。表达负命题的典型词语是"并非",符号表示为"¬",若 p 表示被否定的命题,则负命题的公式就为"并非 p",也可表示为"¬p"。其逻辑性质用真值表 4.3 表示。

表 4.3 负命题逻辑性质

p	¬p
+	−
−	+

2. 联言命题

联言命题是同时断定两种以上事物情况都存在的复合命题。逻辑学只研究联结词的逻辑性质,具体到复合命题中,它讨论的联结词是对自然

---

[1] 徐阳春.复句和复合命题[J].宁夏大学学报(哲学社会科学版),1999(4):55-59.
[2] 刘本学.谈负命题与其它复合命题之间的蕴含关系[J].赤峰学院学报(汉文哲学社会科学版),2007(3):11-13.

语言中复合句联结词的逻辑抽象,表达的是语句联结词的逻辑内容①。表示联言命题的联结词多种多样,如"不但……而且……""虽然……但是……""既……又……""……并且……"。尽管联结词不同,但若以 p、q、r 等表示联言肢,则联言命题的公式(仅以两个肢命题而言)为:p 并且 q,"并且"也可用符号"∧"表示,读作"合取"或"并且"。联言命题"p∧q"的逻辑性质可以用真值表 4.4 表示。

表 4.4　联言命题逻辑性质

p	q	p∧q
＋	＋	＋
＋	－	－
－	＋	－
－	－	－

3. 选言命题

选言命题是断定几种事物情况中至少有一种事物情况存在的命题。选言命题也是由两个或两个以上的肢命题加上联结词构成的。作为选言命题组成成分的肢命题,叫作选言肢。表达选言命题的联结词,通常用"或者""或""要么……要么……""可能……也可能……"等词语表示。选言命题的公式为:p 或者 q,"或者"也可用符号"∨"表示,读作"析取"②。选言命题"p∨q"的逻辑性质可以用真值表 4.5 表示。

表 4.5　选言命题逻辑性质

p	q	p∨q
＋	＋	＋
＋	－	＋
－	＋	＋
－	－	－

---

① 朱小阳.联言命题逻辑值的真与语义的恰当之关系探析[J].江西社会科学,2006(1):172-174.
② 李小虎.命题三论[J].山东师范大学学报(人文社会科学版),2002(6):20-25.

4. 假言命题

假言命题是断定某事物情况存在是另一事物情况存在的条件的命题①。假言命题由联结词和两个肢命题构成。其中,表示条件的肢命题称为前件,通常用 p 表示;表示由条件导致的结果的肢命题称为后件,通常用 q 表示。表示假言命题的联结词有:"如果……那么……""只有……才……""只要……就……""当且仅当……才……""若……就……"②。假言命题分为充分条件假言命题、必要条件假言命题和充分必要条件假言命题,它们分别陈述了某一事物情况是另一事物情况的充分条件、必要条件和充分必要条件③。

(1) 充分条件。若有 p 必有 q,无 p 未必无 q,则 p 就是 q 的充分条件。反映前件是后件的充分条件的假言命题称为"充分条件假言命题"。通常由"如果……那么……"联结前后两个命题,"如果 p,那么 q"可用符号简写为 p→q。充分条件假言命题的逻辑性质真值表见表 4.6 所示。

表 4.6 假言命题充分条件逻辑性质

p	q	p→q
+	+	+
+	−	−
−	+	+
−	−	+

(2) 必要条件。若无 p 必无 q,有 p 未必有 q,则 p 就是 q 的必要条件。反映前件是后件的必要条件的假言命题,称为"必要条件假言命题"。通常由"只有……才……"联结前后两个命题,"只有 p,才 q"可以用符号简写为"p←q"。必要条件假言命题的逻辑性质真值表如表 4.7 所示。

---

① 李月彬.关于假言命题的几点思考[J].沧州师范专科学校学报,2002(1):47-51.
② 刘中奎.高中生议论文写作中的逻辑思维培育策略研究[D].昆明:云南师范大学,2016.
③ 陈元勋.再论联结项与假言命题类型之间的或然性关系——并复焦克先生对《"除非"类假言命题新论》一文的质疑[J].云南电大学报,2009(3):37-40.

表4.7 假言命题必要条件逻辑性质

p	q	p←q
+	+	+
+	−	+
−	+	−
−	−	+

（3）充分必要条件。若有p必有q，无p必无q，则p就是q的充分必要条件。充分必要条件假言命题是反映前件是后件的充分必要条件的假言命题，通常由联结项"当且仅当……才……"联结前后件两个命题，逻辑形式可表示为：当且仅当p，才q。以符号"↔"（读作等值）替代"当且仅当……才……"，可得公式：p↔q。充分必要条件假言命题的逻辑性质真值表如表4.8所示。

表4.8 假言命题充分必要条件逻辑性质

p	q	p↔q
+	+	+
+	−	−
−	+	−
−	−	+

（三）复合命题的应用意义之相互转换①

1. 充分条件假言命题与必要条件假言命题之间的转换

首先，"如果p，那么q"可转换为"只有q，才p"；而"只有p才q"也可转换为"如果q，那么p"，可用公式(p→q)↔(q←p)表示；同理可得到(p←q)↔(q→p)。其次，根据两种假言命题的断定特点，还可以转换得出更多不同的、不改变命题真假值的假言命题形式，例如，"如果p，那么q"，它就

---

① 雍琦.法律逻辑学[M].北京：法律出版社,2004：122-125.

断定了有"p"就必然有"q",亦即"p"真"q"就真。

2. 假言命题与选言命题之间的转换

(1)"如果 p,那么 q"等值于"非 p 或者 q",命题公式为(p→q)↔(¬p∨q)。例如,"如果被害人是被钝器打击致死的,那么被害人身上就有钝器击伤的痕迹"这一假言命题等值于"或者被害人不是被钝器打击致死的,或者被害人身上有钝器击伤的痕迹"这一选言命题。

(2)"只有 p,才 q"等值于"p 或者非 q",命题公式为(p←q)↔(p∨¬q)。例如,"只有发现被害人尸体的地方不是第一现场,现场才不会留下任何杀人痕迹"等值于"或者发现被害人尸体的地方不是第一现场,或者现场留下杀人痕迹"。

(3)"p 或者 q"等值于"如果非 p,那么 q",命题公式(p∨q)↔(¬p→q)。例如,"张某或王某不是本案的作案人"等值于"如果张某是本案的作案人,那么王某就不是本案的作案人"。

第三节 命题逻辑之模态命题

一、模态命题与真值模态命题

(一) 模态命题

逻辑学中的"模态",指的是事物或事件的"必然性"与"可能性"。含有模态词"必然"和"可能"的判断为模态判断;根据模态判断间的关系,可以形成模态推理。规范命题亦称"道义命题""规范模态命题"[1],是含有"必须""允许""禁止"这类规范词的命题,亦即在一定情况下,给人(规范的承受者)的行动提出某种命令或规定的命题[2]。

(二) 真值模态命题的特征及其分类

真值模态命题陈述的模态,可以是事物情况自身的模态,也可以是人们对事物情况在认识上的模态。根据真值模态命题断定的是事物情况的

---

[1] 王传经.模态关系与意义分析[J].外语研究,2007(2):27-31.
[2] 彭漪涟.逻辑学大辞典[M].上海:上海辞书出版社,2004:34-38.

必然性还是可能性,可将其分为必然命题和或然命题。必然命题就是断定事物情况具有必然性的命题,即 S 必然是 P="S 是 P"是"必然"的,S 必然不是 P="S 不是 P"是"必然"的,用公式分别表示为"□P"和"□¬P"。或然命题是断定事物情况具有可能性的命题,即 S 可能是 P="S 是 P"是"可能"的,S 可能不是 P="S 不是 P"是"可能"的,用公式分别表示为"◇P""◇¬P"。

(三) 复合模态命题推理

根据上述真值模态命题的四种基本形式,相互之间也能推理出特定的真假关系。一是□P 与□¬P 之间为上反对关系,二者不可能同真,但可以同假;二是□P 与◇¬P、□¬P 与◇P 之间为矛盾关系,二者既不可能同真,也不可能同假;三是□P 与◇P、□¬P 与◇¬P 之间为差等关系,二者既可以同真,也可以同假;四是◇P 与◇¬P 之间为下反对关系,二者不可能同假,但可能同真①。

(四) 模态命题及其推理在法律工作中的应用

模态命题中对"必然""可能"二字的界定,对于法律条文的规范有借鉴意义。对一名法律工作者而言,在明确法律条文规定的过程中,逻辑推理必不可少,其中模态命题就更为重要。举例而言,断定"本案不可能是奸情杀害",就等值于断定"本案必然不是奸情杀害",而不等值于断定"本案可能不是奸情杀害"。因此,注重模态命题,对在法律工作中正确地适用法律具有重要意义。

二、规范命题相互间的逻辑关系

(一) 规范命题

所谓规范命题,就是要求人们以某种方式作出或不作出某种行为的命题,换言之,也就是包含"必须""允许""禁止"这类模态词的命题。

(二) 规范对当推理

对同一行为而言,必须 p(Op)、禁止 p(Fp)、允许 p(Pp)、允许非 p(P¬p)四种命题之间存在确定的真假关系。真假关系称为规范对当关系,如图 4.10 所示。

---

① 雍琦.法律逻辑学[M].北京:法律出版社,2004:134-136.

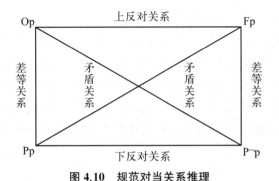

图 4.10 规范对当关系推理

(1) 矛盾关系对当推理。规范命题之间的矛盾关系是指 Op 与 P¬p 之间、Fp 与 Pp 之间,不可同真并且不可同假的真值关系。

(2) 差等关系对当推理。规范命题之间的差等关系是指 Op 与 Pp 之间、Fp 与 P¬p 之间,二者既可以同真、也可以同假的真值关系。

(3) 上反对关系对当推理。规范命题之间的反对关系是指 Op 与 Fp 之间,二者不可能同真但可以同假的真值关系。

(4) 下反对关系对当推理。规范命题之间的下反对关系是指 Pp 与 P¬p 之间,二者不可能同假但可能同真的真值关系。

(三) 规范命题及其推理在法律工作中的应用

法律条款总是借助语句来表达的,总体而言都是复合命题,而且大都是规范命题(少数纯技术性条款除外)。因此对于法律条款的逻辑结构形式,可运用逻辑学中关于规范命题的相关知识来进行分析以便更准确地适用法律,从而更好地指导司法实践工作。

三、刑法规范命题的结构特点

在罪刑法定原则之下,演绎推理是刑法推理的基本模式与方法,它凭借形式逻辑的力量发挥了强大的对司法判决合法性的论证作用[1]。刑法规范命题属于制裁性规范命题,往往与命令性、禁止性规范命题相联系:必须 A,禁止非 A;如果非 A,那么 S。用 p 来表示罪状描述(犯罪构成要件),可以把刑法规范命题表达为如下假言规范命题:

---

[1] 沈琪.刑法推理方法初论[D].北京:中国政法大学,2006.

(禁止 p)如果 p,那么处以 S。

刑法规范命题同其他法律规范命题之间,在逻辑结构方面具有关联性;在刑法体系内,刑法规范命题相互之间在内容方面具有关联性。

刑事司法中的法律推理,就是以刑法规范命题为大前提,以具体的案件事实为小前提,符合逻辑、合乎法律地得出结论(即判决)。因此,准确分析刑法规范命题的结构,是进行法律推理、保证结论正确的前提。

第四节 推　　理

一、推理概述①

推理就是根据几个已知命题推导出另一个命题的思维形式②。法律推理是特定主体在法律实践中,从已知的前提材料合乎逻辑地推想和论证新法律结论的思维活动③。任何法律推理都必然含有三个组成要素,即前提、结论和推导关系④。

前提是作为推理根据的已知命题;结论是根据已知命题推出的新命题;推理的联项是前提与结论之间的逻辑联结项,是推理的逻辑常项。

示例如下:

所有的人都要守法;　　　　——前提
所以,　　　　　　　　　　——推理联项
你要守法。　　　　　　　　——结论

二、演绎推理⑤

(一)三段论概念及特征

三段论就是借助两个性质命题中共同词项(概念)的联结作用而得出

---

① 雍琦.法律逻辑学[M].北京:法律出版社,2004:161-188.
② 林小燕.《荀子》论辩推理研究[J].陕西学前师范学院学报,2014-6-15.
③ 赵玉增.论法律推理的概念——从法律方法论的视角[J].法律方法,2005(4):304-386.
④ 彭榆琴.法律会话推理有效性探析——以商谈论的视角[J].甘肃社会科学,2012(2):107-110.
⑤ 雍琦.法律逻辑学[M].北京:法律出版社,2004:190-244.

结论的演绎推理。在形式上,它是由三个性质命题构成的演绎推理。任何一个三段论都是由三个直言命题(判断)构成的,其中两个是前提,一个是结论。任何一个三段论都有并且只有三个不同的词项。这三个词项分别叫作中项、小项和大项。中项是指在两个前提中都出现而在结论中不出现的词项,用 M 表示。小项是作为结论主项的词项,用 S 表示。大项是指作为结论谓项的词项,用 P 表示。小项和大项都在前提和结论中各出现一次。包含大项的前提叫大前提;包含小项的前提叫小前提;包含大项和小项的命题叫结论。

示例说明:

所有的民事活动(M)都是要遵守法律的(P);

缔结合同(S)是民事活动(M);

所以,缔结合同(S)是要遵守法律的(P)。

如果用竖式表示三段论的形式,并且约定把大前提写在上面,那么,上述三段论可以表示为:

所有的 M 是 P   MAP

所有的 S 是 M   SAM

所以,所有的 S 是 P   SAP

也可以用横式表示为:MAP,SAM ⊢ SAP。

(二) 三段论的格与式以及基本规则

所谓三段论的格,就是指因为三段论中项在前提中所处的位置不同而形成的不同的三段论结构形式。三段论的中项在大、小前提中,都既可以作主项,也可以作谓项。它在前提中的位置不外乎如下四种可能,因而也就有四种不同的格。

中项在大前提中作主项,在小前提中作谓项,这样的三段论叫第一格;中项在大、小前提中都作谓项,这样的三段论叫第二格;中项在大、小前提中都作主项,这样的三段论叫第三格;中项在大前提中作谓项,在小前提中作主项,这样的三段论叫第四格。各个格的结构形式如表 4.9 所示。

表 4.9　三段论格的结构形式

M——P	P——M	M——P	P——M
P——M	S——M	M——S	M——S
S——P	S——P	S——P	S——P
第一格	第二格	第三格	第四格

第一格逻辑要求是小前提必须是肯定命题,大前提必须是全称命题;第二格逻辑要求是前提中必须有一个否定命题,大前提必须是全称命题;第三格逻辑要求是小前提必须是肯定命题,结论只能是特称命题;第四格逻辑要求是如果前提中有一个否定命题,则大前提就必须是全称命题,如果大前提是肯定命题,则小前提就必须是全称命题,如果小前提是肯定命题,则结论就只能是特称命题。

(三) 审判三段论及其特征

审判三段论是三段论在审判工作中的具体运用,包括定罪三段论和量刑三段论。所谓定罪三段论,是指以罪名定义或者法律规定的与案件有关的犯罪构成特征为大前提,以被告人的行为本质特征是否符合大前提指出的某罪构成特征的断定为小前提,从而推出被告人的行为是否构成某罪的推理形式[①]。量刑三段论是以法律条文规定的刑罚为大前提,以某种性质的犯罪为小前提,从而作出对犯罪分子的量刑结论的推理过程[②]。

(四) 复合命题推理

所谓复合命题推理,就是以复合命题作前提或结论的演绎推理,基本类型有联言推理、选言推理和假言推理[③]。

1. 联言推理

联言推理,就是前提或结论中有一个是联言命题,并且根据联言命题的逻辑性质进行推论的演绎推理。推理规则是肯定若干个肢命题,就能肯

[①] 余经林.谈谈定罪三段论的概念及其特征[J].安徽大学学报,1990(2):24-28.
[②] 王宝荷.浅析审判三段论及其特点[J].山西省政法管理干部学院学报,2001(2):58-59.
[③] 林小燕.《荀子》论辩推理研究[J].陕西学前师范学院学报,2014,30(3):116-119.

定这些肢命题构成的合取式;肯定一个合取式,就能肯定其中任意的肢命题①。

(1) 组合式的逻辑形式:

$$\frac{p}{q} \\ \text{所以},p\text{并且}q$$

例如:制造毒品是违法行为;
　　　贩运毒品是违法行为;
　　　贩卖毒品是违法行为;
　　　吸食毒品是违法行为;
　　　所以,制造、贩运、贩卖、吸食毒品都是违法行为。

(2) 分解式的逻辑形式:

$$\frac{p\text{并且}q}{\text{所以},p\text{或}q}$$

2. 选言推理

所谓选言推理,就是以选言命题为前提或结论,并根据选言命题的逻辑性质进行推演的一种推理,这种推理经常被运用在侦查工作中,已为长期的侦查实践所证明②。选言推理可分为相容选言推理和不相容选言推理两类。

(1) 相容选言推理。相容选言推理是以相容选言命题为前提或结论,并依据相容选言命题的逻辑性质所进行的推理。推理规则如下:一是否定肯定式,即否定一部分选言肢,可以肯定另一部分选言肢;二是肯定否定式,即肯定一部分选言肢,不能否定另一部分选言肢。根据规则,我们发现只有一种推理有效式,即否定肯定式。

相容选言推理的有效逻辑形式:

---

① 林小燕.《荀子》论辩推理研究[J].陕西学前师范学院学报,2014,30(3):116-119.
② 刘玉兰,周继祥.选言推理在侦查工作中的运用[J].重庆工学院学报,2005(10):76-79.

$$\frac{p \text{ 或者 } q}{\text{非 } p}$$
$$\overline{\text{所以}, q}$$

否定肯定式举例：

林某非正常死亡的原因,或者是自杀,或者是他杀,或者是意外事故；

尸检证明,林某的非正常死亡原因,不是他杀,也不是意外事故；

所以,林某非正常死亡的原因是他杀。

(2) 不相容选言推理。不相容选言推理是以不相容选言命题为前提,并依据相容选言命题的逻辑性质所进行的推理。推理规则为：一是否定肯定式,即否定一部分选言肢,就要肯定其余的一个选言肢；二是肯定否定式,即肯定一个选言肢,就要否定其余选言肢。根据规则,我们发现上述两种均为有效式。

不相容选言推理的逻辑形式：

p 或者 q	p 或者 q
非 p	p
所以, q	所以,非 q

① 否定肯定式举例：

该案的作案人要么是甲,要么是乙；

该案的作案人不是甲；

所以,该案的作案人是乙。

② 肯定否定式举例：

该案的作案人要么是甲,要么是乙；

该案的作案人是甲；

所以,该案的作案人不是乙。

3. 假言推理

侦查思维中的假言推理也称条件推理,是根据刑事案件中各个要素之间的条件关系构成的假言命题的性质所进行的推理。在侦查思维中,假言推理的应用很普遍,主要表现在推断案情事实、预测案情发展和检验侦查假说三个前后相继又相互联系的方面[①]。假言推理就是以

---

① 马前进.刑事案件侦查思维中的假言推理[J].贵州警官职业学院学报,2016(3)：108-113.

假言命题作大前提,并且根据假言命题断定的条件制约关系进行推演的演绎推理。

(1) 充分条件假言命题推理。充分条件假言命题推理是以充分条件假言命题为前提,并依据充分条件假言命题的逻辑性质所进行的推理。一个为真的充分条件假言命题,推理规则包括两种。一是肯定前件式,即:前件真时,后件必真;前件假时,后件真假不定。二是否定后件式,即:后件假时,前件必假;后件真时,前件真假不定。

充分条件假言命题推理的逻辑形式:

$$p \rightarrow q \qquad\qquad p \rightarrow q$$
$$\underline{p} \qquad\qquad\qquad \underline{\neg q}$$
$$\therefore q \qquad\qquad\qquad \therefore \neg p$$

① 肯定前件式举例:

如果现场有吴某的指纹,那么吴某到过现场;

勘察发现,现场有吴某的指纹;

所以,吴某到过现场。

② 否定后件式举例:

如果这座大厦倒塌的原因时建筑施工材料质量问题,

  那么它就不会正常使用超过16年;

这座大厦已经正常使用16年了;

所以,这座大厦倒塌的原因不是建筑施工材料问题。

(2) 必要条件假言命题推理。必要条件假言命题推理是以必要条件假言命题为前提,并依据必要条件假言命题的逻辑性质所进行的推理。一个为真的必要条件假言命题,推理规则包括两种。一是否定前件式,即:前件假时,后件必假;前件真时,后件真假不定。二是肯定后件式,即:后件真时,前件必真;后件假时,前件真假不定。

必要条件假言命题推理的逻辑形式:

$$P \leftarrow q \qquad\qquad p \leftarrow q$$
$$\underline{\neg p} \qquad\qquad\qquad \underline{q}$$
$$\therefore \neg q \qquad\qquad\qquad \therefore p$$

① 否定前件式举例：
只有甲方付清余款，才能提走货物；
甲方未能付清余款；
所以，甲方不能提走货物。
② 肯定后件式举例：
这份合同只有符合国家法律的相关规定，才具有法律效力；
这份合同具有法律效力；
所以，这份合同符合国家法律的相关规定。

(3) 充分必要条件假言命题推理。充分必要条件假言命题推理是以充分必要条件假言命题为前提，并依据充分必要条件假言命题的逻辑性质所进行的推理。一个为真的充分必要条件假言命题，推理规则包括四种。一是肯定前件式，即：前件真时，后件必真。二是否定前件式，即：前件假时，后件必假。三是肯定后件式，即：后件真时，前件必真。四是否定后件式，即：后件假时，前件必假。

充分必要条件假言命题推理的逻辑形式：

$$p \leftrightarrow q \qquad\qquad p \leftrightarrow q$$
$$\underline{p} \qquad\qquad\qquad \underline{\neg p}$$
$$\therefore q \qquad\qquad\qquad \therefore \neg q$$

$$p \leftrightarrow q \qquad\qquad p \leftrightarrow q$$
$$\underline{q} \qquad\qquad\qquad \underline{\neg q}$$
$$\therefore p \qquad\qquad\qquad \therefore \neg p$$

① 肯定前件式举例：
当且仅当张三故意实施了非法伤害他人身体的行为，
　张三才犯故意伤害罪；
张三故意实施了非法伤害他人身体的行为；
所以，张三犯故意伤害罪。
② 否定前件式举例：
当且仅当张三故意实施了非法伤害他人身体的行为，
　张三才犯故意伤害罪；

张三没有故意实施非法伤害他人身体的行为；
所以,张三的行为不构成故意伤害罪。
③ 肯定后件式举例：
当且仅当张三故意实施了非法伤害他人身体的行为,
　　张三才犯故意伤害罪；
张三犯了故意伤害罪；
所以,张三故意实施了非法伤害他人身体的行为。
④ 否定后件式举例：
当且仅当张三故意实施了非法伤害他人身体的行为,
　　张三才犯故意伤害罪；
张三的行为不构成故意伤害罪；
所以,张三没有故意实施非法伤害他人身体的行为。

4. 刑事侦查中应正确运用演绎推理

对案件进行正确的性质判定,有助于顺利确定侦查对象的范围和方向,确保侦查工作的顺利进行。案件的性质不同,侦查的范围和方向自然不同。选言推理在判定案件性质的过程中发挥着不可缺少的作用。在实际开展的侦查活动中,办案人员对案件性质的认定不是一步到位的,通常要经历一系列的思维变化。最开始,办案人员基于现场勘查和调查访问掌握的为数不多的证据,对案件进行初判,这只是对案件的性质提出若干可能,指明方向,而后随着调查取证的深入,证据增加,办案人员根据确凿证据,可以对案件性质做出肯定性的结论。很明显,办案人员逐步认识案件性质的过程就是运用选言推理进行思维推导的过程,可见,办理侦查案件离不开选言推理的帮助①。

三、归纳推理②

（一）归纳推理概念及其特征

所谓归纳推理,就是根据一类事物包含的许多对象之间的共同情况,推出关于该类事物的一般性结论的推理。判例主义必须在法律推理过程

---

① 刘玉兰,周继祥.选言推理在侦查工作中的运用[J].重庆工学院学报,2005(10):76-79.
② 雍琦.法律逻辑学[M].北京:法律出版社,2004:249-284.

中形成规则,而这些规则的形成都是从具体走向一般,也就是说都依赖于归纳推理①。归纳推理的认识起点,亦即它的前提,是通过实验或观察得到的关于一系列个别的或较特殊的对象的认识,而结论则是包含了这一类列对象在内,但一般又是扩展了的关于一类事物的认识。因此,归纳推理前提推出结论的过程,是由个别(或特殊)到一般的思维过程,实则也就是对已知情况的抽象和概括的过程。

(二) 归纳推理的种类

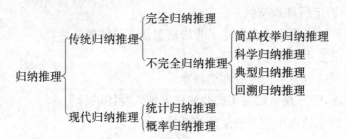

图 4.11　归纳推理的种类

(三) 完全归纳推理与不完全归纳推理

1. 完全归纳推理

完全归纳推理,就是根据一类事情包含的每一对象都具有某种属性,从而推出关于该类事物的一般性结论的推理②。

基本逻辑形式可以表示为:

S_1 具有 P 属性;

S_2 具有 P 属性;

S_3 具有 P 属性;

……

S_n 具有 P 属性。

(S_1、S_2、S_3……S_n 是 S 类的全部对象)

所以,所有 S 都具有 P 的属性。

完全归纳推理的前提和结论间具有必然联系,只要它的前提为真,结

---

① 李安.归纳法在判例主义法律推理中的有效性与论证[J].法律科学(西北政法学院学报),2007(2):40-48.

② 李娟.非必然性推理与侦查假设的提出[D].重庆:西南政法大学,2015.

论就必然为真。

2. 不完全归纳推理

所谓不完全归纳推理,就是根据对某类对象中的部分个体的考察,发现它们具有(或不具有)某种属性,从而推出该类对象全部都具有(或不具有)某种属性的归纳推理[1]。其特点在于,前提列举的事例,亦即前提考察得知的情况,只是结论断定的那类事物所包含的部分对象的情况,或者只是结论断定的某个对象部分场合出现的情况。

(1) 简单枚举归纳推理。简单枚举归纳推理,亦称"枚举归纳推理"或"枚举归纳法"。它是以经验认识为主要依据,根据对某类事物中部分对象的考察,发现它们具有(或不具有)某种属性,并且在没有发现(或遇到)反例的基础上,推出该类事物所有对象都具有(或不具有)某种属性的归纳推理[2]。推理模式可以表示为:

S_1 具有 P 属性;

S_2 具有 P 属性;

……

S_n 具有 P 属性。

(S_1、S_2、S_3……S_n 是 S 类的部分对象,并且在已考察的事例中未出现反例)

所以,所有 S 都具有 P 的属性[3]。

(2) 科学归纳推理。科学归纳推理,亦称"科学归纳法"。它是以科学分析为主要依据,根据对某类事物中部分对象的考察,发现它们具有(或不具有)某种属性,并且在分析、揭示部分对象与某种属性之间的因果联系的基础上,推出该类事物的所有对象都具有(或不具有)某种属性的归纳推理[4]。推理模式可以表示为:

S_1 具有 P 属性;

---

[1] 周继祥.不完全归纳推理及其在侦查工作中的运用[J].山东警察学院学报,2012(4):90-95.
[2] 周继祥.不完全归纳推理及其在侦查工作中的运用[J].山东警察学院学报,2012(4):90-95.
[3] 李娟.非必然性推理与侦查假设的提出[D].重庆:西南政法大学,2015.
[4] 周继祥.不完全归纳推理及其在侦查工作中的运用[J].山东警察学院学报,2012(4):90-95.

S_2 具有 P 属性；

S_3 具有 P 属性；

……

S_n 具有 P 属性。

(S_1、S_2、S_3……S_n 是 S 类的部分对象，并且 S 与 P 可能存在有因果联系）

所以，所有 S 都具有 P 的属性。

（四）归纳推理的应用

归纳推理是逻辑学非常重要的组成部分，是逻辑思维的重要表现方式。归纳推理是归纳逻辑的一个分支，它在社会实践中应用广泛，是人们探求新知识的重要工具，在人们的思维活动中占有十分重要的地位[①]。

科学的论证方法在人类活动中至关重要，如在侦查实践中需要用到"观察与内省""演绎与推理""分析与综合"等方法。案情归纳是侦查工作中关键的一环，因为它是明确侦查方向、制订侦查计划的前置程序。侦查人员将侦查与审讯策略同侦查逻辑思维、技术手段、科技知识、个案特征等动态思考相结合，多方运筹，结合历史资料和社会背景进行多层次、多维度的剖析阐述，既能看到案件背后蕴含的个案含义，也能总结出普遍适用的方法。在侦查中通过运用归纳的逻辑方法，能够快速去除虚假的、多余的无用信息，在了解案件的作案动机、行为过程、对象特征的基础之上，对本案的案件性质、嫌疑人作案动机、作案方式、犯罪过程、逃跑路线、作案工具、嫌疑人外貌特征等关键信息得出最终的结论[②]。

四、类比推理[③]

（一）类比推理的概念

类比推理简称为"类推"，是推理的形式之一。类比推理的原理是：依据两个对象在某些方面存在相同或相似之处，通过对比推断出这两个对象在其他方面也有相同或相似之处的过程。类比推理与归纳推理类

---

① 刘美辰.浅谈归纳推理在生活中的应用[D].哈尔滨：哈尔滨师范大学，2013.

② 印大双，张力锋.归纳推理在侦查中的应用[J].江苏警官学院学报，2008(2)：147-151.

③ 雍琦.法律逻辑学[M].北京：法律出版社，2004：285-309.

似,也是从观察个别对象开始而引发的推理过程。它区别于归纳推理的地方在于,类比推理不是由特殊到一般,而是由特殊到特殊的推理过程。类比推理有两个组成部分,一是完全类推,二是不完全类推。完全类推是指两个或两类事物通过比较有完全相同的部分;不完全类推是指两个或两类事物通过比较有相似但不完全相同的部分。

(二) 类比推理的应用

在司法工作中,类比推理的作用也十分突出。例如,刑事侦查工作中经常要用到的并案侦查和侦查实验的方法,审判工作中的类比法律推理,都是类比推理的应用[1]。

1. 类比并案推理

类比并案推理,即侦查实践中所说的并案侦查。所谓并案侦查,就是将在一定时间内发生的几起相同性质(或者彼此有关联)的案件,认定为同一个(或同一伙)作案人所作的案件而展开的破案方法[2]。

2. 侦查实验类比推理

所谓侦查实验,是指为了明确有助于侦破案件的一些关键信息是否存在,而设置的相当于科学模拟实验的模拟侦查活动。具体操作方式为:模拟真实案件发生的条件,将案件发生的事实现象场景再现。在实际的刑事侦查活动中,如果能够善于利用类比推理的演绎方式,重现案发场景,就能够帮助我们快速识破常规侦查程序中犯罪嫌疑人隐蔽的谎言,提高侦查效率,把握案件真相[3]。

3. 类推适用

所谓类推适用,就是对法无明文规定的具体案件,比附援引与其性质最相类似的现有法律规定进行处理的法律适用的推理活动。类推适用的先决条件是待处理案件既是立法意旨下必须受理的案件,同时又是法无明文规定的案件,亦即现行法律中欠缺处理"问题案件"所需的具体、明确的法律规范的案件[4]。类推适用的基本模式可以表示为:

---

[1] 肖俊勇.浅析刑事侦查工作中的类比推理[J].山海经,2015(3):103.
[2] 肖俊勇.浅析刑事侦查工作中的类比推理[J].山海经,2015(3):103.
[3] 肖俊勇.浅析刑事侦查工作中的类比推理[J].山海经,2015(3):103.
[4] 张洋.司法中的类比推理研究[D].开封:河南大学,2007.

(R——援用的法律规定)如果 p,那么 q。
(F——确认的案件事实)p′(类似 p)
(D——判决、处理结论)所以,q[①]。

[①] 杨知文.裁判理由形成中的检验方法[J].人大法律评论,2012(1):43-63.

第四章 法律辩论学

法律辩论学是在法科生较为系统地学习了法学理论、各个部门法之后,针对法学的实践性特点开设的一门课程①。本章涵盖了辩论最基本的内容,既有理论,又有实战技巧。通过本章的学习,学生将掌握基本的辩论方法,洞悉真实的法庭,在书本与现实中建构相互联系的纽带;通过实训课程,学生将掌握法庭辩论的基本技能与流程,为将来成为优秀的法律人才奠定基础。

第一节 法律辩论学概述

一、法律辩论学的发展背景

虽然英美法系与大陆法系的模式早已因其对环境的依赖而固化②,但随着比较法学的异军突起,二者之间相互借鉴融合的趋势已势不可挡。许多国家的司法体制兼采两种模式的长处,形成了所谓的"混合主义"庭审模式③。

在英美法系"对抗主义"的庭审模式中,法庭辩论在法律教育与法律实务中占有极其重要的地位。因为法庭辩论是此庭审模式的基本技能,所以,英美法系国家对法庭辩论进行研究的文献、著作数量较多。相较而

---

① 熊进光,姜红仁.法学专业实践教学的理论与实践[M].长春:吉林大学出版社,2008.
② 张卫平.法庭调查与辩论:分与合之探究[J].法学,2001(4):44-47.
③ 赵琪昊.浅析法庭辩论[D].上海:复旦大学,2012.

言,大陆法系国家采取的是"职权主义"庭审模式,法律辩论在庭审中的作用相对较弱①,因此对此的学术和理论讨论自然较少。

实务界与理论界均对法庭辩论的相关研究做出了一定回应,但这些相对零散、不成体系的经验、技巧还不足以还原法庭辩论的实质内涵。有些法律语言专家从逻辑学的角度对此进行了剖析,虽具有一定影响,但却仍无法与实践相契合②。因此,对于法庭辩论的研究,还须从实践出发,立足国情,对规律总结归纳,寻找我国法庭辩论自身的特点来梳理辩论方法,提升法律职业人的辩论能力③。

二、法庭辩论的基本内涵

法庭审理是由合议庭通过各方意见、相关证据形成法律事实从而作出判决的诉讼过程。法庭调查与法庭辩论均为法庭审理的重要内容。法庭辩论是控辩双方就起诉书陈述的事实与法律适用进行辩论的诉讼活动,是贯穿于庭审各个环节的重要环节。例如:在刑事诉讼的法庭调查阶段,公诉人宣读起诉书完毕后,被害人和被告人可对起诉书的指控进行陈述,然后由公诉人和被害人发问;公诉人、当事人和辩护人、诉讼代理人可以在证人提供证言、鉴定人提供鉴定结论后提出问题,对证据文书发表意见;当事人还要对在法庭上出示的物证进行辨认并发表辩论意见④。审判长宣布辩论终结后,被告人有最后陈述的权利。如在辩论中出现疑问,合议庭可宣布休庭、决定延期审理,核查证据。由此可见,法律辩论贯穿了庭审的各个环节⑤。

第二节 法庭辩论的价值

在庭审过程中,法庭辩论作为重要的一环,彰显了程序正义,搭建了

---

① 肖伯符,邵明,许旭.程序公正及其在法庭辩论中的具体应用[J].政法论坛,1996(5):67-72.
② 赵琪昊.浅析法庭辩论[D].上海:复旦大学,2012.
③ 赵琪昊.浅析法庭辩论[D].上海:复旦大学,2012.
④ 滕彪.镜城突围:司法与民意[EB/OL].http://blog.sina.com.cn/s/blog_488663200100an7x.html,2008.8.10/2018.7.19.
⑤ 余啸波.公诉实务教程[M].上海:上海交通大学出版社,2012:264.

法律文化和朴素价值观之间的桥梁①。

一、法庭辩论的程序价值——程序正义②

人们一直追求的程序正义保护了人们的可期待利益,提升了每个人的人格尊严;而法庭辩论的内涵便是不同利益的争斗,因此,程序价值的意义不言而喻。这一程序在整个审理过程中发挥着重要作用,包括推动诉讼进行、实现程序正义、健全庭审职能等③。而这一系列作用能够通过法庭辩论的具体运作来实现,但其前提为明确法庭辩论与法庭调查间的关系④。

(一)法庭辩论与法庭调查的关系

对于法庭调查与法庭辩论间的关系存在很多争议。我们认为法庭辩论是法庭调查阶段的重要环节之一。法庭调查与法庭辩论之间存在许多共通之处,只是侧重点不同。法庭调查阶段的重点是发现事实,包括法院提交的证据和双方提供的证据文书等;法庭辩论阶段则侧重原、被告两种观点的积极对抗,通过讨论案件的事实和法律的适用来为法官评判提供依据。从这个意义上来讲,法庭辩论当然地存在于整个法庭调查以及庭审过程中,最显著地体现辩论精神的便是质证环节。在一切狭义的范围内⑤,法庭辩论的质量、价值、观念、方法等也适用于审判的其他具有对抗性的环节⑥。

(二)法庭辩论自身特有价值的实现

法庭辩论充分展现了诉讼双方之间的对抗⑦。诉讼双方利用辩论权以赢得案件的胜诉。法官则处于中立裁判位置,一方面行使诉讼指挥权,维护基本的诉讼程序及法庭辩论的秩序;另一方面,在双方辩论基础上,

---

① 赵琪昊.浅析法庭辩论[D].上海:复旦大学,2012.
② [美]约翰·罗尔斯.正义论[M].何怀宏,等译.北京:中国社会科学出版社,1988:81-82.
③ [美]史蒂文·苏本,玛格瑞特·伍.美国民事诉讼的真谛[M].蔡彦敏,徐卉,译.北京:法律出版社,2002:25.
④ 赵琪昊.浅析法庭辩论[D].上海:复旦大学,2012.
⑤ 即诉讼法明确规定的继法庭调查阶段之后的又一庭审环节,该阶段独立于法庭调查,是法庭调查的继续与细化,旨在通过针锋相对的辩论进一步使己方主张为法庭所接受。
⑥ 赵琪昊.浅析法庭辩论[D].上海:复旦大学,2012.
⑦ 赵玉增.论法律推理的概念——从法律方法论的视角[J].法律方法,2005(4):314-396.

法官判断是非曲直并作出裁判。法庭辩论对于实现程序正义的促进作用,可以从以下两个方面来进行探讨①。

1. 法庭辩论中法官的行为

保持中立,不枉法徇私,不过度干涉,充分保障诉讼双方当事人的诉讼权利(尤其是辩论权利)得到最优的实现,是法庭辩论中法官的职责所在。追溯我国的历史不难发现,清末时期由沈家本主持的修法活动,大多以具有大陆法系特色的日本法为蓝本,虽在此之后,我国的法律几经变迁,但大陆法系的一些传统元素却逐渐地保留了下来。这导致在1996年《刑事诉讼法》修订时,引入英美法系的"对抗"因素之后,我国的法庭辩论在诸多方面都表现出了严重的"水土不服"②,其中就包括对传统"职权主义"庭审模式下的法官的冲击。程序正义当前,法官应如何保持中立,促成正义,笔者认为至少应有以下几个方面的要求。

(1) 法官应提供适当帮助,保障辩论顺利进行。这一保障是通过法官行使一定的诉讼指挥权来实现的。在法庭上,法官必须保证诉讼双方的辩论机会处于均衡对等的状态,并对失衡状态及时进行调整。首先,公众接受的教育不同,其法律素养也不同,因此,不同的人对同一事实会有截然不同的看法,法官此时的作用便是努力向其阐明法律的真意③。其次,法官可帮助不善言辞之人总结焦点问题。对于律师群体,法官应主动制止或纠正其利用优势使诉讼偏离案件事实的不当行为。最后,在当事人及其诉讼代理人的陈述不明确时,法官应该以提问的方式及时指出其不足之处,赋予其补充的权利,即赋予其"阐明权"④。支持阐明权的学者认为,若当事人未能充分行使辩论权,便无法公正审理案件,因此,法官协助当事人弄清案件事实是必不可少的⑤。

(2) 法官应当积极保障法庭的有序辩论。法官应该在法庭辩论过程中为各方当事人提供指导,以帮助他们按照特定的法律程序进行法律辩

---

① 赵琪昊.浅析法庭辩论[D].上海:复旦大学,2012.
② 孙笑侠,熊静波.判决与民意——兼比较中美法官如何对待民意[J].政法论坛,2005:47-56.
③ 张卫平.程序公正实现中的冲突与衡平[M].成都:成都出版社,1993:27.
④ 肖伯符.程序公正及其在庭审辩论中的具体运作[J].政法论坛,1996.
⑤ [日]兼子一,竹下守夫.民事诉讼法新版[M].白绿铉,译.北京:法律出版社,1995:73.

论,包括对每一个具体案件证据的相关性及案件的每个重要事实与法律问题进行辩论,从而充分听取双方的诉求与主张。以民事诉讼为例,《中华人民共和国民事诉讼法》(以下简称《民事诉讼法》)第138条及最高人民法院《第一审经济纠纷案件适用普通程序开庭审理的若干规定》关于法庭辩论的部分都对法庭辩论的顺序进行了规定,即按照原告及其诉讼代理人发言、被告及其诉讼代理人答辩、第三人及其诉讼代理人发言或者答辩、诉讼双方互相辩论的顺序依次进行。

在法庭第一轮辩论结束后,庭长应询问当事各方是否有其他意见。如果当事一方要求继续发言,则应被准许,同时提醒其发言不得重复;如果当事人各方没有任何其他意见,庭长应宣布法庭辩论结束。结束后,庭长应按原告、被告和第三方的顺序与当事各方协商。法院法官还可酌情在法院的诉讼程序中限定当事方及其代理人发表个人意见所需的时间。可见,现行法律对于法院辩论程序已经有了详细和合理的规定。诉讼每一方都有权在平等的基础上参加辩论。为避免在法院辩论中出现混乱,确保法庭辩论有秩序地进行及各方充分行使其权利,法官应积极地纠正程序,以强调程序公正的价值①。

(3) 法官可适度施加干预,保障法庭辩论无碍进行。首先必须明确一点,即无论是上文提及的引导还是此处的干预,都不能是肆意无节制的,必须适时适量进行,否则将与促成正义的初衷南辕北辙。其中,法官的干预行为须严格把控一个度。法官的干预主要体现在两方面。一方面,法官有权将法庭正在讨论的争议问题集中起来进行限制、分开与合并辩论。当法庭辩论内容过于广泛和复杂时,法官可将辩论限制在具体问题上,并要求待某一问题的讨论结束后再对其他问题进行辩论。法官为了整个庭审活动的简易便捷,亦可以将诉讼内容的其中一部分放在别的诉讼程序中进行辩论。但是,对于必要的共同诉讼是不得分开辩论的。此外,在同一法院系属中分别适用不同程序的几个案件,法官同样可以将其合并在一个诉讼程序中进行调查和辩论②。当然,在就这种合并辩论作出决定前,法官必须充

---

① 赵琪昊.浅析法庭辩论[D].上海:复旦大学,2012.
② 侯学勇.法律论证中的证明思维与论证思维[J].法制与社会发展,2006(6):14-20.

分尊重当事人双方的意思,并按照法律规定的条件适用。另一方面,在许多特殊情况下,为了确保法律辩论的顺利进行,法官有权对违反法庭判决或扰乱法庭的行为进行有效的制止,并在必要时根据法律采取某些强制措施,甚至刑事制裁①。

2. 法庭辩论中诉讼双方的行为

在探讨这一问题之前必须澄清,绝对化的平等并非现实的平等,差别对待也并不一定会偏离正义价值。在整个诉讼活动中,诉讼双方当事人之间,由于社会观念各异、经济实力不对等、文化教育程度不同、法律知识的掌握层面有别等一系列因素,必然会出现在整个法庭辩论过程中双方不平等的情况。故我们所言的是,须努力追求实质上的平等②。明确这一点后,我们便来反观一下在法庭辩论中诉讼双方的行为对于程序正义价值的彰显。诉讼程序各当事方及其代理人在诉讼程序各阶段的行为侧重于体现出其在平等与合法的基础上进行辩论的权利。此外,从诉讼权原则的角度来看,整个诉讼的形成、演变和终结在某种程度上取决于诉讼行为者行使其诉讼权。那么,法庭辩论环节的发生、发展自然也离不开诉讼双方当事人积极主动地行使其辩论权。特别是随着我国法治的发展,职权主义的庭审色彩相对缓和,诉讼程序当事人的地位也在提高,这是双方在法庭辩论中独特的"对抗"条件③。在这种情况下,法官的立场则相对消极。

既然诉讼双方当事人的辩论行为在很大程度上决定了法庭辩论的发展并进而影响了整个庭审程序的发展,那么双方具体行使辩论权的过程如何契合程序正义的要求,对于实现法庭辩论的程序价值便显得尤为重要了。众所周知,口头辩论原则是法庭辩论的原则之一。它不仅是整个法庭辩论的主要形式,更体现了当事方在法院辩论中申辩的权利。根据我国法律,当事方及其诉讼代理人必须在法庭辩论期间以口头形式进行辩论,否则这种辩论是无效的。与书面起诉相比,口头发言产生的强烈的

---

① 赵琪昊.浅析法庭辩论[D].上海:复旦大学,2012.
② 侯学勇.法律论证中的证明思维与论证思维[J].法制与社会发展,2006(6):14-20.
③ 焦宝乾.当代法律方法论的转型——从司法三段论到法律论证[J].法制与社会发展,2004(1):97-103.

听众意识和直接交锋是其不可或缺的优势。口头形式的辩论必须在特定的场合面向特定的对象进行,而法庭辩论正好提供了这样一个恰当的平台,诉讼双方当事人能够通过这种有效便捷的方式充分表达和维护自己的立场,维护自己的诉讼权利及利益。这种口头辩论的形式本身就是双方平等辩论权的体现。"法律面前人人平等"这一最普世的原则,在法庭辩论的层面上亦可以得到良好的体现。此处的"法律"包括可援用的法律渊源,如法律原则和规则;"人人"则侧重于诉讼当事人,必要时还涉及参与诉讼的第三方;"平等"是指诉讼双方拥有同等的程序权利,如相同的发言次数、时限和相互举证发问的规定。与日常提及的"法律面前人人平等"的概念相较而言,在法庭辩论上,诉讼双方当事人通过口头辩论维护己方权益的活动所显现出来的是一种看得见的正义。显然,当事方在法院的诉讼程序中的行为对于实现诉讼程序的价值十分重要。

二、法庭辩论的实体价值——发现真实

法庭辩论的实体价值是指在法庭辩论的活动中,通过针锋相对的争辩与驳斥,逐步深入案件事实,辩论越深入便越有利于法庭全面地分析判断案情。"当富有探索进取精神的诉讼双方面对面直接交锋时,真理就有可能被发现。"而旁听的群众也更容易了解整个案件的来龙去脉,进而一步步地逼近真相。发现真实,更切实公正地保障当事人的权益,是法庭辩论的实体价值[①]。

(一)法庭辩论为法官的审判活动提供辅助

法庭辩论是在法官的主持下,诉讼双方当事人及其代理人全面阐述自己的主张及理由,并针对对方的主张及理由进行争论反驳的过程。在此过程中,法官不仅可以静观双方论战的发展,从中洞悉案件的来龙去脉,更可以在恰当的时候通过提问等方式指出对双方陈述的不解之处。这种以口头方式进行的、有明确侧重点的、类似于案情重演的表达,对法官而言无疑是一种最佳的辅助。通过法庭辩论,法庭可以更好地理清案

---

① 田文昌.法庭辩论技巧——在司法部刑事辩护律师高级培训班的演讲[M].中国律师出版社,1996:48-50.

件的事实,明确争议的内容,找准适用的法律。相对应的,主审法官应当最大限度地发挥法庭辩论的作用,利用辩论双方的你来我往,更准确地认定各方主张的事实及依据。辩论总是会围绕焦点进行,这一点更是满足了法官在审判活动中追究争议细节的办案需求,同时又避免了无谓的纠缠与争辩,使整个诉讼活动有序有效地进行[1]。

(二) 法庭辩论为诉讼双方主张诉求搭建平台[2]

几乎在所有的诉讼活动中,当事人都有充分表达自己主张、维护自己立场的渴求,而法庭辩论恰是整个庭审过程中最能彰显和满足诉讼当事人这种渴求的环节。在法庭辩论时,诉讼双方基于对己方利益的关切和考量,积极参与辩论,就异议内容针锋相对,互相争辩,主张权益。

当事人及其诉讼代理人可以充分表达他们对案情实质问题的看法。他们既可以针对实体问题进行辩论,也可以进行程序辩论;既可以提出论据,也可以反驳对方提出的证据;既可以对事实的确定进行辩论,也可以对法律的适用提出意见。在辩论期间,所有的主张均更具有侧重点和针对性。案件中最具争议的论点往往成为争论的焦点,限制了双方的争议范围,最终影响整个案件的结果。如此你来我往相互反驳和答辩,能使双方的诉求得到最大限度的表达,从而更好地维护各自的合法权益,彰显法律的民主与公正[3]。

在部分有第三人参加的法庭辩论中,第三人及其代理人亦可就关系到自身利益的部分提出意见。例如,在民事诉讼中,有独立请求权的第三人可以主张争议标的应归属于自己,进而提出排除原、被告双方所有权的证明,以维护自身的合法权益[4]。

实际上,司法体系能够使纠纷得以公正地解决,在很大程度上依赖的正是法庭程序的设计,尤其是诉讼当事人唇枪舌剑的辩论,特别有助于证词谬误的揭露。

---

[1] 赵琪昊.浅析法庭辩论[D].上海:复旦大学,2012.
[2] 赵琪昊.浅析法庭辩论[D].上海:复旦大学,2012.
[3] 赵琪昊.浅析法庭辩论[D].上海:复旦大学,2012.
[4] 季刚.季刚出庭公诉若干实务问题刑事司法指南[M].北京:中国人民公安大学出版社,2010:109-147.

第三节 法庭辩论的方法

"方法"和"技能"是有差别的,"技能"具有片段性,往往针对部分和细节;但前者却非常宏观,具有整体性的倾向和风格。法庭辩论的方法并无定式可寻,因为一切诉讼的主要目的都是说服公众并压制对方观点。换句话说,"说什么"是比"怎么说"更为重要的问题。而方法所要解决的问题,无非是以何种路径展开所述内容。因此,法庭的辩论方式既不完美,也不彻底。法庭辩论的方法更多的是根据受众来选择合适的态势风格与论证模式。这一选择本身就需要辩论主体有相当高水平的知识和敏感的直觉[1]。

一、法庭辩论采用的证成方式

法庭辩论中的证成,即一方观点的证明与成立,实际上要区分成两个方面来看待:一是对己方观点的证明与维护,二是对对方观点的反驳与否定。前者注重己方论证过程的严谨与完整,后者注重发现对方论证中存在的漏洞或陷阱[2]。

(一) 分析与综合

"分析",就是将需论证之对象分解为若干部分,并分别加以研究。分析在法庭辩论的论证过程中有着重要的地位与作用。因为对整体观点的直观认识是难以全面、深入和透见本质的,所以需要借由辩论者将整体观点分解为若干子项,从不同角度、不同层面进行剖析并分别加以阐述,才能使观者由表及里、由浅入深、由局部而至整体地了解一方观点的证明过程。这也符合一般认识的基本顺序[3]。

与此同时,分析并非简单的分解,否则片面与孤立的会使旁观者很难充分理解。因此,应该在对具体案件的证据和事实分析的基础上,采取综

---

[1] 赵琪昊.浅析法庭辩论[D].上海:复旦大学,2012.
[2] 赵传栋.论辩原理[M].上海:复旦大学出版社,1997:67-79.
[3] 赵琪昊.浅析法庭辩论[D].上海:复旦大学,2012.

合办法系统地提出问题并形成全面的观点。没有分析不可能全面,没有综合便无所谓分析,因为起点和终点皆为综合所在。分析和综合是相互关联的,分析涉及一定程度的互补性转换;综合之观点一旦需要继续深入,将开始新的分析[1]。参加法院审议工作的人员必须具备良好的分析和综合能力以提高自己的地位,才能更好地展现给观者一个明晰、系统、完整的证明过程[2]。

(二) 归纳

所谓"归纳",是指运用归纳、类比等或然性推理,通过引用一系列事实或较为特殊的判断,对观点的真实性给予一定程度的支持的论证方法。控方为使法官接受其所提出的诉讼观点,可能更经常使用这种方法。归纳往往是根据某一特定类别的某些部分具有特定的特点而得出结论认为,所有类似事物都有类似的特点。枚举法通过列举大量的具体事例来论证观点,更易于取得较好的表达效果[3]。应当指出,归纳的结论只是一种可能性,它以没有遇到相反事例为前提,但是,没有遇到反例并不等于必然不存在反例。因此,归纳的证明方法在使用时须谨慎。

(三) 演绎

"演绎"是指引用一般性的原理、原则,运用演绎推理证明观点正确性的方法。在法庭辩论中,辩论主体在阐述案件事实的基础上,援用社会普遍认同的公理以及相关的法律规定,论证其观点,就是典型的演绎法。

直接和可靠的演绎过程具有更强大的证明力。然而,演绎证明的可靠程度与假设的可信度密切相关,所以,前提假设的可信度必须经过实际检验并为公众和法官所接受[4],否则就无法得出正确的结论。同理,也可以在讨论中质疑对方观点的前提。应当指出,演绎和归纳并非完全相同。

案件的事实需要归纳证据加以澄清,而对证据的全面判决和法律的适用则需要演绎证据。归纳推理和演绎推理的结合证明了逻辑的准确性。

---

[1] 杨陨电.辩论学导进之一(第三稿)[EB/OL].https://wenku.baidu.com/view/89691b150b4e767f5acfce22.html,2011.7.29/2018.7.19.
[2] 赵传栋.论辩原理[M].上海:复旦大学出版社,1997:67-79.
[3] 赵琪昊.浅析法庭辩论[D].上海:复旦大学,2012.
[4] 赵琪昊.浅析法庭辩论[D].上海:复旦大学,2012.

(四) 反证

"反证"又可称作归谬,即通过说明与己方主张观点相矛盾的论题为假,再根据排中律确定己方观点正确的论证方法。在法庭辩论中,通常就是假设对方观点正确,继而推导出荒谬的结论,以此驳斥对方、证明己方。

须注意,反证法的逻辑性质决定了其使用时有较为严格的要求。例如,反证法必须与己方论题发生冲突,否则即使被证明有效,也很难确定原命题的正确性。此外,还应当有有力证据证明反论题是正确的,否则另一方很容易利用这些论点。

(五) 概率推理

概率推理包括频率概率论和贝叶斯概率论两种方法。在法律推理中应用较多的是频率概率论方法。这种方法主要是从已观察到的频率推出未观察到的频率,以支持一个预言的过程,其结论只具有"有限的有效性"。因为这种方法要求随机选择、完全一致的条件和大量的测定,这些条件"在审判特别是起诉时常难以得到满足"[1]。在案件的事实不确定的情况下,法院的当事方,特别是控方,常常采用概率推理的方法以使法官在裁定案件事实时相信他们对事实的推测结论。在诉讼程序中,如果有选择接受的情况,则概率方法便有合理与可行的空间。

二、常见的辩论陷阱

(一) "三段论"的误用

"三段论"是一种强有力的辩论方法,只要它的前提是真的,推论形式正确,结论就必然是真的。但是,三段论论证中经常会出现违反三段论规则构造的似是而非的推论形式。如偷换中项,即对中项适用不同的概念,就会得出谬误的结论[2]。例如,金属都是化学元素;钢是金属;所以,钢是化学元素。这一则推论特别具有迷惑性,足以把人难倒,因为两个前提都是真的。从化学的角度来说,金属都是化学元素,"钢是金属"的说法也正确,但结论却是荒谬的。这是因为中项"金属"不是指的同一个概念:前一个"金属"指的是单纯的元素,不包括合金;后一个"金属"则不是指单纯

---

[1] 余啸波.公诉实务教程[M].上海:上海交通大学出版社,2012:64.
[2] 赵琪昊.浅析法庭辩论[D].上海:复旦大学,2012.

的元素,它可以包括合金。由于中项没有保持同一,这就难免得出荒谬结论。

"三段论"在法庭辩论中几乎无所不在,因此,当一方需要对对方观点进行驳论时,基本上都可以依循如下方式展开:首先转换对方观点为典型三段论的论证方式,然后依次检验对方三段论之大前提、中项概念和结论,进而根据检验之结果提出反驳[①]。

(二)滥用析取

如法官提问"你竟敢在大白天闯入人家行窃!"被告回答:"法官先生,您前次审判我时,指责我说:'你竟敢在深更半夜潜入民宅行窃!'今天您又指责我:'你竟敢在大白天闯入人家行窃!'请问法官,我究竟应该是在什么时候行窃呢?"一个析取命题是真的,就必须要求其中至少有一种情况是真的;如果各个析取情况均假,该析取命题就是虚假的。这个窃贼,列举了这么一个命题要求对方选择"我或是在白天行窃,或是在夜间行窃",可这两个析取情况都是假的,因为无论在白天还是在晚上都根本不应该行窃。在法庭辩论中,如果对方出现析取论证,那么己方的首要任务便是依次检验所有列举情况是否均为假命题。一旦成立前例情况,便可予以驳斥。

(三)两难推误

有这样一个例子:老师招收了一名学生学法律,双方订立合同规定学费分两期交付,毕业时交一半,另一半学费在学生第一次打赢官司时交付。学生毕业后一直没有替人打官司,老师便向法庭起诉,要求支付另一半学费。在法庭上,老师提出这样一个两难推理:如果学生这次官司打赢了,那么按合同,他应付给我另一半学费;如果学生这次官司打输了,那么按法庭判决,他也应付给我另一半学费;这次官司,或者打赢,或者打输,他都应该付给我另一半学费。学生两难推理颠倒了标准,也提出一个相反的两难推理:如果这次官司我打赢了,那么按法庭判决,我不应该付另一半学费;如果这次官司我打输了,那么按合同规定,我也不应该付另一半学费;总之,这次官司或者打赢,或者打输,我都不应付另一半学费。

---

① 赵琪昊.浅析法庭辩论[D].上海:复旦大学,2012.

上述两难推理,由于诉讼双方在各自的推理过程中采取了完全不同的前提标准,即老师将合同规定而学生将法庭判决作为前提条件,当然无法保证结论同一。因此,尽管推理形式正确,但结论是不可靠的。

三、法庭辩论展开的基本途径

(一) 法庭辩论基本途径概述

简言之,法庭辩论讨论的基本方式就是"诉诸理性"和"诉诸情感"。当然,在实践中不是绝对的取舍,而是某种程度上的融合,二者间略有不同。所谓"诉诸理性",是指通过事实和理性来说服他人的逻辑;"诉诸情感"是指通过营造一种气氛或使用强烈的情感语言来感染对方,从而寻求特定的效果。

1936 年,精神学家哈特曼等人利用德国议会选举的机会进行了一次实验。哈特曼设计了两种号召选民支持社会党的宣传小册子,分别采取了以下两种方法编写:一种是"诉诸理性",即内容以介绍社会党的纲领为主,试图以政策的合理性来说服选民;另一种是"诉诸情感",强调如果社会党失败会给德国带来可怕的危机,试图以一种"赴国难"的气氛来感染选民。类似的研究还有美国在"二战"期间关于"战时超额税"宣传的一项调查。调查人员设计了"诉诸理性"与"诉诸情感"的两种宣传品发到宣传员手中,第二天再登门拜访征求人们对实施该税的意见。这两个例子的最终结果都一样,皆是"诉诸情感"的效果好于"诉诸理性"。尽管如此,学者们对于这两种方法的效果仍存在争议。部分原因是这两种方法的效果因时因事而异。有时"诉诸理性"对于解决问题更有效,如科学上的争论是不能靠感情说服对方的;有些问题则"诉诸情感"可能更有效,如在紧急情况下,"振臂一呼"显然比说理更有效。然而,无论使用何种方法,正确确定问题的性质和充分理解说服的对象是取得良好结果的先决条件;另一方面,心理研究表明,每个人都有不同的个性并接受了不同程度的教育,因此,其行为都是理性和情绪化的。将这两种方法结合起来,通过"行动和理性"的方法会取得更好的结果①。

---

① 赵琪昊.浅析法庭辩论[D].上海:复旦大学,2012.

法庭辩论中的情理兼蓄,亦有其逻辑因果。如果将法的本质视作统治阶级意志的体现,则此种意志体现,以认识论的角度看,不过是将集体感性认识上升到理性高度的结果。而感情是有具体内容和理由的,高尚的情感确实能够引导人们找寻和建立高尚的理念。因此,所谓的"正义之情"无疑可以与"法律理性"相互呼应,促使人们遵循法律规则、维护法律尊严,为法律的实施扫除认识或感情障碍,引导人们信仰法律①。

(二)"诉诸理性"与"诉诸情感"在法庭辩论中的运用

根据法庭辩论的基本原则"理体情用",通常有两种具体的辩论方式,即"诉诸理性"和"诉诸情感"。我们不难理解在法庭辩论中使用"理性"的做法,因为法庭本就应该是充分陈述事实的平台,而清楚的理性思维是优秀的辩手必须具备的素养。但是,如何将理性与情感融合才是我们需要着重考量的问题②。

在很多的具体案例中,我们经常可以看到随着对"理"的辩驳,辩者往往会流露出一定的感情;在法庭辩论的某些特殊部分,也会刻意强调"情"的引入,如公诉人在揭露案件社会危害性时,也需要引入适当的修辞手法,以增强语言的生动性和感染力。那么,如何妥善处理理性与感情的关系?笔者认为,至少有以下两个方面要求。

1. 重视情感与语气的作用

与学术辩论或一般生活辩论不同的是,法院的辩论不是为了说服另一方,而是为了说服第三方(即法庭),因此,情感和语气均发挥着关键作用。人们的情绪往往会受到环境的影响,他人的笑声或嘘声、会场气氛的活跃或沉闷都会影响会场所有人的情绪。因此,法庭上的辩者应特别注意情感的发挥和语气的轻重缓急,在法庭诉讼过程中,应保持活力并给人一种"动感"。语气的情感现象是力量的表达。辩论中平淡无奇的声音能使人不再思考甚至沉睡,仿佛只是一首催眠曲③。我们如何在法庭辩论中正确地运用感情和语调呢?笔者认为,应该从四个方面来把握。

---

① 游梓翔.认识辩论[M].台北:双叶书廊有限公司,2004:56—60.
② 赵琪昊.浅析法庭辩论[D].上海:复旦大学,2012.
③ 赵琪昊.浅析法庭辩论[D].上海:复旦大学,2012.

(1) 在法庭辩论中要注意气势的掌握。法庭辩论中,双方要根据具体的需要,确定说话内容到底要强调什么,重点在哪里,语调的重音又该在何时出现。在法庭辩论中,态度、语气能伴随辩论内容造就一种气势来威慑对方。如果说逻辑是辩论的骨架,那么气势则是辩论的精神所在。法庭辩论者的气势其实是辩论者思想、品德、文化、情感的综合反映。不难看出,要充分发挥辩论的气势效应,辩论者就要有深厚的知识储备,对社会和人生有敏锐的透视力,对事理能作出更全面、更深刻、更正确地阐述,充分运用语言的智慧和逻辑的力量,做到层层推理如剥茧抽丝,娓娓道来似家常话题,令听众不由自主、心悦诚服地接受正确的观点,抛弃错误的观点。正如清代的学者章学诚所言,文非气不立。法庭上的辩论亦如此,应着力实现辩论者与听众、辩论内容与形式、辩论场合与气氛等多重关系的高度统一。辩论具有一种理直气壮的气势,从本质上讲,这是一种理性的力量,产生于使听众茅塞顿开的独到见解与深邃思想,并且能形成一种不可战胜的力量。辩者感情的藏、露、扬、抑、柔、烈以及语势的高亢与低落,给听众带来的皆是信念和力量[①]。

(2) 在法院审议中应谨慎处理重音问题。为了情感表达的需要,一些词语的读音往往需略微加重,即重音。重音的确定对辩论很重要。在特定地点和时间下使用适当的重音可能会增加语言的感染力。虽然重音必须与其所讨论的主题相关,但有些很常见的词语,也可能是辩论的重点,与表达感情的必要性有关,就必须重读。除了一般重音外,还有逻辑和心理重音。逻辑上的重音提示主要思想所在,而心理重音则强调情感所在。在辩论的过程中,重要的并不是对人们讲什么,而是怎样被人们所接受和理解。温柔平缓、清脆悦耳、低沉稳重的音调一般较受人欢迎。心理重音的表现方式,就好似在按常规该停的地方停下来,或者重读某些语词,让人体味内涵丰富的情感,单凭标点符号和对语气想当然的判断是远远不够的。分析辩论的主题,并深刻领会其主旨与立意,挖掘出潜在的语言,才能有效而准确地运用心理重音。对于重音最直接的生理感受即为音量的大小,就法庭辩论来说,音量的大小如发挥得当是可以取得很好的

[①] 游梓翔.认识辩论[M].台北:双叶书廊有限公司,2004:40.

效果的。关键是要辩论者根据辩论的内容,不断调整情感状态,音量该大则大,该小则小。不该大的地方大了会令人感觉突兀,不该小的地方小了则会让人听得模糊。同时也应当注意,大不可大到声嘶力竭的程度,小也不能小到听众接收不到讯息的地步。在辩论过程中,辩论者应在抑扬顿挫中寻求最佳效果,做到吐字清晰,音韵恰当,语气适度,才能更好地引起共鸣。此外,辩论者还要善于从听者的表情、动作来推断听者的心理反应,调整自己的讲话内容和方法。因此,辩论者要对整个辩论过程进行细致全面的理解,与其用自己讲话的方式去确定重音,不如深入思考听众的感受和想法,读出他们渴望强调的内容。重音和非重音是相对存在的,没有绝对的重音和非重音。重音的确定也不是一成不变的。与此同时,应当注意重音不可太多,否则会显得重音不重,非重音亦不明显,反而削弱了表达的效果[1]。

(3) 在法庭辩论中要注意感情基调的确定。辩论前应根据主题思想、情感、内容的需要为自己的情感定下一个基调,并将之贯穿于辩论的始终,即使稍有变化,也不可离开总的基调。即整个辩论是兴奋的,还是悲伤的,是活泼的,还是庄严的,要尽量前后一致,切不可在一个辩论中大起大落,忽悲忽喜。这样会扰乱听众的思想脉络,破坏听众情感的统一,削弱辩论的感染力[2]。

(4) 在法庭诉讼程序中,应注意使用无声的语言。心理研究表明,人们往往会根据自己的需求、兴趣、认知经验和情绪状况选择客观信息。一般来说,听者会留意自己的需要和兴趣点。辩论者不但要运用听觉的力量,还要运用无声的语言向听众传播自己的观点。可以利用语境表达一些言外之意,改变辩论的方式、表情与动作,通过抓住法庭上听众的注意力与倾向性,恰到好处地将情感加以发挥[3]。

2. 建立逻辑与情感间必要的联系

在法庭辩论中,通常需要在逻辑与情感间建立一种必要的联系。法

---

[1] 赵琪昊.浅析法庭辩论[D].上海:复旦大学,2012.
[2] [美]赫伯特·布曼.中国庭审控辩技巧培训教程[M].丁相顺,金云峰,译.北京:中国方正出版社,2005:293.
[3] 赵琪昊.浅析法庭辩论[D].上海:复旦大学,2012.

院辩论不仅涉及理性思考因素,还往往涉及情感因素;不仅包括清楚明白的思维逻辑,还包括"话中有话"与"言外之意"[①]。法庭辩论中的辩论者不得不一方面在理论逻辑上抓住对方的漏洞进行点破攻击,另一方面仍需在表达上充满感情,创造出美的形象和意境,使听众在形象美的陶冶中加深对事实的认识、对己方观点的认同及对整个法庭辩论的理解。通过这种方式,辩论者和倾听者相互交流感情,听众会感到如沐春风,在潜移默化中被辩论者的情绪感染[②]。

(三) 法庭辩论的语言态度

有两种语言态度是日常生活中常见的,一是"温文尔雅",一是"咄咄逼人"。这两种截然不同的语言态度,往往也被引申为为人处事之道。通常温文尔雅是形容人态度温和,举止文雅端庄;而咄咄逼人则形容人气势汹汹,盛气凌人,给人压力,或使人难堪。

同样,法庭辩论中,这两种语言也日益演变为两种风格不同的辩论,而且各有优劣。对许多人来说,在这种激烈的辩论中应当有力地相互施压,他们认为施加这种压力往往会产生更好的结果。诚然,飞瀑直下,必有深潭。咄咄逼人的辩论风格通过使用大量的反问句或者排比句加强自己淋漓强劲的攻势,显得很有张力和爆发力,但我们也必须明确地认识到,在使用这种方式进行辩论的时候,若是没把握好度,一旦被对方反攻击,则杀伤力可能也会非常大。并且,咄咄逼人的辩论风格在一些具体的案件中并不适用,例如,在为涉嫌强奸的犯罪嫌疑人辩护时,如果律师咄咄逼人,难免会让人觉得律师强词夺理,在为犯罪嫌疑人开脱罪责,甚者会让大众觉得律师无情无德、不仁不义,引起大众的反感[③]。

与之相对的,温文尔雅的辩论风格比较容易使法庭采纳辩论者的意见。法庭上的辩护目的不在于出风头,辩论者也不应变成战斗人员。诉讼的目的是彼此试图说服对方,并最终说服法官。辩护观点能否被法庭接受并不取决于是否对细节问题不依不饶,而是取决于辩护观点能否为

---

① [美]史蒂文·苏本,玛格瑞特·伍.美国民事诉讼的真谛[M].蔡彦敏,徐卉,译.北京:法律出版社,2002:25.
② 赵琪昊.浅析法庭辩论[D].上海:复旦大学,2012.
③ 赵琪昊.浅析法庭辩论[D].上海:复旦大学,2012.

法庭所接受①。同时,温和的辩论方式亦能让被害人一方更明白律师的职责,让旁听群众更明白法治精神②,从而在一定程度上消除一些不满,减轻不必要的麻烦。

  无论是温文尔雅抑或是咄咄逼人的辩论方式,都要注重度的把握,而且需根据具体的案件情形与法庭情景进行调整适用,方能取得最优效果。只刚不柔,态度生硬,会引起别人反感;只柔不刚,一团和气,会让人觉得软弱无力。因此,辩论要刚柔相济。在辩论过程中,刚与柔的结合要尤其注意以下两个要点:一是"温文尔雅"切忌柔软无力,一辩了之,而要温和而不柔弱,重事实、引证据、抓真理;二是"咄咄逼人"切忌尖酸刻薄、冷嘲热讽,而要心平气和。

---

① [日] 兼子一,竹下守夫.民事诉讼法新版[M].白绿铉,译.北京:法律出版社,1995:73.
② 赵琪昊.浅析法庭辩论[D].上海:复旦大学,2012.

第五章 证据法学

第一节 证据法学概述

一、证据法学的研究对象

证据法学是研究证据的法律规范,是现代法学体系的重要组成部分之一。它是通过证据证明和认定案件事实或其他法律事实的规律、方法和规则的学科①②。

证据法学和其他法学一样,具有自己特定的研究对象。在19世纪,英国就形成了专门的证据法学体系,即专门研究如何运用诉讼证据和相关法律规范的学科③。证据法学研究的核心问题是证据的客观真实性、合法性和关联性,因此其研究对象也是围绕着核心问题展开的。证据法学的研究对象主要有四个方面④:① 与法律事务有关的证明规律。司法、执法、仲裁、公证和监察活动要求查明和确定案件中的某些事实,需要认定或确认与某些法律问题有关的事实,达成这些任务必须依靠各种证据并遵循特定的证据规则。② 与法律事务有关的证明方法。证明必须采取一定的方法,而且方法的选择和运用在很大程度上决定着证明的成败。

---

① 殷宪龙,李继刚.证据法学[M].北京:法律出版社,2014:3.
② 刘爱龙.论法务会计证据学的研究对象及方法[J].审计与经济研究,2011(6):74-80.
③ 樊崇义.证据法学[M].6版.北京:法律出版社,2017:1.
④ 何家弘.论述证据法学的研究对象和研究方法[J].法学杂志,2000(2):7.

③ 各种法律法规中的证据规则。在各种法律事务中运用证据证明案件事实或者其他相关事实,都必须遵守一定的规则。证据法研究的证据规则可分为两大类:一类是诉讼证据规则;另一类是非诉讼证据规则。前者包括刑事、民事和行政诉讼中的证据规则,后者包括在各种行政执法、仲裁、公证和监察活动中适用证据的规则。④ 古今中外的证据的法律制度。证据法律制度是一个国家不同法律和条例中证据规则的总称,可简称为"证据制度"。

二、证据法学的体系

证据法学的体系是将证据法学的研究对象具体化之后,按照一定的结构排列组合而成的科学系统,即针对证据法学研究对象之间的内在规律和相互关联进行研究和阐述的理论系统①。有学者指出,建立证据法学的科学体系,应当使其具有系统性、完整性、逻辑性,科学地反映所研究内容的内在联系,体现证据法学的核心和实质,有利于人们学习领会、自觉运用②。

三、证据法学的研究方法

正确的研究方法对学习任何一门学科都发挥着至关重要的作用,也能促进一门学科的科学发展,因此,在对证据法学进行研究的过程中,我们可以灵活运用以下五种研究方法。

(一) 融合研究的方法

融合研究的方法是指借用其他学科的研究成果来探讨证据法学中的问题③。证据法学是一门交叉性学科,在研究这门学科的过程中,应当运用其他学科的研究成果,将证据法学与其他学科融合在一起。例如,证据法学与诉讼法学的交叉:证据法学在刑事诉讼法学、民事诉讼法学以及行政诉讼法学中都发挥着作用,它不仅要对各类诉讼中的证据制度进行研究,还要在更高层次上概括出对诉讼中的证据运用具有共性指导意

---

① 殷宪龙,李继刚.证据法学[M].北京:法律出版社,2014:7.
② 刘金友.证据理论与实务[M].北京:法律出版社,1992:5.
③ 樊崇义.证据法学[M].6版.北京:法律出版社,2017:11.

的原理和原则①。又如,证据法学与自然学科的交叉:在研究证据法学时,仅具有法学知识是不够的,还需要具备丰富的自然科学知识。

(二) 实证研究的方法

实证研究的方法是指通过对研究对象大量的观察、实验和调查,获取客观材料,从个别到一般,归纳出事物的本质属性和发展规律的一种研究方法。证据法学在实践中往往会产生很多新情况和新问题,面对这些情况和问题,要从理论上进行系统分析和研究,并得出解决问题的途径和方法。理论联系实际,并不仅仅是为了处理现有的问题,更是为了在实践中总结司法经验并升华为新的理论,以促进证据立法,再以之指导司法实践,在实践中检验理论,对理论进行不断的修改和完善。

(三) 比较研究的方法

比较研究法是对物与物之间的相似性或相异程度的研究和判断的方法②。在证据法学领域中,比较研究法是指比较两种和多种证据法制度,从中得出比较结论,发现共性和差异性,并探寻造成差异性和共同性的原因。比较研究法主要有两种③:一是横向比较,即对同一时期的不同证据制度进行比较;二是纵向比较,即对不同时期的证据制度进行比较。比较研究法对证据法学的作用在于:通过比较研究,能够客观清晰地认识一个国家或一个法系证据制度的特点,并对其进行客观的评价,发现其中可借鉴之处。

(四) 系统研究的方法

系统研究的方法是指将证据法学作为一个整体进行研究,而不是孤立地研究某一具体的证据原则、制度或程序。若单独对某个问题进行研究而得出结论,该结论是片面且不具有代表性的,表面上具有说服力但将其放入体系中便会发现结论的不可靠性。因此,系统研究方法要求从整体与部分的关系上去研究证据法学④。一方面,证据法学是诉讼法学的一部分,因此,要将证据法学与诉讼法学有机联系起来,发现两者之间的

---

① 刘爱龙.论法务会计证据学的研究对象及方法[J].审计与经济研究,2011(6):74-80.
② 李思川,周宝金.浅谈法学方法论[J].商,2013(4):169.
③ 樊崇义.证据法学[M].6版.北京:法律出版社,2017:12.
④ 樊崇义.证据法学[M].6版.北京:法律出版社,2017:12.

相互作用;另一方面,证据法学是我国司法制度的组成部分,因此要从整个司法制度出发去了解和学习证据法学。

(五)分析研究的方法

分析研究的方法是指把证据法学的整体分解为若干部分进行研究,或者把证据法学某一内容的个别特征、个别方面分解出来进行审察的方法。分析研究的方法与系统研究的方法是对立的,系统研究法注重的是从整体来探讨证据法学,而分析研究法是从个别事物来探讨,强调从个体研究。根据分析结论的精确程度不同,分析研究的方法可以分为定性分析法和定量分析法。其中,定性分析法是对研究对象进行"质"的分析,定量分析法是对社会现象的数量特征、数量关系与数量变化进行分析的方法①。

第二节 证 据 法

一、证据法的概念

证据法分为狭义的证据法和广义的证据法。广义的证据法是所有涉及证据及其运用的法律规范的总称,具体指证据的定义和分类以及有关证据收集、制作、保全、提交以及运用等的规范的总和②。狭义的证据法是指诉讼证据法,即诉讼过程中运用证据证明案件事实的法律规范,本书中讨论的证据法是狭义的证据法。对于证据法的概念,可以从以下三个方面理解③。

(1)证据法的形式是法律规范。法律规范是指由国家的立法机关制定或者认可的,反映国家意志的,具体规定权利义务及法律后果的,并由国家强制力保证实施的行为规则。我国没有单行的证据法,证据规则散见于各种法律规范之中,其形式包括法律、行政法规、司法解释和部门规

---

① 樊崇义.证据法学[M].6版.北京:法律出版社,2017:12-13.
② 洪浩.证据法学[M].2版.北京:北京大学出版社,2007:1.
③ 樊崇义.证据法学[M].6版.北京:法律出版社,2017:29-30.

章等。

(2) 证据法的基本内容是关于应用证据证明案件事实的法律规范。内容主要包括证据的种类以及相关的证据规则、证明制度等。

(3) 证据法的调整对象是与运用证据证明案件事实有关的法律关系。证据法中规定了各诉讼主体运用证据进行证明的权利、义务关系,体现在质证权利、举证责任等方面。应当将这些权利、义务放入相关法律关系之中,在法律关系中系统学习证据法学。

二、证据法的渊源

如前所述,我国没有单行的证据法,证据规则散见于许多法律规范中,即证据法的表现形式有多种,常见于法律、行政法规、司法解释和部门规章中。

(一) 宪法

《中华人民共和国宪法》(以下简称《宪法》)是国家的根本大法,是管理国家的总章程,适用于所有公民,是社会政治、经济、意识形态和文化条件的产物[①]。我国的每一部法律都必须紧紧围绕宪法展开,不得背离宪法精神,证据法亦是如此。宪法是诉讼法的法律渊源,也是证据法的法律渊源,一切违反宪法精神、侵犯公民权利而收集来的证据,都不应当具有法律效力。

(二) 法律

法律是证据法最主要的渊源,包括《刑事诉讼法》《民事诉讼法》《中华人民共和国行政诉讼法》(以下简称《行政诉讼法》)《中华人民共和国行政处罚法》(以下简称《行政处罚法》)等。这些法律中规定了基本的证据制度,如证据的概念和种类、取证和质证的程序和要求、举证责任等。

(三) 行政法规

证据法在行政法规中也有表现,如国务院制定的《行政执法机关移送涉嫌犯罪案件的规定》第4条规定,行政执法机关在查处违法行为过程中必须妥善保存所收集的与违法行为有关的证据。

---

① 田辰山.中西比较下的政治文化[J].中央社会主义学院学报,2019(1):168-173.

(四) 司法解释

司法解释是最高人民法院对审判工作中具体应用法律、法令问题作出的解释,以及最高人民检察院对检察工作中具体应用法律、法令问题作出的解释。我国最高司法机关为保证法律的顺利实施制定了大量司法解释,其中也涉及了证据法的内容。

(五) 部门规章

部门规章是指国家最高行政机关所属的各部门、委员会在自己的职权范围内发布的调整部门管理事项的,并不与宪法、法律和行政法规相抵触的规范性文件。我国部门机关制定的部门规章也对证据规则等证据法的内容作出了规定,如公安部制定的《公安机关办理刑事案件程序规定》等。

三、证据法的功能

证据法是诉讼法的组成部分,在法律体系中占据重要地位,在诉讼中发挥着重要的功能,对司法实践具有重要作用。证据法所发挥的功能,具体有三个方面。

(1) 认定案件事实,以保证正确适用其他法律规范[①]。法官审理案件的基础是案件事实,只有认清案件事实才能准确适用法律规范来裁判案件。证据法对认定案件事实的主体、程序、措施、标准等都作了详细的规定,是认定案件事实的依据。

(2) 保障当事人的程序主体地位,以实现当事人的合法权益[②]。在诉讼中,当事人具有程序主体地位,享有一定的程序参与权和程序选择权。合理而完备的证据法能够在保证当事人双方诉讼地位平等的基础上,确保当事人拥有足够的方法获得必要的证据,并且有充分的机会提出主张和证据[③]。

(3) 确保法官保持审判中立地位,实现法院审判的正当性。在诉讼中,法院与双方当事人保持同等的司法距离,对案件保持客观中立的态度。不少证据规则都包含了对法官审判行为的规范和制约,保证了法官的中立性。

---

① 樊崇义.证据法学[M].6版.北京:法律出版社,2017:33.
② 樊崇义.证据法学[M].6版.北京:法律出版社,2017:33.
③ 洪浩.证据法学[M].2版.北京:北京大学出版社,2007:2.

同时,在诉讼程序中正确运用证据,有利于案件得到公正的审判。

四、证据法的基本原则

证据法的基本原则,是证据立法和司法实践中运用证据证明案件事实时应当遵守的基本准则[①]。从效力上讲,证据法的基本原则应贯彻于诉讼证明的所有或主要阶段;从实质上讲,证据法的基本原则集中反映了诉讼证明活动的独特规律和基本特征[②]。

(一)证据裁判原则

证据裁判原则是证据制度的基础性原则。回顾历史长河,对案件事实的认定有两种模式[③]:一是非理性的司法证明方式,如神示裁判方式、决斗裁判方式、宣誓裁判方式等;二是理性的司法证明方式,即证据裁判原则[④]。随着人类社会的发展,理性的司法证明方式成为主导,非理性的司法证明方式逐渐退出历史舞台,证据裁判原则已经成为规范各种诉讼活动的基本原则。

1. 证据裁判原则的基本内容

是要依据证据对事实进行认定,没有证据不得认定案件事实[⑤]。法官运用法律规范审理案件的前提是已清晰认定整个案件的事实情况。由于随着时间的推移,任何已经发生的事实都难以完全恢复其原始面目,作为裁判者的法官永远无法亲历案发过程,只能通过案发现场的遗留痕迹,来重建现场、推断案发时的真实情形。

证据裁判原则的基本内容包括以下三点。

(1)对事实问题的裁判必须依靠证据,没有证据不得认定案件事实[⑥]。证据裁判原则最基本的含义就是对案件事实问题的认定必须依靠证据,事实问题是指要证事实,即有证明必要的事实。《刑事诉讼法》第55条规定,对一切案件的判处都要重证据,重调查研究,不轻信口供。只

---

① 洪浩.证据法学[M].2版.北京:北京大学出版社,2007:4.
② 洪浩.证据法学[M].2版.北京:北京大学出版社,2007:4.
③ 樊崇义.证据法学[M].6版.北京:法律出版社,2017:66-67.
④ 毛立华.论证据与事实[D].北京:中国政法大学,2006.
⑤ 高家伟,邵明,王万华.证据法原理[M].北京:中国人民大学出版社,2004:173-193.
⑥ 樊崇义.证据法学[M].6版.北京:法律出版社,2017:68-69.

有被告人供述,没有其他证据的,不能认定被告人有罪和处以刑罚;没有被告人供述,证据确实、充分的,可以认定被告人有罪和处以刑罚。证据确实、充分,应当符合以下条件:① 定罪量刑的事实都有证据证明;② 据以定案的证据均经法定程序查证属实;③ 综合全案证据,对所认定事实已排除合理怀疑。

所谓"没有证据",包括没有任何证据,也包括含有一部分证据,但未能达到法定要求。《刑事诉讼法》第 200 条第 3 款规定,证据不足,不能认定被告人有罪的,应当作出证据不足、指控的犯罪不能成立的无罪判决。这一规定充分证明了在刑事诉讼中,证据不充分以致不能证明案件事实,必须作出无罪判决。

(2) 裁判所依据的证据,必须是具有证据资格的证据[1]。证据资格是指一定的事实材料作为诉讼证据在法律上的资格,或者说是指证据材料能够被法院采信,作为认定案件事实的依据所应具备的法律上的资格[2]。

(3) 裁判依据的证据,必须是经过法庭调查和质证的证据[3]。我国目前的诉讼制度以审判为中心,法庭必须成为案件裁判行为的活动空间,并通过庭审的一系列活动作出正确的裁判。因此,证据裁判原则中所载证据必须得到法院的调查和证实,否则不能作为作出裁决的依据[4]。

2. 证据裁判原则的例外

证据裁判原则存在着例外情形,这些例外情形是为了应对诉讼中出现的无须证明、证明不能以及证明困难等现象而设定的[5]。

(1) 在民事诉讼中,当事人自认的事实。根据我国《最高人民法院关于民事诉讼证据的若干规定》第 8 条第 1 款,诉讼过程中,一方当事人对另一方当事人陈述的案件事实明确表示承认的,另一方当事人无须举证。但涉及身份关系的案件除外。换言之,在审判过程中,如果一方当事人对对方当事人陈述的案件事实依法表示承认,人民法院可以不依据证据而

---

[1] 樊崇义.证据法学[M].6 版.北京:法律出版社,2017:69.
[2] 吴荣荣.民事诉讼中录音证据采信与排除规则的设计与论证[J].理论界,2012(1):49-52.
[3] 樊崇义.证据法学[M].6 版.北京:法律出版社,2017:69.
[4] 毛立华.论证据与事实[D].北京:中国政法大学,2006.
[5] 殷宪龙,李继刚.证据法学[M].北京:法律出版社,2014:42-43.

直接依据当事人有效的自认对案件进行认定并作出裁判。

(2) 司法认知。司法认知是指依靠法官的知识经验可以认定案件事实,而无须证据加以证明。我国《最高人民法院关于民事诉讼证据的若干规定》第9条规定了当事人无须证明的案件事实,包括:众所周知的事实;自然规律及定理;根据法律规定或者已知事实和日常生活经验法则,能推定出的另一事实;已为人民法院发生法律效力的裁判所确认的事实;已为仲裁机构的生效裁决所确认的事实;已为有效公证文书所证明的事实等。以上事实,除有相反证据推翻外,无须证据证明便可直接用以证明案件事实,并作为裁判依据。

(3) 推定证明。推定证明是证据证明的替代性方法,推定证明的事实也无须证据证明,便可用以审理案件。例如,我国《最高人民法院关于民事诉讼证据的若干规定》第75条规定,有证据证明一方当事人持有证据无正当理由拒不提供,如果对方当事人主张该证据的内容不利于证据持有人,可以推定该主张成立。

(二) 自由心证原则

自由心证原则是指法律不预先设定规则来指示或约束法官,也不通过立法对证据的证据能力和证明力作出直接规定,而法官应根据经验规则、逻辑规则和理性良知逐案作出决定,其决定必须以证据和事实为依据并符合内心信念[1]。"自由心证"原则是公法上的强行规范,即不允许当事人或检察官经合意更改或排除,也不允许法官随意将其排除适用[2]。

所谓"心证",是指法官通过对证据的审查在思想中形成的信念。自由心证原则对裁判者的专业素养、智慧及人格品行都有一定的要求,真正要求法官凭借专业知识、职业道德对案件进行审理,得到一个使自己无任何怀疑的审理结果。

(三) 程序法定原则

程序法定原则是民主法治国家中一切国家机关活动的基本原则,就证据法而言,程序法定原则是指诉讼中如何收集、审查、判断证据以及如

---

[1] 江伟,邵明.关于我国制定统一证据法典的思考[J].证据学论坛,2004(2):37-61.
[2] 樊崇义.证据法学[M].6版.北京:法律出版社,2017:21.

何依据证据认定案件事实都应当由法律规定的程序加以规范①,侦查机关、检察机关、法院及其他司法工作人员都必须严格遵守②。

程序法定原则的基本内容有两方面③:一是立法方面,国家应明确规定和设置收集证据、提交证据和审查判断的相应程序;二是司法方面,国家专门机关、当事人和其他诉讼参与人进行证明活动时必须严格遵守法定的程序。在证据法中彻底贯彻程序法定原则应当满足以下三个要求④。

(1) 国家应当保证与证明有关的各种诉讼活动的程序化和法治化。国家不仅应以严密的法律形式明确哪些诉讼主体在证明活动中须承担证明责任,他们对哪些事项需要运用证据加以证明,以及证明责任的解除需要达到何种标准,还应明确规定证明主体应通过何种程序取得证据,遵循何种规则在法庭上举证和质证,使各项证明活动有法可依、有章可循。

(2) 国家机关和诉讼参与人在收集、运用证据的过程中应当严格执行和遵守法律,做到有法必依。国家机关行使执法权必须在其法定职权范围内,依照法律规定的条件和程序行使。在证据法中,国家机关和诉讼参与人在收集、运用证据的过程中不得侵害当事人的合法权益。通过刑讯逼供、非法搜查、暴力取证等方式收集的证据都应排除其证据能力。

(3) 明确违反法定程序所要承担的法律后果,确立制裁性措施。程序法定原则的贯彻必须以违法制裁为后盾。对于违反法定程序的行为的制裁,表现在两个方面:一是对违法者在实体法上的制裁,如侦查、检察、审判人员违法办案应负渎职责任,证人不作证和作伪证须承担法律责任等;二是对违法者采取程序上的制裁,即所获证据因违反法律而丧失证据效力以致被排除在诉讼程序之外。我国设立了非法证据排除规则,即在刑事诉讼中,对非法取得的供述与非法收集和扣押的证据予以排除,不得作为证据采纳。

---

① 刘爱龙.论法务会计证据学的研究对象及方法[J].审计与经济研究,2011(6):74-80.
② 殷宪龙,李继刚.证据法学[M].北京:法律出版社,2014:43.
③ 殷宪龙,李继刚.证据法学[M].北京:法律出版社,2014:45.
④ 殷宪龙,李继刚.证据法学[M].北京:法律出版社,2014:45.

(四) 无罪推定原则

无罪推定原则是指"未经审判证明有罪确定前,推定被控告者无罪",在刑事诉讼中,被刑事起诉的任何人在尚未经过司法程序的最后定罪时候,都应被视为无罪。无罪推定实质上是对被告在刑事诉讼中的地位的一种推定,赋予被告无罪的法律地位,从而保证公民具有与公权力相抗衡的权利。

《刑事诉讼法》第12条体现了无罪推定原理:未经人民法院依法判决,对任何人都不得确定有罪。从该条款本身出发理解无罪推定原则,有两层含义。

(1) 定罪权只能由人民法院统一行使,除人民法院以外的任何机关、社会团体和个人都无权确定被告人有罪。例如,侦查机关在侦查阶段作出的移送起诉决定或撤销案件决定,以及检察机关在审查起诉阶段作出的提起公诉或不起诉的决定都是程序上的决定,而非实体上对犯罪嫌疑人有罪无罪的认定。

(2) 未经人民法院依法判决,对任何人都不得确定其有罪[①]。这是指在人民法院作出最终判决前,任何人都不得被认定为有罪。一方面,在刑事诉讼中,由控诉方承担证明被告人有罪的举证责任,被告人自己不承担证明自己无罪的责任,不能因为被告人无法提供证据证明自己无罪而认定被告人有罪。另一方面,适用疑罪从无,即刑事诉讼中,检察院对不能提供证据证明被告人有罪或证据不足以证明被告人有罪的,犯罪嫌疑人的犯罪事实不清,证据不充分,不应当追究刑事责任的,应当作出不起诉决定。

(五) 直接言词原则

直接言词原则的基本含义是所有证据材料都必须以直接和口头的方式经过法庭上的提出、询问、审查和讨论,包括直接原则和言词原则[②]。

直接原则,又称为直接审理原则,是指裁判者在审理案件的过程中应直接审查所有证据,并以此来认定案件事实[③]。在审理案件期间,法官必

[①] 殷宪龙,李继刚.证据法学[M].北京:法律出版社,2014:52.
[②] 刘敏.论直接言词原则与民事证据制度的完善[J].证据学论坛,2001(2):228-242.
[③] 洪浩.证据法学[M].2版.北京:北京大学出版社,2007:6.

须审查证据,检验物证,允许当事人、证人和鉴定人出庭,亲自听取口头陈述与法庭辩论等,如此才能正确审理案件并最终作出判决。

言词原则,又称言词审判原则,是指当事人及其他诉讼参与人提供证据和进行质证,除法律另有规定外,都必须在法官面前以言词及口头的形式进行,这样才能作为法院审理和裁判的依据。

直接原则和言词原则有着密切的关系[①],两者共同组成了直接言词原则。直接原则强调法庭直接审理和直接采证,言词原则强调法庭审理和法庭采证应以言词的形式进行。例如,《刑事诉讼法》第61条规定:证人证言必须在法庭上经过公诉人、被害人和被告人、辩护人双方质证并且查实以后,才能作为定案的根据;法庭查明证人有意作伪证或者隐匿罪证的时候,应当依法处理。

第三节 证 据

一、证据的属性

(一) 客观性

证据事实不随人们的主观性而改变,因为它是事件在发生的过程中的留痕。这种基本属性被称为客观性[②]。证据的客观性,体现在以下三个方面:① 证据在形式上不论是有形的,如物证,还是无形的,如证人证言,其本质都是客观存在的实体;② 证据是随着事件的发生、发展而遗留下来的,反映的是与案件有关的事实,不是通过主观臆测产生的;③ 证据所要证明的事实与案件待证明的事实之间是有客观联系的,若没有客观联系,证据便不能发挥其功能。

(二) 关联性

关联性是指作为认定案件事实的证据必须同案件事实有关联。证据的关联性最突出的作用便是决定证据是否具有证明力。所谓证明力,是

---

① 刘敏.论直接言词原则与民事证据制度的完善[J].证据学论坛,2001(2):228-242.
② 樊崇义.证据法学[M].6版.北京:法律出版社,2017:126.

指证据对于案件事实的证明作用的大小(强弱),即证据的可靠性、可采性。证据对案件事实有无证明力以及对案件事实证明力的大小,取决于证据与案件事实有无联系,以及联系的紧密程度[①]。对于关联性,我们可以从以下三个方面理解。

1. 客观性

证据的关联性是客观存在而非通过主观臆测产生的,这种联系是不能通过人的主观意志改变的。实践中,司法人员在办理案件时,对证据和案件事实之间的关联性,必须如实评价,不能凭借主观想象判定两者间的关系。

2. 多样性

证据与案件事实之间关联的形式、途径和方法是多种多样的,有时间联系和空间联系、直接联系和间接联系、偶然联系和必然联系、肯定联系和否定联系等。

3. 复杂性和高要求性

确定证据与案件事实之间的联系是十分复杂的,并且对办案人员的业务能力和知识水平有着较高的要求。在司法实践中,有的证据与案件事实之间的联系需要经过反复的检查、辨认和鉴定才能确认。因此,发现和确定证据的关联性,考验着办案人员的知识储备和业务能力。

(三) 合法性

证据的合法性表现为证据主体的合法性、证据来源程序的合法性、证据形式的合法性。

我国制定了一系列严格的程序,以保证证据的合法性得以实现,例如,《刑事诉讼法》第 52 条规定,审判人员、检察人员、侦查人员必须依照法定程序,收集能够证实犯罪嫌疑人、被告人有罪或者无罪、犯罪情节轻重的各种证据。严禁刑讯逼供和以威胁、引诱、欺骗以及其他非法方法收集证据,不得强迫任何人证实自己有罪。必须保证一切与案件有关或者了解案情的公民,有客观地充分地提供证据的条件,除特殊情况外,可以吸收他们协助调查。由此可见,证据的合法性已经体现在我国法律的规

---

① 毛立华.论证据与事实[D].北京:中国政法大学,2006.

定中。

二、证据的种类

证据的种类是指证据的法定形式。《刑事诉讼法》第 50 条第 2 款列举了 8 种刑事证据：物证；书证；证人证言；被害人陈述；犯罪嫌疑人、被告人的供述和辩解；鉴定意见；勘验、检查、辨认、侦查实验等笔录；视听资料、电子数据。《民事诉讼法》第 63 条第 1 款列举了八种民事证据：当事人陈述；物证；书证；视听资料；电子数据；证人证言；鉴定意见；勘验笔录。《行政诉讼法》第 33 条列举了 8 种行政诉讼证据：书证；物证；视听资料；电子数据；证人证言；当事人的陈述；鉴定意见；勘验笔录、现场笔录。在此，笔者将对以上证据种类作简要介绍。

1. 物证

物证是指以外部特征、物质属性、所处位置以及状态证明案件情况的实物或痕迹。物证是诉讼中最普遍、最常见的证据类型，它主要以其存在状况、外部特征、物质属性等特征或属性来证明案件事实。物证相较于其他证据而言最重要的特征在于，它是以实体存在的方式来证明案件，即某一物品或痕迹，其本身的存在就能证明一定的案件事实。

2. 书证

书证是指用文字、符号或图画所表达的思想内容来证明案件事实的证据[1]。书证区别于其他证据的特征在于：① 书证是以材料所记载的内容来证明待证事实，这是其本质特征，也是其区别于物证的根本所在。书证的外在形式、制作方法等可以是多种多样的，据以认定案件事实的是其表达的内容。② 书证所表达的思想和记载的内容必须与案件事实相互关联，能够证明待证事实的一部分或全部，这其实是证据关联性的体现。③ 书证所表达的思想和记载的内容必须是可供人们认知和了解的，这意味着虽然书证的表现形式有很多种，但书证所表达的内容必须是可供了解的[2]。

---

[1] 樊崇义.证据法学[M].6 版.北京：法律出版社，2017：139.
[2] 樊崇义.证据法学[M].6 版.北京：法律出版社，2017：139.

3. 证人证言

证人证言是指当事人之外的了解有关案件事实情况的人，就其感知的事实，向公安司法机关所作的与案件有关的陈述①。证人所陈述的事实可以是自己亲耳听见或亲眼看见的，也可以是别人听到或看到后转告的，但转述他人听见或看见的内容必须有确定的来源，道听途说的内容不可作为证人证言。此外，证人只能陈述事实，而不能对事实作判断。证人证言具有不稳定性和多变性，因为每个证言都会受到客观因素和主观因素的影响，且证人证言都是对记忆的重述，这样的重述在每个阶段都难免会出现记忆差错。《刑事诉讼法》第 62 条规定，凡是知道案件情况的人，都有作证的义务。生理上、精神上有缺陷或者年幼，不能辨别是非、不能正确表达的人，不能作证人。

4. 被害人陈述

被害人陈述是刑事诉讼法中特有的证据类型，是指受犯罪行为直接侵害的人向公安机关、人民检察院或人民法院就其遭受犯罪侵害的事实和有关犯罪嫌疑人、被告人的情况所做的陈述②。被害人是受犯罪行为直接侵害的人，在犯罪行为发生时，被害人往往受到生命的威胁、身体的残害或者经济利益的损失，因而被害人往往强烈要求司法机关严惩罪犯以保护自身利益。

5. 犯罪嫌疑人、被告人供述和辩解

犯罪嫌疑人、被告人供述和辩解是指犯罪嫌疑人、被告人在刑事诉讼中就其被指控的犯罪事实以及其他案件事实，向侦查人员、检察人员、审判人员所作的陈述③，也被称为"口供"。口供的内容主要包括以下三个方面④：① 犯罪嫌疑人、被告人在没有外力强迫的情况下，承认对他控告的犯罪事实，并向司法机关讲清他实施犯罪的全部事实和情节，即所谓的自首、坦白和承认；② 犯罪嫌疑人、被告人否认司法机关控告的犯罪行为，或者虽然承认自己的犯罪行为，但认为自己并不应当被追究刑事责任

---

① 殷宪龙,李继刚.证据法学[M].北京：法律出版社,2014：82.
② 殷宪龙,李继刚.证据法学[M].北京：法律出版社,2014：88.
③ 殷宪龙,李继刚.证据法学[M].北京：法律出版社,2014：90.
④ 樊崇义.证据法学[M].6 版.北京：法律出版社,2017：165.

或认为自己应从轻、减轻或免除处罚而作的辩解;③ 犯罪嫌疑人或被告人作为共犯,在承认自己的罪行后,检举其他共犯的犯罪行为,也包括否认自己犯罪而举报他人犯罪。犯罪嫌疑人、被告人所作的供述和辩解有可能是真实的,但其虚假的可能性比较大,因为犯罪嫌疑人、被告人作为刑事诉讼中被追诉的对象,与案件的处理结果有很大的利害关系,他们往往会隐瞒自己的罪行或避重就轻地陈述自己的罪行,司法人员要慎重对待这种证据,一定要同其他证据相互印证,经过查证属实才能作为定案的根据。

6. 当事人陈述

当事人陈述是《民事诉讼法》和《行政诉讼法》中明确规定的证据种类,是指当事人在诉讼中就有关案件事实情况向法院所作的陈述。当事人陈述多种多样,并非任何当事人的陈述都是证据,当事人既有对案件事实情况的陈述、诉讼请求的提出、说明案件处理方式的意见,也有对证据的分析、判断和意见,对争议事实适用法律的意见。只有涉及争议事实且对处理案件有意义的陈述才被视为当事人陈述①。

7. 鉴定意见

所谓鉴定意见,是指具有专门知识和技能的鉴定人通过公安机关的聘请或指派对专门性问题做出的判断。我国诉讼中经常使用的鉴定意见主要有法医鉴定、司法精神鉴定、痕迹鉴定、化学鉴定等。随着科学技术的不断发展,需要鉴定的专门性问题日益增多,鉴定的范围也在不断增大。由于鉴定意见可能受到主观条件或客观条件的影响,其在证明力上有些欠缺,故不能只用鉴定意见作为定案的根据,而应该结合其他的证据才能定案。

8. 勘验、检查、辨认、侦查实验等笔录和现场笔录

勘验、检查、辨认、侦查实验等笔录是指公安司法机关指派的办案人员对案件的标的物和有关证据,在勘验、检查、辨认、侦查时进行记录,并由负责人员签字的书面文件②。现场笔录是指国家行政机关及其工作人

---

① 殷宪龙,李继刚.证据法学[M].北京:法律出版社,2014:98.
② 樊崇义.证据法学[M].6版.北京:法律出版社,2017:189.

员对违反行政法律规范的行为当场作出处理时制作的文字记载材料①。勘验、检查、辨认、侦查实验等笔录和现场笔录是对现场证据的固定和保存,其内容与案件事实具有关联性。

9. 视听资料

视听资料是指用来证明案件真实情况,并被储存在录音磁带、录像带、电影胶片中的音像、影像和图形等。相较于其他证据,视听资料直接来源于案件事实,可以直观生动地反映和再现案件事实。

10. 电子数据

电子数据是指以电子形式存在的,储存在电子计算机中或电子磁盘上的,用于证明案件事实的音像、影像和图形等。不同于视听资料,电子数据注重的是电子形式,其产生依赖于特定的电子介质,具有内容丰富、储存量大的特点。

三、证据的分类

（一）原始证据和传来证据

原始证据和传来证据是根据证据的来源或出处的不同而作的划分。原始证据是指直接来源于案件事实且未经复制或转述的证据,即人们常说的"第一手资料";传来证据是指间接来源于案件事实,不是从第一来源直接获取的,而是从第二手及以上的来源获取的证据②。

证据的运用上,司法人员在收集证据时,应获得尽可能多的原始证据以便更好地了解案件;即使无法获得原始证据,也应尽可能从案件事实中获得证据。另外,亦不能忽视传来证据的作用。在审理案件的时候,要充分发挥传来证据的作用,因为传来证据来自原始证据,可以帮助司法工作人员找到原始证据,也可以与原始证据相互呼应以加强原始证据的证明力。

（二）言词证据和实物证据

言词证据和实物证据是根据其形成方法、表现、存在状况和提供方式

---

① 殷宪龙,李继刚.证据法学[M].北京:法律出版社,2014:116.
② 陈光中.证据法学[M].3版.北京:法律出版社,2015:220.

的不同而做的划分①。言词证据是指以人的陈述为表现形式的证据。如刑事被害人陈述,犯罪嫌疑人、被告人供述和辩解,民事、行政当事人陈述,证人证言,鉴定意见等。可见,言词证据的内容,主要是陈述人直接或间接感知的与案件有关的事实,是通过询问或讯问而取得的陈述。值得注意的是,鉴定意见是一种特殊的言词证据。实物证据是指以实物形态为表现形式的证据。它包括各种具有实物形态的证据。实物证据的收集方法主要是勘验、搜查、扣押、查封、冻结等。

在实务中,对言词证据和实物证据的运用,最佳的方式是将言词证据和实物证据结合起来使用,相互印证,相互补充。例如,言词证据往往具有一定的虚假性,此时应善用实物证据,利用实物证据的客观性弥补言词证据的缺点。在证据的运用中,应当充分发挥两种证据各自的优势克服彼此的缺点,以达到最佳的证明效果。

(三) 有罪证据和无罪证据

有罪证据与无罪证据是根据证据对事实的证明作用而作的划分,关键在于证据能否证明犯罪事实的存在以及犯罪行为系犯罪嫌疑人或被告人所为②。有罪证据是能够对被告定罪或加重犯罪嫌疑人刑事责任的依据。有罪证据是控诉方用来指证犯罪嫌疑人、证明被告人有罪,法院用来定罪和加重罪行的根据。无罪证据是能够证明不存在犯罪事实,或证明被告无罪或犯有轻罪的证据。证明无罪的证据是嫌疑人或被告在为自己辩护时用来否认犯罪或为减轻处罚的证据。

在运用有罪证据和无罪证据时应该注意以下三个方面。

(1) 以客观、全面的标准收集证据。

(2) 对于有罪证据与无罪证据采取不同的证明标准:有罪证据的标准是达到确实、充实,才能否定当事人无罪;无罪证据的标准是达到产生合理怀疑的程度,便可否认当事人有罪。

(3) 若有罪证据与无罪证据的收集均不可认定有罪或无罪,适用疑罪从无原则③。

---

① 陈光中.证据法学[M].3版.北京:法律出版社,2015:217.
② 陈光中.证据法学[M].3版.北京:法律出版社,2015:222.
③ 樊崇义.证据法学[M].6版.北京:法律出版社,2017:214-215.

(四) 直接证据和间接证据

直接证据与间接证据的划分依据是证据能否单独证明案件事实。直接证据能够单独证明案件的主要事实;而间接证据若要证明案件的主要事实,必须与其他证据结合①。

在证据运用方面,应当注意两点:一是直接证据虽然能直接证明案件的主要事实,但不能将直接证据作为孤证单独定案,只有在直接证据经过法定程序查证且有其他证据与之相互印证的情况下才可定案;二是间接证据要与其他证据相结合才能认定案件主要事实。

(五) 本证和反证

本证和反证的划分依据是证据是否足以证明有举证责任一方主张的事实。凡是能证明负举证责任一方所主张的事实存在的证据为本证,凡是能证明负举证责任一方所主张的事实不存在的证据为反证。本证与反证都是直接证明案件同一事实的,只是作用不同,反证的作用是削弱本证的证明力。

本证与反证的划分,是从证据作用的角度进行的划分,具有重要的意义。首先,本证、反证与证明责任相联系,主张事实存在的一方负有证明责任,有义务为自己主张的事实提供证据,若其不能提供证据则要承担败诉的风险,因此,本证与反证的划分有利于调动双方当事人举证的积极性,增强诉讼的对抗性。其次,划分本证与反证的目的在于使审判人员快速了解诉讼双方的主张,加快案件审理进程。最后,本证和反证的划分,有利于审判人员审查证据,本证和反证是对立的状态,审判人员可以运用此种对立来审查证据,提高司法效率,节约司法资源。

四、证据规则

证据规则是指在诉讼中收集、审查、判断证据应当遵循的规则②。证据规则是对诉讼当事人权利的重要保障,是对国家权力的有效制约,是对诉讼价值的有效平衡,是发现案件事实的重要工具。证据规则主要包括传闻证据规则、非法证据排除规则、意见证据规则、补强证据规则和最佳证据规则。

---

① 樊崇义.证据法学[M].6版.北京:法律出版社,2017:214-215.
② 陈光中.证据法学[M].3版.北京:法律出版社,2015:234.

(一) 传闻证据规则

传闻证据规则最早起源于英国,又称为传闻证据排除规则,是英美证据法中最重要的排除法则之一。美国《联邦证据规则》第801条(c)项给传闻证据下的定义如下:"传闻"是指陈述者在法庭审理之外作出的用来证明其自身所主张的事实的陈述①。传闻证据一般不能被法庭采纳,不能提交法庭进行调查质证;如果已经提交法庭,也不得作为陪审团审议的依据②。传闻证据被排除的原因有两个方面:一是传闻证据并非证人亲自所见所感所知,因此存在转述错误或伪造的可能;二是证据在被法庭采纳之前必须经过法定程序,即要经过法庭调查、当事人质证等过程才可能被法院采纳并作为案件审理的依据,然而传闻证据打破了这一规则,并没有经过法定程序。

我国的法律法规并没有明确规定传闻证据规则,但值得说明的是我国部分法律规定体现了传闻证据规则的精神,如《最高人民法院关于适用〈中华人民共和国刑事诉讼法〉的解释》第78条。

(二) 非法证据排除规则

非法证据排除规则是对非法取得的供述和非法扣押取得的证据予以排除的统称。也就是说,司法机关不得采纳非法证据作为定案依据③。非法证据被排除适用,对司法实践具有重要意义,它是对司法机关的监督,是诉讼参与人权利的有效保障。

非法证据包括非法言词证据和非法实物证据。《刑事诉讼法》第56条第1款规定:采用刑讯逼供等非法方法收集的犯罪嫌疑人、被告人供述和采用暴力、威胁等非法方法收集的证人证言、被害人陈述,应当予以排除;收集物证、书证不符合法定程序,可能严重影响司法公正,且不能补正或者作出合理解释的,对该证据应当予以排除。

《刑事诉讼法》第56条第2款对排除非法证据的机关和诉讼阶段作出了规定。我国公安司法机关有主动排除非法证据的义务,排除非法证

---

① 卞建林.美国联邦刑事诉讼规则和证据规则[M].北京:中国政法大学出版社,1998:119.
② 陈光中.证据法学[M].3版.北京:法律出版社,2015:258.
③ 樊崇义.证据法学[M].6版.北京:法律出版社,2017:97-98.

据不仅适用于审判阶段，还适用于侦查和起诉阶段。

《刑事诉讼法》第58条对非法证据排除的启动程序作出了规定。有两种启动方式，一是审判人员依职权启动，二是审判人员依当事人及其辩护人、诉讼代理人的申请启动调查程序，当事人及其辩护人、诉讼代理人提出申请的同时需要承担提供相关线索材料的责任。

（三）意见证据规则

意见证据是指证人就亲身感知的事实而作的意见、推理或结论[1]。意见证据规则是指证人只应就他曾经亲身感知的事实提供证言，而不得就这些事实进行推论。

意见证据规则是英美法系的一项重要证据规则，原本大陆法系中没有限制证人提出意见的规则，这主要是因为大陆法系在传统上一直是由专业的职业法官审判案件，而不像英美法系一样运用非职业的陪审团进行审判，但随着两大法系的日渐融合以及对抗制审判在全球范围的扩张，意见证据规则也得到大陆法系国家的重视。我国受大陆法系审判模式影响，关于意见证据规则的规定较少，主要见于《最高人民法院关于适用〈中华人民共和国刑事诉讼法〉的解释》第75条第2款。

（四）补强证据规则

补强证据规则是指某一证据由于其存在证据资格或证据形式上的瑕疵，不能单独作为认定案件事实的依据，而必须有其他证据的佐证[2]。现代当事人主义的证据规则对于何种资料可以作为证据有详细的规定，而对于各种证据的证明力如何，则很少硬性规定。英美法中判断证据的一般原则是证明犯罪事实必须使审判者的确信达到排除合理怀疑的程度。对这种程度没有其他规定，但对于某些重大案件或某些证明力十分薄弱的证据，仍要求法定证据或补强证据。

《刑事诉讼法》第55条第1款规定："对一切案件的判处都要重证据，重调查研究，不轻信口供。只有被告人供述，没有其他证据的，不能认定被告人有罪和处以刑罚；没有被告人供述，证据确实、充分的，可以认定被告人有罪和处以刑罚。"即不可单独凭借口供认定犯罪嫌疑人、被告人有

---

[1] 陈光中.证据法学[M].3版.北京：法律出版社，2015：270.
[2] 郑旭.刑事证据规则[D].北京：中国政法大学，2000.

罪，而必须有其他证据与之相互印证才可认定案件事实。

(五) 最佳证据规则

最佳证据规则的基本精神是，以文件内容而非以文件本身作为证据的一方当事人，必须提供文件的原件。凡不是原件的书证，除非有法定原因，否则一律排除适用①。从证明目的上看，最佳证据规则仅适用于将文书内容作为直接证据或者证明文书本身内容为真的情况，即当举证方无意把文书内容作为直接证据加以证明，而是用于其他证明目的时，则并非必须提供原始文书②。《最高人民法院关于适用〈中华人民共和国刑事诉讼法〉的解释》第70条规定，据以定案的物证应当是原物。原物不便搬运、不易保存，依法应当由有关部门保管、处理，或者依法应当返还的，可以拍摄、制作足以反映原物外形和特征的照片、录像、复制品。物证的照片、录像、复制品，不能反映原物的外形和特征的，不得作为定案的根据。物证的照片、录像、复制品，经与原物核对无误、经鉴定为真实或者以其他方式确认为真实的，可以作为定案的根据。

第四节 证 明

一、证明概述

证明是指诉讼主体按照法定的程序和标准，运用已知的证据和事实来认定案件事实的活动③。证明具有以下三个特征。

(1) 诉讼证明的主体是诉讼主体，即特定的国家机关和诉讼参与人。在刑事诉讼审判环节，证明的主体主要是控诉一方，即公诉案件的检察机关以及自诉案件中的自诉人，他们对控诉主张必须提供相应的证据加以证明，否则将承担相应的风险。同时，若被告人在诉讼中提出了积极的辩护主张，如不在场等，也负有相应的证明责任。此外，其他当事人，包括被害人、附带

---

① 陈光中.证据法学[M].3版.北京：法律出版社，2015：264.
② 殷宪龙，李继刚.证据法学[M].北京：法律出版社，2014：172.
③ 樊崇义.证据法学[M].6版.北京：法律出版社，2017：252.

民事诉讼的原告人等都是证明主体。在民事诉讼和行政诉讼中,证明的主体主要是当事人,包括原告、被告、第三人以及共同诉讼人,他们在诉讼的过程中必须对自己所主张的事实依法承担相应的证明责任。其他诉讼参与人,如证人、鉴定人、翻译人员等,他们参与到诉讼中的目的是协助查明案件事实,因此他们不是证明主体;而辩护人、诉讼代理人,他们对在诉讼中提出的主张或理由应当提出相应的证据证明,因此他们是证明主体。

(2)诉讼证明的证明对象是特定的。证明对象即待证事实,是指诉讼中需要用证据加以证明的事实,包括实体法事实与程序法事实。实体法事实是指对解决案件实体问题具有法律意义的事实。刑事诉讼中的程序法事实是指有关犯罪构成要件的事实和有关嫌疑犯个人情况及犯罪后表现的事实。

(3)诉讼证明必须按照法定的范围、程序和标准进行。诉讼证明是一项法律活动,所以必须受到法律的严格约束。证明的法定性一般是指证明的主体、对象、标准、主要程序、方法和手段,以及证明行为会产生的法律效果必须由法律规定。

二、证明对象

证明对象是指在诉讼中需要由证明主体运用证据加以证明的案件事实,即待证事实,包括在启动诉讼之前已经发生或者存在的案件实体事实,也包括在诉讼过程中发生的程序事实[1]。司法机关和当事人只有通过调查研究,收集各种证据资料,运用证据进行推理和判断,才能客观全面地查明这些已发生或已存在的事实。

证明对象具有以下四个特征[2]:① 证明对象与当事人的主张相联系。在诉讼过程中,当事人会向法院主张自己的请求,并根据自己主张的请求指出相应的事实,此时,当事人应当对自己所主张的事实承担证明责任。② 证明对象与证明责任相联系。证明对象在获得确证之前处于真假不明的未决状态,为了改变这一未决状态,法律规定把证明责任分配给当事人一方,若无法证明则需承担败诉的风险。③ 证明对象是指需要证

---

[1] 殷宪龙,李继刚.证据法学[M].北京:法律出版社,2014:188.
[2] 樊崇义.证据法学[M].6版.北京:法律出版社,2017:259-260.

据证明的待证事实。④ 证明对象是法律规范所确定的要件事实。所谓要件事实,是指判决、裁定或决定依法成立所必需的事实,包括法律确定的实体要件事实和法律规范规定的程序要件事实。

1. 刑事诉讼的证明对象

刑事诉讼的证明对象一般包括:

(1) 被指控犯罪行为构成要件事实;

(2) 各种量刑情节事实;

(3) 排除行为的违法性、可罚性和行为人刑事责任的事实;

(4) 程序事实。

2. 民事诉讼的证明对象

民事诉讼的证明对象一般包括:

(1) 民事法律关系发生、变更、消灭的事实;

(2) 当事人之间因民事权利义务的享有、履行而发生纠纷,最后诉诸法院的事实;

(3) 当事人主张的民事诉讼程序事实;

(4) 外国法律是否存在和有效的事实。

3. 行政诉讼的证明对象

行政诉讼的证明对象一般包括与被诉行政行为合法性和合理性有关的事实、与行政赔偿构成要件有关的事实和行政诉讼程序事实。《行政诉讼法》第6条规定了行政诉讼的实体证明要件,人民法院审查行政案件,对行政行为是否合法进行审查。第89条规定了程序要件,如"原判决、裁定认定事实清楚,适用法律、法规正确的,判决或者裁定驳回上诉,维持原判决、裁定"等。在《行政处罚法》《中华人民共和国国家赔偿法》(以下简称《国家赔偿法》)等法律规范中也规定了程序性的证明对象。

三、证明责任

证明责任是指诉讼主体应承担提出证据证明主张的案件事实成立或者有利于自己的主张的责任,否则将承担其主张不能成立的风险①。

---

① 樊崇义.证据法学[M].6版.北京:法律出版社,2017:270.

(一) 刑事诉讼中证明责任的承担

刑事诉讼分为很多类型,而其证明责任的承担主要有以下四种。

(1) 公诉案件的证明责任由检察机关承担。在公诉案件中,检察机关承担着控诉职能,为了使检察机关能有效行使其职能,国家赋予了检察机关审查起诉的职责,并要求检察机关决定提起公诉必须满足犯罪事实清楚、证据确实充分的条件,否则法院将作出无罪判决。

(2) 自诉案件的证明责任由自诉人承担。根据《刑事诉讼法》,自诉人向法院提出控诉,必须提供证据。

(3) 犯罪嫌疑人和被告人一般不承担证明责任,特殊罪名除外,如国家工作人员的财产、巨额财产来源不明罪等,可责令该国家工作人员说明来源,不能说明来源的,以非法所得论,处五年以下有期徒刑或者拘役;差额特别巨大的,处五年以上十年以下有期徒刑。

(4) 人民法院不承担证明责任。

(二) 民事诉讼中证明责任的承担

《民事诉讼法》第64条规定,当事人对自己提出的主张,有责任提供证据;当事人及其诉讼代理人因客观原因不能自行收集的证据,或者人民法院认为审理案件需要的证据,人民法院应当调查收集。《最高人民法院关于民事诉讼证据的若干规定》也具体明确地对民事诉讼中的证明责任进行了规定。根据相关法律的规定,在民事诉讼中,证明责任一般遵守"谁主张,谁举证"的原则。但有例外的规定,即举证责任倒置,如《最高人民法院关于民事诉讼证据的若干规定》第4条规定了应该承担举证责任的侵权诉讼:因新产品制造方法发明专利引起的专利侵权诉讼,由制造同样产品的单位或个人对产品制造方法不同于专利方法承担举证责任。此外,人民法院可以依职权调查收集证据,根据法律的规定,对于当事人存在客观原因不能自行收集的证据可以申请法院调查收集证据。

(三) 行政诉讼中证明责任的承担

《行政诉讼法》第34条规定,被告对作出的行政行为负有举证责任,应当提供作出该行政行为的证据和所依据的规范性文件。由此可知,在行政诉讼中,举证责任一般是由被告承担。

虽然举证责任由被告承担,但不等于原告就不需要向法院提供任何证据。根据《行政诉讼法》第 38 条,在起诉被告不履行法定职责的案件中,原告应当提供其向被告提出申请的证据。但有下列情形之一的除外:① 被告应当依职权主动履行法定职责的;② 原告因正当理由不能提供证据的。在行政赔偿、补偿的案件中,原告应当对行政行为造成的损害提供证据。因被告的原因导致原告无法举证的,由被告承担举证责任。由此可知,原告对程序法事实承担举证责任,对实体法事实的举证责任主要针对行政赔偿中的损害事实,此外,原告向人民法院起诉时主要对起诉符合法定条件承担举证责任[①]。

四、证明标准

证明标准又称证明要求、证明任务,是指法官在诉讼中认定案件事实所要达到的证明程度。证明标准是法律规定的,是对证明活动的结果加以评价和衡量的尺度,当达到法定的证明标准,所欲证明的待证事实即可得到认定,并由此产生积极的法律效果。

(1) 刑事诉讼法对证明标准的规定。《刑事诉讼法》第 200 条规定,在被告人最后陈述后,审判长宣布休庭,合议庭进行评议,根据已经查明的事实、证据和有关的法律规定,作出判决。刑事诉讼规定的证明标准是:案件事实清楚,证据确实、充分。同时,《刑事诉讼法》第 55 条第 2 款规定,证据确实、充分,应当符合以下条件:① 定罪量刑的事实都有证据证明;② 据以定案的证据均经法定程序查证属实;③ 综合全案证据,对所认定事实已排除合理怀疑。

(2) 民事诉讼法对证明标准的规定。《民事诉讼法》第 170 条规定,第二审人民法院对上诉案件,经过审理,原判决、裁定认定事实清楚,适用法律正确,以判决、裁定方式驳回上诉,维持原判决、裁定。由此可知,事实清楚,证据充分便是民事诉讼的证明标准。

(3) 行政诉讼法对证明标准的规定。《行政诉讼法》第 89 条规定,人民法院审理上诉案件,原判决、裁定认定事实清楚,适用法律、法规正确的,判决或者裁定驳回上诉,维持原判决、裁定。由此可知,行政诉讼法的

---

① 樊崇义.证据法学[M].6 版.北京:法律出版社,2017:271.

证明标准也是事实清楚,证据确实、充分。

  因此,我国刑事诉讼、民事诉讼与行政诉讼对于证明标准的规定是相同的,即案件事实清楚、证据确实充分。实行统一的证明标准,表明我国对于案件的审查与对案件事实证明程度的要求相同。

下 篇
庭审 N+1 实训课程之模拟法庭实训

第六章 实训主体角色教学

第一节 法　　官

一、法官角色概述

(一) 法官的概念和特征

我国的法官制度从设立到今天,经历了漫长的历史进程,关于法官的概念,《中华人民共和国法官法》(以下简称《法官法》)第2条作出了如下定义:法官是依法行使国家审判权的审判人员,包括最高人民法院、地方各级人民法院和军事法院等专门人民法院的院长、副院长、审判委员会委员、庭长、副庭长和审判员。根据上述定义,我们可以从以下三点具体理解法官的概念:① 法官所指的范围不仅包括审判人员,还包括人民法院的院长、副院长、审判委员会委员、庭长和副庭长。② 人民陪审员不是法官。根据《中华人民共和国人民陪审员法》(以下简称《陪审员法》)第2条,人民陪审员依照本法产生,依法参加人民法院的审判活动,除法律另有规定外,同法官有同等权利。③ 助理审判员不属于法官。2019年新修订的《法官法》将助理审判员排除在法官范围之外。

对于法官的概念,我们可以从多个角度去理解。就法治运行的人力基础而言,法官是司法体制中最核心的部分;就法治运行的社会价值而言,法官是秩序和公正最具权威的维护者;就法治运行的社会作用而言,法官是社会正义最后一道防线的守门人;就法治运行的社会地位而言,法官是崇高的、最受尊敬的、维护法治的专门家①。总的来说,法官是代表国家行使国家审判权以解决纠纷、稳定社会秩序的中立裁判者②。

法官具有审判权,代表国家有效地解决社会纠纷,确保社会秩序的正常运行。从这一角度来看,法官具有以下6个特征。

1. 专属性

法官具有审判权,依据法定的职权和程序,运用法律解决社会纠纷,而这种审判权是国家权力体系中重要的组成部分,具有专属性。这种专属性表现在我国审判权由司法机关享有,其他机关和组织不享有审判权。同时,审判权对纠纷的处理具有终局性。法官行使了审判权后,依法作出的判决或裁定一旦生效便对纠纷具有终局作用,纠纷应得以平息,其他任何机关或者个人不得对判决或裁定结果作出改变。

2. 权威性

法官的权威性,即司法权威,是指法官所作的判决或裁定结果具有公信力。法官代表国家行使审判权,司法权被认为是解决纷争、保障社会公平正义的最后一道防线,而维护司法权威是司法权得以实现的有力保障。树立司法权威,首先,要求司法的过程及司法的结果体现公正性,这是司法权威的核心③。司法权威的树立是通过严格的司法程序和规范的司法行为实现的。其次,司法权威的树立需要保证判决或裁定结果得到及时有效的执行。故此,法官的判决具有权威,司法裁判得到执行,司法便具有了公信力,同时法律也就具有了权威。丧失了权威的司法权,也就没有了其本身存在的价值。

3. 独立性

法官的独立性是指法官依法独立行使司法权,法官进行的司法活动不受任何外部干涉。《法官法》第7条规定,法官依法履行职责,受法律保护,不受行政、社会团体和个人的干涉。法官的独立性充分体现在法官在对案件作出判决的过程中不得受其他个人、组织以及行政机关的干涉,以

---

① 中国法官管理制度改革研究课题组.中国法官管理制度改革研究[J].政治与法律.1999(4):23.
② 谭世贵.中国法官制度研究[M].北京:法律出版社,2009:16-17.
③ 李建波.司法文化若干问题研究[D].海口:海南大学,2009.

保证作出的判决体现法官的个人决策。法官的独立性是保证司法公正的前提条件,法官只有在不受干涉的情形下,才能作出正确的判决结果,实现结果正义和程序正义。

4. 中立性

法官具有中立性是指法官的态度中立,即法官在处理案件时,应当以客观的心态对待案件,不掺杂任何私人感情,以中立的态度审理案件,以便最终得出公正的判决结果。法官的中立性与独立性相关联,二者都要求法官在不受外界干扰的情况下依法作出合理的判决。

5. 公正性

法官的公正性是指法官的审判活动应坚持公正原则,法官作出的审判结果应体现公平正义。如果说法院是社会正义的最后一道防线,那么法官便是这道防线的守门人[1]。公平正义是法治社会的目标和价值追求,法官正确行使审判权是实现公平正义的有力保障[2]。

6. 被动性

法官的被动性是坚持"不告不理"原则的体现,法官不能主动介入社会纠纷中,必须在当事人向法院提起诉讼后,才能依法介入解决争议。法官拥有的是司法权,而司法权区别于行政权,行政权要求行政机关主动积极地干预人们的生活,而司法权则充分表现出了被动性,即在没人向法院提出要求希望其介入案件以解决争议时,法院不得主动审理案件。

(二) 法官的权利、义务和职责

1. 法官的权利

法官的权利是指法律赋予法官的在任职期间能够作出或不作出一定行为,并要求他人作出或不作出一定行为的力量、资格或者自由。《法官法》第8条规定了法官享有的权利,具体有:① 履行法官职责应当具有的职权和工作条件;② 非因法定事由、非经法定程序,不被调离、免职、降职、辞退或者处分;③ 履行法官职责应当享有的职业保障和福利待遇;④ 人身、财产和住所安全受法律保护;⑤ 提出申诉或者控告;⑥ 法律规定的其他权利。法律对法官权利的规定,有利于法官依法维护自己的合

---

[1] 肖扬.当代司法体制[M].北京:中国政法大学出版社,1998:52.
[2] 栾广焰,杨武.审判权公正行使之研究[J].活力,2012(16):54.

法权益,同时也能更有效地保证法官承担自己所应担负的职责。法律对法官权利的规定,有利于法官依法维护自己的合法权益,同时也能更有效地保证法官承担自己所应担负的职责。

为确保法官有效实现自己的权利,法律还规定了相应的保障机制。《法官法》第7章规定了法官的职业保障,其中第52条规定,人民法院设立法官权益保障委员会,维护法官合法权益,保障法官依法履行职责。同时,针对权利的侵害,《法官法》第64条赋予了法官控告的权利,即对于国家机关及其工作人员侵犯法官权利的行为,法官有权提出控告。而对法官处分或者人事处理错误的,应当及时予以纠正;造成名誉损害的,应当恢复名誉、消除影响、赔礼道歉;造成经济损失的,应当赔偿;对打击报复的直接责任人员,应当依法追究其责任。

法官的权利体现了对法官职务的保障,法官依据法律的规定行使自己的权利,能保证自身的合法权益得到保障,也能据此不受来自任何方面、出于任何原因的直接或间接的限制、影响,依法独立、公正地对案件进行裁判,履行自身职责。

2. 法官的义务

法官的义务是指法律对法官必须作出的或禁止作出的行为的规定,如果法官不遵守这些规定就必须承担相应的法律责任。《法官法》第10条规定,法官应当履行下列义务:① 严格遵守宪法和法律;② 秉公办案,不得徇私枉法;③ 依法保障当事人和其他诉讼参与人的诉讼权利;④ 维护国家利益、社会公共利益,维护个人和组织的合法权益;⑤ 保守国家秘密和审判工作秘密,对履行职责中知悉的商业秘密和个人隐私予以保密;⑥ 依法接受法律监督和人民群众监督;⑦ 通过依法办理案件以案释法,增强全民法治观念,推进法治社会建设;⑧ 法律规定的其他义务。

此外,《法官法》第46条还规定了应当给予处分的法官行为,构成犯罪的,依法追究刑事责任,包括:① 贪污受贿、徇私舞弊、枉法裁判;② 隐瞒、伪造、变造、故意损毁证据、案件材料;③ 泄露国家秘密、审判工作秘密、商业秘密或者个人隐私;④ 故意违反法律法规办理案件;⑤ 因重大过失导致裁判结果错误并造成严重后果;⑥ 拖延办案、贻误工作;

⑦ 利用职权为自己或者他人谋取私利；⑧ 接受当事人及其代理人利益输送，或者违反有关规定会见当事人及其代理人；⑨ 违反有关规定从事或者参与营利性活动，在企业或者其他营利性组织中兼任职务；⑩ 其他违纪违法行为。

法官在依法代表国家行使审判权时，既拥有一定权利，也应当履行一定义务。国家审判权的实现依靠法官充分有效地履行其职责，而对法官权利和义务的规定则是法官履行职责的重要保障。我国法律根据"权利与义务相对应"原则对法官的权利和义务作了规定，体现了对法官依法公正审理案件的保障，也体现了对法官自身权益的保障。

3. 法官的职责

（1）审判职责。法官代表国家依法行使审判权，依法参加合议庭审判或者独任审判案件，这是法官的核心职责。法官的审判职责包括很多方面，主要有：① 依法参加合议庭审判刑事案件、民事案件、行政案件、选民资格案件、涉外案件，以及上诉、抗诉的案件和再审案件与死刑复核案件；② 依法独任审判案件，包括第一审的刑事自诉案件和其他轻微刑事案件，基层法院和它派出的人民法庭审判的简单民事案件和经济纠纷案件，以及适用特别程序审理的案件（除选民资格案件和重大疑难案件外）；③ 依法决定刑事赔偿，以及公民、法人和其他组织就人民法院在民事诉讼、行政诉讼或执行过程中侵犯其合法权益造成的损害提起的赔偿案件；④ 依法裁定采取诉前保全或者先予执行措施、诉讼保全措施，并在财产保全中，依法决定采取查封、扣押、冻结或者法律规定的其他措施；⑤ 解决管辖争议；⑥ 依法审查决定是否立案；⑦ 依法参加合议庭审判减刑、假释案件；⑧ 依法办理引渡、司法协助等案件。

法官肩负着解决社会纠纷、稳定社会秩序的重任，因此要慎重地，严格按照法定职权和法定程序行使其审判职能。根据全国人大内务司法委员会副主任委员王胜明在第十二届全国人民代表大会常务委员会第二十九次会议上作出的关于《中华人民共和国人民法院组织法（修订草案）》的说明，人民法院的任务是通过行使审判权，惩罚犯罪，解决纠纷，保护自然人、法人和非法人组织的合法权益，监督行政机关依法行使职权，维护国家安全和社会秩序，维护社会公平正义，维护国家法制的统一、尊严、权威。而法官作为法院中的核心人物,依法履行审判职能是实现人民法院任务的唯一途径。

(2)其他法定职责。法官的其他法定职责是指法律规定法官具有的除审判职能外的其他职能:① 提出司法建议。司法建议一般是人民法院行使审判权时,对与案件有关但不属于人民法院审判工作解决范围的一些问题,向有关单位和个人提出的合理化建议,其目的在于促使有关单位填补漏洞、改进工作、完善制度、消除不利因素①。作为一项中国特色的司法制度,司法建议近年来被视为践行主流话语的重要举措而被积极倡导②。法官提出司法建议,有利于促使有关单位加强管理、改进工作。② 指导调解结案。法院调解是指在人民法院审判人员的主持下,双方当事人通过自愿协商,达成协议,解决民事争议的活动和结案方式。由于这种调解是在诉讼中进行的,故也被称为"诉讼调解"或"诉讼上的调解"③。根据《民事诉讼法》和《中华人民共和国人民法院组织法》(以下简称《人民法院组织法》)的规定,指导调解结案是法院、法官的职能之一。鉴于历史原因以及我国国情,我国法官在司法实践中不仅要履行审判职能,还要履行调解职责。

(3)领导型法官的职责。领导型法官的职务职责是指法院院长、副院长、审判委员会委员、庭长、副庭长除履行审判职责外,还应当履行的与其职务相适应的职责。可以将上述领导型法官分成三类:① 院长、副院长。院长是人民法院工作的主要领导者,其职责主要包括主持本院审判委员会会议、决定与审判工作有关的事项等。副院长的职责是协助院长工作。② 审判委员会委员。审判委员会是人民法院内部对审判工作实行集体领导的组织形式,其主要任务是总结审判经验,讨论重大的或者疑难的案件和其他有关审判工作的问题。③ 庭长和副庭长。庭长是主持审判庭工作的负责人,受本院院长领导,并向院长负责和报告工作,其职责是主持本庭的全面工作,保证全庭审判任务的圆满完成④。具体说来,

---

① 林莉红.行政诉讼法学[M].3版.武汉:武汉大学出版社,2009:245.
② 刘箭.审判中心视野下的司法建议制度[J].法学杂志,2017(6):118.
③ 张卫平.民事诉讼法[M].北京:法律出版社,2004:281.
④ 兰世民,兰馨,缪新森.法院分案若干问题研究[J].法律适用,2012(6):95-100.

庭长除依法履行《法官法》第 8 条所规定的职责外,还应当履行下列职责:
① 主持全庭的审判工作;② 领导本庭的日常行政工作;③ 法律规定的其他职责;如审核本庭的法律文书等。副庭长协助庭长工作。

二、中国法官制度的反思

(一) 法官在诉讼中的角色定位

法官最基本、最核心的职责是审判案件,即依法参加合议庭审判或者独任审判案件。在诉讼程序中,法官主要作为纠纷的裁判者参与案件的审理,代表国家行使审判权以解决社会纠纷是法官的本质。

1. 纠纷的裁判者

随着社会的发展,纠纷解决机制也在发生着变化。在国家出现之前,纠纷的解决途径是私力救济,如古代的决斗等。随着国家的建立,司法这一纠纷解决机制得以产生、发展。司法的有效运行和实施依靠法院,因而法院具有解决纠纷的功能;法院的运作主体正是法官,因此,法官就成了解决纠纷的裁判者。

2. 纠纷的调解者

纠纷的调解者和纠纷的裁判者不同,裁判是指法官运用法律规则审理案件,以求最终得到一个公正的裁判结果,而纠纷的调解是指在法官的协调下,纠纷双方当事人通过协调的方式解决争议,而不进入诉讼程序。从历史角度出发,在我国几千年的发展进程中,儒家思想占据了主要地位,而儒家思想追求的是"无讼"社会。"无讼"一词源自孔子语:"听讼,吾犹人也,必也使无讼乎。"意思是我审判案件和别人没有什么不同,但是我的目标在于使人们不争讼,即要实现人与人之间和谐相处,发生冲突时通过协商解决的愿景。"无讼"是中国历史上很有影响的诉讼观念,对现今社会也有广泛影响。我国的法院调解制度和诉讼程序的联系十分密切,法官在同一起案件中可能扮演调解者和审判者的双重角色。一方面,作为调解者,法官只能帮助双方当事人澄清争议中的实质性问题,搞清案件的基本事实,并向双方传递与案件有关的法律信息,同时对双方当事人进行疏导,安抚双方的对立情绪,消除双方的分歧,并通过引导当事人就解决争议的方案进行协商或向双方提示解决争议的方案,促使当事人达成调解协议①;另一方面,作为审判者,法官有权利对当事人之间达成的调解协议作出批准或拒绝批准的决定,并在调解无效时作出裁判。

(二) 法官在社会中的角色定位

1. 法律的捍卫者

在现代社会和政治环境下,法官要做法律的信仰者和捍卫者。现代法官应当具有忠于法律的信念,这样的信念使法官的社会角色和社会功能得到合理定位。在现代法治国家的建设中,法官行使司法权,同时兼具一定的政治职能。在一定意义上讲,法治就是法律家共同体之治②。真正的法官,是法律忠实的信仰者和坚定不移的捍卫者,以对人民高度负责的态度,秉公执法,时刻保持清醒的政治头脑,透过表象洞察本质,思考问题,处理问题。在履行审判职能时,法官应牢固树立大局观念,确保审判工作顺利开展,实现审判工作的法律效果、政治效果和社会效果的有机统一。同时,法官需要不断地学习,注重运用理论指导实践,提高分析解决问题的能力,增强工作的原则性、预见性和创造性。因此,法官作为法律的捍卫者,需要对党负责,对审判事业负责,对个人前途负责,对家庭负责,严格要求自己,坚持廉洁自律,做到权为民所用、利为民所谋,真正做到两袖清风、一身正气。

2. 生活方式的引导者

随着社会的发展,民众法治意识不断增强,人们会关注法官是否依法判案,案件的判决结果是否体现了公平、伸张了正义。也正是因为人们对法律热点事件给予的关注,法官在社会中扮演的角色才愈发重要。在法治社会,法官具有较高的社会地位,充当着人们生活方式的引导者。通常情况下,人们不太懂得法律专业术语,但却能知晓热点案件,通过法官对案件的审理,人们可以了解相关法律规定,解读国家意志以及国家政策。更为重要的是,判决可以对民众的行为和道德观念作进一步修正,甚至对某些不堪的思想进行重塑。同时,从法律层面来说,法官对热点事件作出的判决,对今后的判决也起到一定的引导作用。

---

① 毕玉谦,谭秋桂,杨路.民事诉讼研究及立法论证[M].北京:人民法院出版社,2006:219.

② 孙笑侠.法的现象与观念[M].济南:山东人民出版社,2001:267.

第二节 检 察 官

一、检察官角色概述

(一) 检察官的性质

关于检察官的性质,西方国家一般把它放在立法、司法(审判)、行政"三权分立"的体制下来认识。在"三权分立"的形式下,检察权不是一项独立的、基本的国家权力,不是附属于行政权,便是附属于司法权,因此,关于检察官的职业定位主要形成了行政官说和准司法官说两种不同的观点[①]。行政官说指检察机关被定性为行政机关,检察官是行政机关的公务员,检察官必须服从和尊重主管首长和上级检察机关的命令。准司法官说指检察机关属于司法机关的序列,检察官派驻法院内工作,检察官被认为是"站着的法官",属于准司法官。

1995年2月28日八届全国人大常委会第十二次会议通过了《中华人民共和国检察官法》。经过2001年和2017年的两次修正,2019年4月23日第十三届全国人民代表大会常务委员会第十次修订通过了《中华人民共和国检察官法》(以下简称"新《检察官法》"),已于2019年10月1日起正式施行。根据我国现行新《检察官法》第2条的规定,检察官是依法行使国家检察权的检察人员,包括最高人民检察院、地方各级人民检察院和军事检察院等专门人民检察院的检察长、副检察长、检察委员会委员和检察员。透过法律具体明确的定义,着重强调了检察官是依法行使检察权的国家公职人员,真正使检察官在合法范围内行使职权,真正做到有权不任性、放权不放任、用权受监督。

我国检察权的性质应从检察权的内涵和我国的政体来分析。我国实行的是人民代表大会制度,检察权是因国家权力机关的授权而产生的一种权力,它是独立于行政权和审判权的国家法律监督权。在人民代表大

[①] 田先纲.我国检察官的性质、职业特点及其职权配置的再思考[J].上海大学学报(社会科学版),2007(2):127-131.

会制度下,检察机关独立于行政机关和审判机关,是国家专门的法律监督机关。检察权作为一种国家权力,其独立性就在于它的法律监督功能。因此,我国的检察官具有独立性,既不是行政官,也不是审判官,而是法律监督官员,是专门维护法律的统一和正确实施的官员①。检察官必须忠实执行宪法和法律,全心全意为人民服务、勤勉尽责、清正廉洁、恪守职业道德。检察官依法履行职责,受法律保护。

(二) 检察官的职责、义务及权利

1. 检察官的职责

新《检察官法》第 7 条明确规定了检察官的职责:① 对法律规定由人民检察院直接受理的刑事案件进行侦查。主要是指人民检察院对所管辖的刑事案件决定立案后,依照法律进行专门调查工作和执行有关强制性措施②。② 对刑事案件进行审查逮捕、审查起诉,代表国家进行公诉。检察院是依法具有刑事追诉权的国家专门机关,检察官代表国家主动对刑事犯罪分子提起诉讼,要求审判机关对其进行审判。③ 开展公益诉讼工作。作为新《检察官法》的一大亮点,增加了开展公益诉讼工作,是全面贯彻实施修改后的民事诉讼法、行政诉讼法及英雄烈士保护法的需要,此三部法律均明确规定了检察机关提起公益诉讼的职权。故检察官作为国家利益和社会公共利益的代表,依法履行公益诉讼检察职责是应有之义。④ 开展对刑事、民事、行政诉讼活动的监督工作。首次在法律上明确"四大检察"职能,切实顺应人民群众的需求,着力为人民群众提供内涵更丰富、更优质的法治产品、检察产品,有效落实对权利的司法保障、对权力的司法监督要求,不断加强和改进诉讼监督工作,是检察机关义不容辞的监督责任。⑤ 法律规定的其他职责。与此同时,规定检察官对其职权范围内就案件作出的决定负责。该条款是吸收司法责任制改革的成果,也是"谁办案谁负责、谁决定谁负责"原则的直接体现。

---

① 田先纲.我国检察官的性质、职业特点及其职权配置的再思考[J].上海大学学报(社会科学版),2007(2):127-131.

② 王岚.谈检察官的职责及培养中应注意的几个问题[J].中央检察官管理学院学报,1995(3):8-11.

2. 检察官的义务

在刑事诉讼中,为了发现案件的真实情况,检察官不应站在当事人的立场,而应当站在客观立场上进行活动①。检察官的客观义务在大陆法系国家和英美法系国家都有一定程度的体现。在我国强调检察官的客观义务,有其理论根据:① 落实和体现检察机关的宪法定位。宪法规定,检察机关是法律监督机关。法律监督机关不仅仅是一个执法者、司法者,还是一个监督者。监督者就要客观公正。这就决定了检察官无论是办案还是履行其他职责,都要秉持客观公正的立场。② 落实和体现检察官的职业特色。检察官依法行使国家检察权,代表国家进行公诉,不是诉讼一方当事人,还承担着一个"护法者"的职责,有确保司法公正的义务。检察官无论是出庭公诉,还是履行其他职责,都要有一个监督职责在里面。这就是说,检察官不能只代表某一方的当事人,应当客观公正行使职权,全面客观收集和审查证据,避免当事人主义和单纯追诉的立场,做到客观公正。③ 落实和体现联合国《关于检察官作用的准则》的精神。该《准则》第13条明确规定,检察官必须不偏不倚、客观公正地行使职权。客观公正义务是各国检察官通用的一个准则。

新《检察官法》在第10条中对检察官的义务增加了三项:① 依法保障当事人和其他诉讼参与人的诉讼权利。尊重和保障人权已经载入《宪法》,成为我国《宪法》的一项重要原则,是社会主义民主的本质要求,而依宪治国是落实依法治国的重点与关键。尊重和保障人权是《刑事诉讼法》的重要内容之一,而检察官是刑事诉讼活动中不可或缺的一部分。检察官在办理刑事案件时尊重和保障人权,能最大限度地保护案件双方当事人的合法权益,能确保每个案件的参与人都能感受到公平正义,确保没有冤假错案的发生。② 对履行职责中知悉的商业秘密和个人隐私予以保密。此款新增规定更加注重对检察官对于商业秘密和个人隐私的保护,是时代需求,亦是保护意识的规范。③ 通过依法办理案件以案释法,增强全民法治观念,推进法治社会建设。推行以案释法,目的在于通过对社会关注程度高、与群众联系密切的案件予以诠释,使人民增强自身的法治

---

① 松本一郎,郭布,罗润麒.检察官的客观义务[J].环球法律评论,1980(2):49-52.

观念,明白守法是公民应尽的义务,立足依法治国背景,推行法治社会建设。

3. 检察官的权利①

新《检察官法》第11条规定了检察官的权利。此处重点介绍主诉检察官制度,即检察官在检察长、检察委员会的领导下,依照法律和有关规定,在审查起诉、出庭支持公诉工作中,独立处理检察事务并承担相应责任的一种办案制度。主诉检察官接受审查起诉部门负责人或检察长的指派,对某一特定案件进行依法审查时应享有下列权利。

(1) 审查起诉事宜的决定权。具体包括下列权利:① 补充侦查决定权。对于证据不足、事实不清的案件,有权决定退回或自行补充侦查。必要时可以决定要求公安机关办案人员协助。② 补充移送起诉决定权。③ 辩护律师会见在押犯罪嫌疑人和查阅、摘抄、复制诉讼文书决定权。④ 重新鉴定决定权。⑤ 起诉决定权。⑥ 适用普通程序或简易程序和在庭审中简易程序改用普通程序决定建议权。

(2) 提请上级决定、讨论、请示事项的决定权。根据《最高人民检察院办公厅关于在审查起诉部门全面推行主诉检察官办案责任制的工作方案》第4条的规定,主诉检察官承办案件时,对于法律明确规定应当由检察长、检察委员会行使的职权,以及检察长、检察委员会认为应由其行使的职权,应当提出意见,报请检察长决定。具体包括下列事项:① 需要采取、变更、撤销逮捕措施的;② 需要改变管辖的;③ 拟作不起诉决定的;④ 变更起诉的;⑤ 决定抗诉、撤回抗诉的;⑥ 需要对有关单位提出书面纠正违法意见或者检察建议的;⑦ 下级人民检察院书面请示和公安机关提请复议、复核的案件中需要检察长决定的事项;⑧ 上级交办的案件以及本地区有重大影响的案件中需要检察长决定的事项。主诉检察官应当对案件事实、证据的认定负责,并且必须详细说明提请理由和自己的意见,检察长或者检察委员会对所作的决定负责,并有权要求主诉检察官认真执行。

(3) 庭上处置权。在出庭支持公诉的情况中,主诉检察官应当对庭

---

① 张慧民,孙自芳.确认主诉检察官的权利与责任是主诉检察官制度的核心[J].河北法学,1999(6):57-58.

上发生的情况迅速做出反应,如在认可被告人、辩护人和新的证人提交的法庭证据以及同意辩护人提出的辩护主张时,检察官必须享有处置的权利,当庭做出处置决定。主诉检察官的庭上处置权还体现在对法庭审判活动的监督中,当发现审判活动存在违法行为时,其有权及时向法庭提出纠正意见,并监督法庭依法改正。主诉检察官对其处置结果负责,并依法签发所有根据自身权利做出的法律文书。此外,新《检察官法》第11条中将原有的"获得劳动报酬,享受保险、福利待遇"变为"履行检察官职责应当享有的职业保障和福利待遇",一方面注重保护检察官作为国家公职人员所享有的职业保障权利,另一方面权责观念明确,将履行职责与享有职业保障、福利待遇相挂钩。

二、中国检察官制度的反思

(一)检察官角色的定位

我国检察官制度改革的重点应当放在检察官的司法官化上,一是出于对检察官自身的道德素养与理想品格的要求,二是对实践探索的需要。其实,检察官、法律监督官和司法官三个概念都指向同样的实质内容。对我国而言,应当坚持"大司法"理论框架下的检察官司法官化道路,唯有此路径才能对司法官"公正、客观、理性、独立"的角色定位予以司法回归[1]。

对检察官角色的精准定位有助于检察官队伍的良好发展。首先,检察官在宪法定位上指法律监督官。《宪法》将检察官定位为法律监督官,新《检察官法》第7条中也提出检察官的职责为开展对刑事、民事、行政诉讼活动的监督工作,由此可见,法律监督是检察官的本质内涵,具备独立性。但是,《宪法》并未对检察官的行政和司法的双重属性作出否认。另外,在我国法律体系中(包括法律、法规及规章)都将检察官定义为司法官,我国《刑法》《刑事诉讼法》《治安管理处罚法》《行政处罚法》等法律、法规、规章中多处涉及检察官,从这些条文的规定来看,检察官的角色定位都是司法官。

无论是法律监督官、司法官,或是其他称呼,都无法偏离检察官角色

---

[1] 刘万丽,黄在国.我国检察官角色定位问题研究[J].中州学刊,2013(11):51-55.

中的内涵,包括理性、公正、客观及独立。因而,考虑我国对于检察官的定位,并不能够简单地考虑单一因素,而是应该坚持多因素综合考虑。从检察官的权能而言,如何在处理案件的过程中,做到独立、理性,都是其公平、客观处理案件的必要逻辑前提。在"大司法"框架下,坚持检察官的司法官化道路,需要切实构建和完善制度,透过现象观察本质,培育检察官的优秀司法品格。

(二) 检察官遴选制度的建构

遴选是检察官制度的重要组成部分。我国早期在遴选检察官时,对政治素养的考察尤为重视[1]。随着社会主义法治建设的逐步推进,检察官遴选制度的建构也必然成为司法改革的重要内容。尽管检察官队伍的人数不断激增,但截至目前,我国检察官的招录和管理仍遵循国家行政机关统一的招考模式与机制,并未就本职业形成符合自身特点的晋升遴选等管理机制。在司法改革的时代背景驱动下,"案多人少"已成为常态,对司法职业者的要求越来越高,形成了司法精英化的趋势,但是,检察官人均办案量持续上升,部分从业者在工作几年后,便会辞职从事律师行业或跳槽到其他行业。因此,为应对凸显的矛盾,就亟须构建独具自身特色、科学合理的遴选晋升机制及管理制度。目前,我国检察官遴选面对诸多现实困境:① 大多以助理检察官一职进行遴选,未进行明确的分类,为构建正规化的机制设置了障碍;② 遴选的标准及条件并未达到清晰化特征;③ 遴选的程序机制,仍未实现完全公开化、透明化。

解决现实困境,首先需要从制度角度进行建构。检察官遴选制度的建构是一项全局性工作,其建构应当从严格的检察官准入机制着手,通过设置专职性的遴选机构、设计科学合理的遴选程序、扩大初任检察官的遴选范围、推进逐级遴选的常态化以及加大对法律知识的考察力度等手段,保证遴选结果符合司法需要[2]。同时,检察官遴选工作还应当站在全局高度,统筹协调不同级别检察机关之间的关系,保证各级检察机关的工作

---

[1] 安徽省淮南市人民检察院课题组.检察官遴选制度的现实困境与理想构建[A]//胡卫列,董桂文,韩大元.人民检察院组织法与检察官法修改——第十二届国家高级检察官论文集[C].中国检察出版社,2016:15.

[2] 张慧民,孙自芳.确认主诉检察官的权利与责任是主诉检察官制度的核心[J].河北法学,1999(6):57-58.

有效开展,并辅以检察官员额制、检察人员分类管理制度等配套性改革措施,充分保障我国检察官遴选制度的全面创设①。

第三节 律 师

一、律师角色概述
(一)律师角色的性质
律师以法律为职业,运用特殊的专业技巧和特有的思维方式开展工作②,在全力以赴建设法治国家的今天,律师这一角色是无法替代的。正如有的学者所言:"一方面律师为政府、个人、企业及其他组织防范法律风险提供帮助,另一方面在法律难题发生时,他们又为解决这些难题提供帮助,而其根本宗旨则在于保障实体权利、自由和程序正义的实现。"③同时,律师也是法治理念的宣传者和推广者。律师在帮助当事人解决纠纷的过程中,积极向当事人及社会公众普及法律知识,树立法律信仰④。律师通过向社会公众解析和宣传法律,使人们树立法治理念,在遭遇纠纷时懂得用法律来维护自身权益,相信法律、信仰法律进而崇拜法律。

1. 律师是文化人
曾有学者精辟地概括道:"要做一流的律师,首先必须成为一流学者"⑤,换言之,律师要想出类拔萃,就必须有丰富的文化底蕴。正如米尔思所言:"一个律师若不具有文学方面的意识,他头脑里没有贮存下伟大文学遗产之宝藏并且能够自如地加以引用,那么,他就不可能成为伟大的辩护士。"⑥倘若没有对法文化精髓深刻的理解,何谈能够用简明扼要的语言来解释法律呢?因此,一名杰出的律师不仅仅是一个技术娴熟的技

---

① 周恒.中国检察官遴选制度探究[D].郑州:郑州大学,2016.
② 计银波.论我国律师角色的定位——兼谈我国律师执业权利的完善[D].武汉:华中科技大学,2009.
③ 孙艳华.法律职业化探微[J].法学论坛,2002(4):109.
④ 王凤民,刘新影.关于中国律师职业时代特征的思考[J].行政与法,2007(6):49.
⑤ 揭明.中国律师的角色探讨[J].律师世界,2000(2):44.
⑥ 米尔思.律师的艺术[M].刘同苏,侯君丽译.北京:中国政法大学出版社,1989:52.

工,更是一个满腹经纶、学富五车的学者。

2. 律师是理性的经济人

在之前的章节中,我们对法官和检察官的角色进行了定位,而律师的角色定位因为其具有明显的商业性而有所不同。在经济收入的来源方面,法官和检察官由国家给予固定收入,而律师则依靠自身实力获得经济收入。详而叙之,律师依靠自身实力获得应得的报酬,而其实力往往体现在是否能寻找到案源、是否能达到足够的业务量,因为律师的收入与其办理的业务量成正比。也即,律师会对案件的成本和收益进行精确衡量,选择更有利于自身收入的案件进行代理,从这一方面来说,律师类似商人。然而,不同于商人的是,律师取得收入的前提是对法律运用自如[①]。律师虽然在某种程度上类似商人,但律师却是理性的商人,因为法律是依靠人之理性创造出来的产物。法律有自己的理念和价值,它要求律师根据自身职业精神,对公平、正义、效益等价值关系进行反复的选择和排序,故律师不能如商人一般仅对成本和收益进行比较而做出选择。在某些情况下,律师在对公平、正义、效益等价值关系进行选择和排序时加入了对自身收益的考量,从而做出牺牲正义换取收益的决定。在短时间内,这一决定或许能增加自身收益,但从长远角度来看,该决定不利于律师的职业发展。律师会因自己的一时贪念而做出错误决定,从而被冠以"讼棍"的恶名,失去人们的尊敬与信任,进而阻碍其自身事业的发展。因此,理性的律师在处理金钱与尊严的关系之时会变得异常谨慎[②]。作为"经济人"的律师,是理性的计算者,只有律师和当事人之间维持一种"双赢"的局面才能够促进整个律师业的发展[③]。

3. 律师是政治人

从社会作用的角度分析律师角色可以知道,律师是我国全面实行依法治国、推进法治化进程的产物。具体可以从以下两个方面进行理解:① 要实现建设法治国家的目标,就必须有具备高素质的法律从业者——

---

① 计银波.论我国律师角色的定位——兼谈我国律师执业权利的完善[D].武汉:华中科技大学,2009.
② 计银波.论我国律师角色的定位——兼谈我国律师执业权利的完善[D].武汉:华中科技大学,2009.
③ 焦武峰.论法社会学视野中的律师角色[D].苏州:苏州大学,2004.

律师;② 专业化的律师加入政治家的行列无疑推动了社会法治文明的进程①。可以发现的是,在西方发达国家中的一些政客往往出身于律师,具备较高的法律素质和逻辑推理能力。正如江平教授所言,律师职业与政治最为接近。律师扮演好政治人的角色,参与社会、研究社会,善于发现目前社会中出现的一些问题,将对整个国家的政治方向、社会发展具有重大意义②。

(二) 中国律师职业的变迁

律师是随着社会的发展而产生的,社会是其成长的深厚土壤。在不同社会环境下,律师的角色定位各不相同。西方国家大多数将律师定位为自由职业者,强调律师执业的独立性,而我国对律师职业角色的定位,随着政治、经济、社会、文化的发展,经历了多次变迁③。

1. 国家法律工作者

1980年8月26日,全国人大常委会通过并颁布了《律师暂行条例》,其中规定:"律师是国家的法律工作者。"这是我国第一次以立法的形式对律师的角色进行定位。《律师暂行条例》的该条规定明确了律师与审判人员、检察人员具有同等法律地位,依法享有国家法律工作者应当享有的权利,在我国初期律师制度的建设进程中发挥着重要的扶持作用④。

2. 为社会服务的法律工作者

为了满足社会主义民主和法治国家的建设要求,律师除了是国家法律工作者之外,还应当承担相应的社会责任。司法部于1993年12月26日发布的《司法部关于深化律师改革的方案》(以下简称《律师改革方案》)第一部分对律师事务所及律师的工作改革的指导思想做出了规定:进一步解放思想,不再使用生产资料所有制模式和行政管理模式界定律师机构的性质,大力发展经过主管机关资格认定、不占国家编制和经费的自律性律师事务所;积极发展律师队伍,努力提高队伍素质,建立起适应社会主义市场经济体制和国际交往需要的,具有中国特色,实行自愿组

---

① 陈卫东.中国律师学[M].北京:中国人民大学出版社,2000:33.
② 计银波.论我国律师角色的定位——兼谈我国律师执业权利的完善[D].武汉:华中科技大学,2009.
③ 杨杰.律师的职业角色定位及其职责[D].济南:山东大学,2010.
④ 杨杰.律师的职业角色定位及其职责[D].济南:山东大学,2010.

合、自收自支、自我发展、自我约束的律师体制。同时,《律师改革方案》中规定了多形式、多层次的律师工作队伍,还就律师所应肩负的社会责任规定了"律师是为社会服务的专业法律工作者"。根据《律师改革方案》中的指导思想,我国在律师资格的授予制度、律师体系的管理制度、律师事务所的存在形式等方面均进行了大规模改革,同时,允许外国律师事务所在中国设立办事机构,也使国内律师制度与国际惯例相适应。基于此,在律师制度改革时期,改革前后的律师机构和律师人员数量发生了巨大变化,两者数量分别增长了近八九倍,满足了社会对律师的需求①。

3. 为社会提供法律服务的职业人员

我国第一部关于律师制度的法律是 1996 年 5 月 15 日颁布的《中华人民共和国律师法》[以下简称"《律师法》(1996)"]。《律师法》(1996)第 2 条规定:"本法所称的律师,是指依法取得律师执业证书,为社会提供法律服务的执业人员"。根据此项规定,我国在法律层面对律师的角色定位为为社会提供法律服务的职业人员,强调律师服务的对象是社会,而提供的服务仅限于法律服务。相较此前的规定,《律师法》(1996)对律师的角色定位突出了律师服务对象的社会性和职业的服务性,将其与其他职业区分开来②。

4. 为当事人提供法律服务的职业人员

我国于 2007 年修订了《律师法》,其中第 2 条规定:"本法所称律师,是指依法取得律师执业证书,接受委托或者指定,为当事人提供法律服务的执业人员。律师应当维护当事人合法权益,维护法律正确实施,维护社会公平和正义"。此后,《律师法》又经过了 2012 年、2017 年的两次修正,但其中对律师的定义未作改变。这一定义具体规定了律师是为当事人提供法律服务的职业人员并突出了律师"三个维护"的职业使命。相较于此前对律师的定义,现行规定中的定义不仅突出了律师的服务性,还细化地明确了律师的服务对象,即当事人而非其他人③。

---

① 计银波.论我国律师角色的定位——兼谈我国律师执业权利的完善[D].武汉:华中科技大学,2009.
② 李峰,丁娟,梁静.律师制度改革热点问题研究[M].北京:人民法院出版社,2004:78-90.
③ 张军英.律师道德伦理与社会正义[J].河北学刊,2013(5):158-161.

二、中国律师制度的反思

中国律师社会地位的现况是诸多因素共同影响和作用的产物。随着我国法治化建设和市场经济发展的不断加强,律师在社会中扮演着越来越重要的角色,承担着维护公平正义的社会责任。与其他社会职业相比,律师在社会中的地位优势不仅体现在经济方面,更多地体现在政治方面和社会方面[1]。因此,准确定义律师在社会制度中的地位及其发挥的作用十分必要。下面我们将从提高律师的政治地位、完善相关法律法规、优化律师队伍、保证律师的独立性和强化律师的社会性五个方面对完善中国律师制度进行反思。

(一) 提高律师的政治地位

伟大的法学家伯尔曼在其著作中论述道:"法律的历史性与法律具有高于政治权威的至高性这一概念相联系——所有西方国家,甚至在君主专制制度下,在某些重要方面,法律高于政治这种思想一直被广泛讲述并经常得到承认。"[2]他对法律的本质特征进行了深刻的论述,认为法律具有高于政治权威的独特性,在探寻法律本质时,应当将其与政治、道德分离。

律师和法官在社会中发挥着重要作用,肩负着维护公平正义的社会责任,力图实现法律的社会目的和核心内容。律师作为法治社会建设进程中的重要成员,其产生首先应归因于其在社会中的政治性,即律师制度是一种政治制度。正如一些西方发达国家中律师执业生涯的演进历程,律师先在社会实践中不断历练,经过时间和经验的积累而转变自身职业,从律师转化为执政人员、检察官、法官或议会成员等其他角色,从而进一步实现其人生价值。这样的转变是西方律师制度中的普遍现象,使得律师对一个国家的政治构造和社会理念的形成发挥着重要作用,同时也创造了律师自身的社会价值,为律师提升其社会地位创造了有利的外部条件,使社会公民更尊重和理解律师职业,有利于社会法律意识的提升。鉴

---

[1] 汤火箭.中国律师的地位:现状、反思与前瞻[J].社会科学研究,2002(1):83-87.
[2] [美]哈罗德·J.伯尔曼.法律与革命:西方法律传统的形成[M].贺卫方,等译.北京:中国大百科全书出版社,1993:11.

于此,我国也应当注重加强律师地位的政治性,一方面大力开展从律师队伍中选聘人大常委会的专职人员、政府公务员、法官及检察官的试点,另一方面加强政府、大人、政协等组织机关与律师的沟通合作,政府应为律师参与政治活动提供机会,积极听取律师对制度决策的意见,逐步提高律师的政治地位①。

(二)完善相关法律法规

我国《律师法》第四章对律师的业务和律师所享有的权利以及承担的义务进行了详细的规定,从条文内容上来说具备完整性,但它仍有规定较为模糊和原则化的问题,故应细化条文内容,使律师权利的相关立法更加具体详细、可操作性更强。联合国《关于律师作用的基本原则》和《囚犯待遇最低限度标准规则》等法律规定中有大量有关律师权利的规定,例如,它对律师与被告人的信函处理,会见的场所、距离,会见室监管人员的警卫距离等问题都做了细致的规定,为我国提供了参考②。为解决上述律师制度在立法方面的问题,我国应当充分借鉴国际经验,并结合我国实际情况,完善相关法律规定,以解决律师在实务中的困难,有效发挥律师在社会中的作用,提升律师的社会地位。

(三)优化律师队伍

我国在大力发展法治化的进程中,律师队伍也在逐渐发展壮大,但不可否认的是,律师的质量并没有随数量的增加而提高,部分律师崇尚利益主义,注重商业化而忽视对法律的信仰,另外,部分律师专业知识掌握不牢,无法就社会纠纷提出有效的建议和见解。因此,我国应当不断优化律师队伍,建立律师自律机制和淘汰机制,从律师队伍自身提升律师质量,并加强建立律师监督机制,发挥律协的实际作用,联合政府机关有效规制律师行为,创造良好的律师执业环境③。

(四)保证律师的独立性

无论是在国际上还是在我国国内,独立性是对律师职业的本质要求。

---

① 梁伟.改善我国律师生存现状的具体对策[J].剑南文学(经典阅读),2011(6):256-257.

② 汤火箭.中国律师的地位:现状、反思与前瞻[J].社会科学研究,2002(1):83-87.

③ 汤火箭.中国律师的地位:现状、反思与前瞻[J].社会科学研究,2002(1):83-87.

在国际社会中,国际律师协会发布的《国际律师职业道德守则》第 3 条明确规定:"律师在履行职责时,应该维护专业的独立性。"这为律师相关职业提出了独立性要求。我国在法治社会建立的进程中,必须以独立的法治队伍为保障,而律师队伍是法治队伍的重要组成部分。律师的独立性应当包括两个方面的独立性,即身份上的独立性和执业上的独立性。身份上的独立性是指律师作为单独的社会角色,能够充分发挥自己的职业本领,不能受制于某一机关、团体或者个人,在其处理当事人纠纷时,不能被当事人控制,而应作为一个独立的法律服务人充分凭借自身所掌握的理论知识和专业技能为当事人出谋划策以解决纠纷;执业上的独立性是指当事人通过独立的方式,运用法律手段,为当事人提供法律服务,以实现当事人的利益,从而进一步地发挥其社会作用,维护公平正义,保障法治社会的实现。律师的独立性为社会的法治化发展提供了现实遵循,故我国应当加强对律师独立性的保障,充分发挥律师的社会作用。

(五)强化律师的社会性

律师的社会性是指律师向社会提供法律服务,维护当事人的合法权益,实现社会的公平正义。换言之,律师的社会性基于其在社会中发挥的法律服务作用。我国《律师法》第 2 条对律师的定义突出了律师"三个维护"的基本要求,其中,"维护社会公平和正义"正是律师的社会性要求,也是律师的使命。从社会整体发展而言,律师应该是国家法治建设的基石,正如著名法学家江平教授所言:"律师兴则民主兴;律师兴则国家兴。"[1]

律师的社会性还体现在其社会监督者的身份。律师作为最接近社会实际情况的法律工作者,更了解社会的法治发展状况,更能监督社会法治的正常运行、对法治运行中的问题积极做出响应。同时,律师积极充当当事人的"权利代理人",为当事人在权利与权利或公权力的抗衡中保障其合法权益,帮助当事人有效解决纠纷,使社会发展回归到正常、有序及和平的轨道秩序中来。

---

[1] 郑建伟.我国律师角色定位探讨[J].法制与经济(中旬刊),2012(12):116-117.

第七章　模拟法庭实训教学总纲

第一节　模拟法庭概述

一、模拟法庭的概念

模拟法庭也称假设法庭或虚拟庭审,是我国于20世纪30年代对美国法学院"moot court"课程的直译。具体而言,它是一种在一定空间和设施的帮助下,由教师指引学生运用法学知识扮演法官、检察官、律师、案件当事人等角色,还原法庭审判过程的形式[1]。换言之,模拟法庭是一种针对法学本科学生的实践性教学环节,是法学专业教师通过模拟对虚拟案件的法庭审判过程,实现教授学生审判程序、证据规则、法庭辩论、庭审技能、具体审判制度以及文书写作等职业知识和技能的目的的一种教学方法[2]。

模拟法庭实训课程是整个庭审 N+1 实训课程体系的核心与载体,它将作为一门平台性课程进行教学,加强学生对知识的运用实践能力,并检验学生一段时间内的学习效果。模拟法庭实训课程的目的在于将学生的理论知识与实践技能融合起来,打破理论性课程的局限性,以实现对新型人才的培养目标。该课程旨在通过将学生安排在一个相对逼真的环境

---

[1] 冯春萍.模拟法庭教学的实践与探索[J].海南师范大学学报(社会科学版),2010(1):159-162.
[2] 吴西彬.模拟法庭教学效果评价[J].教育评论,2007(1):73.

中,使其充分理解所学的法学理论知识,训练其相关法学文书写作及证据的收集、运用和组织等实践技能,锻炼其逻辑思维及语言组织能力,切实提高法学学生的综合素质,以适应实践中的工作需求。学生通过该门课程,可以融入角色中,切实感悟法学人的信仰和社会职责,明确自身今后发展方向,成为新时代新型法学类实用人才[①]。

二、模拟法庭的特征[②]

模拟法庭作为一种教育教学活动,既具有教学活动的某些特性又具有法庭审判的某些特性:在教学特性方面表现为教学内容的综合性和教学方式的实践性;在法庭审判特性方面,模拟庭审虽具有庭审的某些特性,但毕竟是模拟,所以它具有庭审角色的扮演性和庭审过程的虚拟性。

(一)教学内容的综合性

模拟法庭是在教师的指导下,学生运用所学的实体法和程序法、法律文书写作、证据学等综合知识来进行模拟审判活动的教学形式。所以模拟法庭作为一种教育教学活动,其教育教学的内容具有综合性。

(二)教学方式的实践性

作为实践性较强的专业之一,实训教学是法学专业的重要组成部分。在模拟法庭的学习过程中,学生通过选择模拟案例,撰写相关的法律文书,模拟法庭审判,不仅能锻炼实际操作能力,而且可以提高分析问题和解决问题的能力,因此模拟法庭具有较强的实践性。

(三)庭审角色的扮演性

模拟法庭无论是以案例为核心的一案一组的合作式,还是以角色为中心的一角色一组的抗辩式,其角色均具有扮演性,即非真实性。模拟法庭的学生在庭审中扮演不同的角色,以刑事诉讼程序为例,学生通过扮演法官、检察官、律师等,展现自己的知识、才能和风采。模拟法庭不仅能吸引法学专业学生积极参与,因其具有一定的观赏性,也能吸引其他专业的

---

① 温新宇,李亚茹,王天平,等.论高校开放式模拟法庭实践课程体系之建立——法学实践教学新路径探索[J].南方论刊,2013(8):107-110.
② 秦兰英.模拟庭审实务操作教程[M].北京:中国人民大学出版社,2013:2.

学生前来观赏,课堂因而成为普法的讲堂。

(四)庭审过程的虚拟性

由于模拟法庭的庭审具有模拟性,所以在模拟庭审过程中,无论是刑事模拟法庭、民事模拟法庭还是行政模拟法庭,所有角色都是虚拟的。在模拟庭审中,学生所扮演的各种角色都不是真实的,判决或裁定也是虚拟的。因为这些审判活动的非真实性,所以其判决或裁定都不具有法律效力。

(五)教学场景的庭审性和庭审场景的模仿性

庭审场景,即模拟法庭的场所、场景都应模仿真实法庭的基本设施,如模拟法庭合议庭背后墙上的国徽、审判台以及当事人的席位、旁听席位等,所有场景都和真正的庭审场所一样。学生按照所扮演的角色着装,使用模拟案例,制作模拟文书,按照模拟程序,公开审理。

三、模拟法庭实训总纲[①]

(一)说明

1. 课程性质

模拟法庭是最体现法学教育特色的实训课程,本课程的先修课程是实训课程体系中的其他课程。近年来,各大政法院校都以此种方式提高学生的法律实践能力,通过模拟法庭可以使同学们感受真实的法庭,锻炼学生的法律运用能力和思辨能力。

2. 课程目的

通过模拟法庭的演练,加深学生对相关程序法的理解,使学生熟悉庭审的基本程序,锻炼学生在真实的环境里从事法律实务的能力。

3. 教学基本要求

(1)地点选择。模拟法庭课程应在有先进设备的模拟法庭活动基地进行。

(2)律师与检察官确定。人人都有权利当辩手,但考虑到时间和场次的问题,每次模拟法庭会事先选拔固定数量的出庭律师或检察官。

(3)庭审案例。从本实训课程体系的案例中选择。

[①] 佚名.山东英才学院文法学院"模拟法庭"教学大纲[EB/OL].http://www.docin.com/p-1800221240.html,2016.12.2/2018.6.20.

(二) 推荐书目

(1) 刘晓霞：《模拟法庭》，科学出版社 2017 年出版。

(2) 李斌：《模拟法庭教学与专业比赛训练》，南京大学出版社 2016 年出版。

(3) 牛忠志：《模拟刑事法庭理论与案例解析》，对外经贸大学出版社 2015 年出版。

(4) 秦兰英：《模拟庭审实务操作教程》，中国人民大学出版社 2013 年出版。

第二节 模拟法庭实训操作方法

一、模拟法庭教学的阶段划分

(一) 第一阶段——模拟法庭的法律技能学习阶段

1. 教学要求

学习民事、刑事、行政实体法和程序法，并学习本课程体系中的实训课程。

2. 教学手段

要求学生阅读相关法律文件，学习相关课程。

(二) 第二阶段——模拟法庭的案件事实分析阶段

1. 教学要求

学习本课程体系中的案例。将案情介绍材料分发给学生，并予以分析，要求学生根据案情事实及相关证据寻找适用的实体法及程序法依据[①]。

2. 教学手段

学生课堂讨论，教师予以指导。

(三) 第三阶段——模拟法庭诉讼参加人角色分配阶段

1. 教学要求

调动学生参加模拟法庭的学习积极性，启蒙学生的"职业规划"意识，

---

① 王金艳.《民事诉讼法》应用型教学模式改革探讨[J].现代商贸工业，2013(21)：163-164.

使即将举行的模拟法庭审理更精彩出色,从而激发学生的学习兴趣,使之主动求学。

2. 教学手段

教师对学生的专业特点、个性和兴趣要有充分了解,针对学生各自的特色选取适合的角色,主要通过学生自主决定、同学间协商确定、教师指定的方式进行分配,以满足模拟法庭的角色要求。阵容组成后,由学生根据自己在模拟法庭中出任的角色,进行"角色设计",要求是"穷尽一切法律事实,穷尽一切法律依据,最大限度体现法律赋予角色的功能和特点"[①]。

(四)第四阶段——模拟法庭的角色设计阶段

1. 教学要求

通过学生对角色的自我设计和假想提高学生运用法律的能力,此举有助于学生对课堂知识进行全方位的浓缩和总结。

2. 教学手段

由模拟法庭的各参加人员阐述各自"角色构想"及其"角色应对",并接受老师的指点。要求学生充分考虑民事、刑事、行政诉讼法的程序性规定,列出提纲,对自身角色有较为合理的定位,从而应对审理中出现的可预见的任何问题,以求真实地诠释法律的意图。

(五)第五阶段——模拟法庭法律文书的展示及制作阶段

1. 教学要求

通过模拟法庭法律文书的展示及制作,使学生对诉讼流程中涉及的公安、检察院、法院的法律文书,及辩护人、代理人在各阶段根据不同需要出具或制作的法律文书有直观的了解,强化学生法律文书写作的规范意识,并通过学生的各种法律文书写作强化其对案件事实和所依赖的法律文件的理解。

2. 教学手段

将诉讼中常用的法律文书对学生予以展示,并提交模拟法庭所涉及的法律文书的空白格式,学生根据各自担任的角色自行制作填写。

---

① 湛念.论模拟法庭教学中大学生批判性思维能力的培养[J].中南林业科技大学学报(社会科学版),2010,04(6):128-130.

（六）第六阶段——模拟法庭的庭前准备与交流阶段

1. 教学要求

在开庭审理之前学生对各自担当的角色做好充分的准备工作，确保庭审程序准确到位，环环相扣。

2. 教学手段

模拟法庭的各参加人提交庭审提纲，由指导老师进行审查，包括公诉人及辩护人、代理人举证的事实证据，法律依据，各方提问的案件实体事实及案件程序事实，各方最具优势的观点及最薄弱的环节。指导老师还需审查合议庭的庭审程序设计，审判长发问的内容及方式；当事人及代理人的沟通情况；可能出现的证人、鉴定人、翻译人员对庭审规则的熟悉程度，及对各自特定身份的权利义务的熟悉程度。教师予以指点后，各方应在庭审前充分沟通。在学生互相交流时，指导教师应采取提示的方式，使学生把思路置于多元化的思维背景之下，帮助学生营造严肃而又不失灵动的法庭审理气氛。

（七）第七阶段——模拟法庭的开庭审理及对庭审得失的评判阶段

1. 教学要求

开庭审理使学生结束"纸上谈兵"而进入"真枪实战"的阶段。在该阶段中，学生在前期准备的实体法和程序法的相关知识的基础上，对案件进行综合分析，对案件中的角色进行充分演绎，以体现出角色在案件中的应有特征。学生能够通过此阶段的训练，积极应对法庭中发生的各种情况，提高自身对法学知识的理解能力和实务操作能力。

2. 教学手段

由参加模拟法庭的学生自行组织法庭审理，教师充当旁听人员。庭审结束后，先由各组学生进行自我评价和经验总结并对其他诉讼参加人的精彩及不足之处进行分析，最后由指导教师进行讲评。

二、实训方式

（一）成立3人以上模拟法庭指导小组

1. 将学员按法庭结构进行分组并分配案例给各组准备，时间为1周。

2. 根据学员在模拟法庭中的表现进行点评。

3. 批阅学员总结,根据规定填写表格,给出成绩。

(二) 根据案例组织模拟法庭小组成员

1. 刑事诉讼法庭小组组成人员

合议庭组成人员:审判长 1 名,审判员 2 名,书记员 1 名,法警 2 名。
控方人员:2 名。辩方人员:2 名。被告人:依据案情确定人数。

2. 民事模拟法庭组成人员

合议庭组成人员:审判长 1 名,审判员 2 名,书记员 1 名,法警 2 名。
原告方及诉讼代理人 3 人;
被告方及诉讼代理人 3 人。

3. 行政模拟法庭组成人员

合议庭组成人员:审判长 1 名,审判员 2 名,书记员 1 名,法警 2 名。
原告方及诉讼代理人 3 人;
被告方及诉讼代理人 3 人。
第三人及诉讼代理人 2 人。

(三) 按照不同庭审程序进行庭审

学生必须从提供的零散案件材料入手,分析事实情况,寻找适用的法律规范,书写有关的法律文书等,通过了解案件的全过程并亲身参与,学生可以在一定程度上把握案件的进程和结局。在模拟法庭的训练过程中,学生必须像职业法律人那样接手案件,他们作为律师、检察官或法官,成为案件的参与者,必须考虑所担当的角色的利益,设身处地地分析案件,全力以赴地争取最佳结果[①]。

三、实训要求

(一) 总体要求

1. 学员必须担任法庭角色,没有参加者不计成绩。

2. 每个角色要严格依照法定程序准备,认真扮演自己的角色,防止走过场、摆样子。

---

① 李元香.高等院校法律类课程实训课教学模式初探[J].企业家天地下半月刊(理论版),2008(9):146-147.

3. 总结内容应该包括参加的哪个活动、担任什么角色、执行经过、个人体会等，总结字数不少于2 000字。

(二) 具体要求

模拟法庭并非按照案件剧本逐字逐句地进行角色扮演，而是需要学生就自己的角色，认真分析案件，收集材料，切实参与案件。在此过程中，学生应具备良好的表达能力和应变能力，以应对未知的庭审过程。在模拟法庭开庭前，只明确了案件的争议目标、各方诉讼参加人的名单，而陈述意见、辩护意见、相关证据准备、法官的开庭审理及最终判决结果等都需要学生自行准备，教师不予以提供。故学生在准备过程中，可以寻求老师或法官、检察官、律师等司法人员的帮助，认真搜集资料，整理证据线索，分析案情，准备自己的论点论据，并针对对方可能提出的论点论据准备反对意见。

模拟法庭能够有效地将理论知识和实践技能结合起来，注重培养学生的思维转换和实践能力。在思维转化方面，学生要将自己置身于庭审过程中，将自己的思维转化为其扮演的角色的思维，分析案件，得出观点。在实践能力方面，在模拟法庭中，学生应就案件事实开展分析，严格遵守规定程序，搜集并分析证据，从不同角度对案件事实、证据材料进行分析和处理，发表法律意见，进行法庭辩论，完成法律文书写作。该过程增强了学生运用法学知识处理问题的能力，提高了其自身综合素质。

模拟法庭注重学生综合素质的提高，包括法学及法学知识之外的素质。在模拟法庭课程中，学生不仅要运用法学知识解决法学问题，在得出法律意见、进行法庭辩论、发表法庭意见等环节，还需要心理学、逻辑学等知识来辅助。此外，在模拟法庭的过程中学生还需要掌握与案件相关的政治、经济、社会文化等知识。

为了真正保证模拟庭审的实践效果，应尽量安排彼此不熟悉的同学承担不同角色，以实现庭审过程中的对抗性。相同班级的学生彼此熟悉，不太能够表现出庭审的严肃性和对抗性，故应尽可能安排不同班级的同学分别扮演案件的控方、辩方以及审判方，并且每次准备的案件应当尽可能不同，尽量尝试多种诉讼类型，使学生的能力得到全面提升，并使模拟法庭发挥其应有之效。

第八章 民事案件实训

第一节 民事案件实训的内容和方式

一、明确实训的目标

(一) 知识目标

通过实训使学生掌握民事实体法律知识;掌握民事案件一审程序的基本环节;掌握民事起诉状、答辩状、第一审民事判决书的撰写和应用。

(二) 能力目标

通过实训希望提高学生的综合能力,实现以下目标:全面提高学生对案件的综合分析能力、逻辑思维能力、口语表达能力以及法律文书写作能力等。同时,实训目标应当进一步细化,教师应注重从各个环节培养学生,以点到面,通过实现各个小目标,最终达到总要求①。

二、实训准备

开庭前,教师应发挥重要的引导作用,向学生讲解案件相关的重难点,带领学生复习相关理论知识,具体应做到以下四点:① 就案件涉及的相关实体性法律知识进行讲解,明确案件原被告的权利义务;② 指导民事诉讼程序,着重讲解案件管辖法院的确定、立案条件和程序、庭前准备

---

① 陈学权.模拟法庭实验教学方法新探[J].中国大学教学,2012(8):86-89.

事项、一审程序以及诉讼参与人在诉讼中的程序性权利和义务等内容;③ 讲解证据法学的相关内容,如证据的种类、证据的审查以及运用等;④ 就案件进程中原被告可能提出的观点和质疑辩论意见进行提示[1]。

　　老师应督促学生牢记各自角色的职责、工作程序、工作技巧[2],具体包括以下三点:① 在实训开始前,老师应当做好充足的准备,掌握角色相关内容及特征、庭审程序等知识,结合教材、法律法规、音像资料和案件实情开展教学,认真讲解实训中每个角色的职责、工作程序和工作技巧、庭审程序和庭审用语。教师应当着重讲解一下几个方面:首先,老师应注重审判过程中审判长的职能及其对法庭的把控;其次,老师应指导原告方学生正确提出控告,积极向证人、鉴定人进行发问、向被告方提出举证和质证,提醒代理人在授权范围内行事并与原告统一口径;再次,老师应指导被告方学生就原告学生的主张积极提出反证和质疑,积极发表辩论观点,并对实训过程中的情况灵活反应;最后,老师应指导书记员、法警、证人、鉴定人等角色熟悉其职能,听从审判长指挥,完成认真记录、维护法庭纪律、充分作证的角色任务。② 加强学生的角色训练。在实训开始前,老师应当要求学生熟悉自己所承担的角色。例如,审判长应当牢记审判流程、庭审内容及用语,原被告双方应当熟悉自身观点、发言流畅。因此,学生应当积极加紧训练,熟悉角色的职责、工作内容。③ 教师反复指导,提出意见。教师对实训演练过程中产生的问题,应及时进行指正,并提出改正意见。

　　充分了解开庭规则。根据《中华人民共和国人民法院法庭规则》《人民法院组织法》和其他有关法律的规定,法庭开庭时,由合议庭的审判长(或独任审判员,为行文方便,下文不再赘述)主持法庭审判活动、指挥司法警察维持法庭秩序,所有人员均应遵守下列规则。

　　(1) 审判人员进入法庭和审判长宣告法院判决时,全体人员应当起立。

　　(2) 诉讼参与人员应当遵守法庭规则,维护法庭秩序,不得喧哗、哄

---

[1] 王喆,周毅.模拟法庭实训教程[M].北京:经济科学出版社,2015:7-8.
[2] 樊学勇.模拟法庭审判讲义及案例脚本:民事卷[M].北京:中国人民公安大学出版社,2009:8-9.

闹;发言、陈述和辩论,须经审判长的许可。

(3) 公开的庭审活动,公民可以进行旁听,但下列人员不得旁听:① 证人、鉴定人以及准备出庭提出意见的有专门知识的人(为保障其证言、鉴定意见、专家辅助人的意见的有效性);② 未成年人(经法院批准的除外);③ 拒绝接受安全检查的人(因其可能扰乱法庭秩序、对法庭安全造成危害);④ 醉酒的人、精神病人(因其无法控制自身行为);⑤ 其他可能危害法庭安全或妨害法庭秩序的人。能够进行旁听的人员,必须遵守以下纪律:① 不得鼓掌、喧哗、吸烟、拨打或接听电话;② 不得录音、录像和摄影;③ 不得从事其他危害法庭安全或妨害法庭秩序的行为。对违反上述法庭纪律的人,审判长予以警告、训斥、责令退出或强制带出法庭。对携带危险物品进入法庭,哄闹、冲击法庭,侮辱、诽谤、威胁、殴打司法工作人员或诉讼参与人,毁坏法庭设施,抢夺损毁诉讼文书或证据等严重扰乱法庭秩序的人,予以罚款;构成犯罪的,依法追究其刑事责任。

三、民事案件一审模拟诉讼程序

民事案件一审模拟庭审的程序如下:原告提起诉讼后,模拟法庭依法通知开庭,模拟开庭应经过开庭准备、宣布开庭、法庭调查、法庭辩论、法庭裁判等五个阶段。

1. 开庭准备

民事案件开庭时首先由书记员查明原告、被告、诉讼代理人、其他诉讼参与人是否到庭,宣布法庭规则,然后请所有诉讼参加人和旁听人员起立,请审判人员入庭。

2. 审判长宣布开庭

(1) 查明原告、被告基本情况及其委托代理人的身份和授权范围,宣布案件的来源、起诉的案由以及是否公开审理。

(2) 宣布合议庭组成成员、书记员,告知当事人诉讼权利和义务,并分别询问当事人是否申请回避等事宜。

3. 宣布进入法庭调查

民事案件法庭调查具体步骤如下。

(1) 当事人陈述。具体包括以下三个步骤。

① 由原告宣读起诉书。法庭调查前已经核对过原告、被告当事人的基本情况，因此原告宣读起诉书时仅需宣读诉讼请求和事实理由。

② 被告针对原告的陈述进行答辩。被告反驳原告的起诉，应阐明其反驳所根据的事实和理由。被告诉讼代理人在被告答辩后进行补充陈述。

③ 被告答辩后，审判长应当询问原告对被告的答辩有何意见，让原告再陈述。若有第三人参加诉讼的，第三人在原告、被告陈述后进行陈述。

审判人员应当对当事人进行引导，及时提问，让他们围绕关键问题进行陈述。审判人员提问时，应当简明扼要，防止先入为主[①]。

(2) 举证质证。先由原告举证，被告质证；原告举证完毕后由被告举证，原告质证；最后由第三人举证，原告、被告与第三人进行质证。

各方当事人举证时应注意以下四点。

① 提供证人证言的，证人除法定情况外应当出庭作证。询问当事人时，其他证人不得在场。当证人出庭作证时，审判长必须告知证人其享有的权利及承担的义务，并要求证人只对其亲身感知的事实作客观陈述，不得发表任何猜测性、推断性或评论性的观点，证人如果作虚假陈述或提供伪证，应当承担法律责任。证人作证后，审判长应当分别询问原告、被告和第三人及其诉讼代理人对证人证言有何意见。若有意见，当事人可以在获得审判长的许可后对证人进行询问，要求其作出回答，或提供新的证人。

② 出示书证、物证和视听资料的，应当提供原件。

③ 宣读鉴定结论后，同证人证言一样，当鉴定人发表鉴定意见，得出鉴定结论后，审判长应当就鉴定结论询问当事人意见，若有意见，当事人必须在获得审判长许可后对鉴定人发问，要求鉴定人就其专业知识和鉴定结果如实回答。

④ 宣读勘验笔录后，审判长应当询问当事人对勘验笔录有何意见。经审判长许可，当事人可以依次向勘验人发问，勘验人应当如实答复。

---

① 刘志苏.模拟法庭：模拟案例与法律文书[M].北京：化学工业出版社，2014：13-14.

当事人质证时，应当注意以下三点。

① 无论是何种形式的证据，只有经过在法庭上的公开质证环节，才能用以认定案件事实。

② 在质证环节中，当事人应当根据证据的三大要素，即真实性、合法性及关联性，对证据证明力的有无及大小进行充分辩论，以决定证据是否能被法庭采纳。

③ 当事人在证据交换过程中认可并记录在卷的证据，不需要在法庭上进一步质证，经审判人员在庭审中说明后，可以作为认定案件事实的依据。

4. 法庭辩论

辩论意见应明确、具体、简洁明了，不应以多少作为判断优劣的标准，而应以法庭调查中的有效证据为基础，准确的法律依据为根据，提出有效的辩论意见。

(1) 民事案件法庭辩论顺序。民事案件法庭辩论按以下顺序进行。

① 由原告及其诉讼代理人发表辩论意见，原告应根据起诉状中的诉讼请求、相关证据和相应的法律依据提出自己的诉讼请求，并分析理由。

② 由被告及其诉讼代理人发表辩驳意见。被告应根据原告的诉讼请求、原被告双方的证据、相应的法律依据对原告的诉讼请求进行驳斥，请求法庭驳回原告的诉讼请求。

③ 由第三人即其诉讼代理人发表辩论意见。第三人可以分为有独立请求权的第三人和无独立请求权的第三人，二者参与诉讼有本质不同。有独立请求权的第三人，是在诉讼开始后对诉讼当事人之间的争议标的提出主张并参与到诉讼中来的第三方当事人，其在诉讼中应当对原被告主张的事实、理由和请求进行辩驳，以证明自己对诉讼标的所享有的权利和遭受的损失。无独立请求权的第三人不同于前者，其不对诉讼的争议标的主张权利，而是与诉讼结果有法律上的利害关系。当诉讼双方当事人就争议事实进行法庭辩论时，无独立请求权的第三人为与其有法律关系的一方当事人提供帮助，共同对对方当事人发表反对观点并进行辩论；而当无独立请求权的当事人和与其有法律关系的一方当事人就权利分配或义务承担产生争议时，无独立请求权的第三人为保证自身权益的实现，

会对该方当事人的请求、事实和理由提出反对意见。

④ 在审判人员主持下互相辩论。审判人员应当引导当事人围绕争议焦点进行辩论。根据案件需要,审判长可宣布进行第二轮辩论,但应强调不得重复上一轮意见,并可限定当事人及其诉讼代理人每次发表意见的时间。在审判人员的主持下,法庭辩论的内容应当就法庭调查期间已经提出并查清的事实和证据展开充分的辩论,但若当事人提出了新的事实和证据,辩论环节无法进展下去,合议庭可以决定停止辩论,恢复前一法庭调查环节,在查清事实和证据后继续辩论。当庭难以查清事实和证据且对案件审判有重大影响的,合议庭可以决定延期审理。法庭辩论环节终结时,审判长最后应按照原告、被告及第三人的顺序征询意见。

⑤ 在法院做出判决之前,若当事人还愿意经过调解解决案件纠纷的,仍可以进行调解。即,在法庭辩论终结后、判决作出前,审判长可以分别征询双方当事人对是否进行调解的意见,若双方当事人均同意,就由合议庭主持,选择当庭调解或休庭后继续调解,由双方当事人分别提出解决方案或由合议庭提出可供参考的调解方案。调解不成的,法院应当及时判决①。

(2) 注意事项具体包括以下三个方面。

① 当事人应当围绕案件争议的焦点进行辩论。若当事人辩论偏离案件争议的焦点,或出现情绪激动、威胁侮辱对方等情形,审判长应当及时制止和纠正。

② 审判人员必须保持客观中立,不得与当事人展开辩论或发表意见。

③ 法庭辩论终结后,审判长应当依次询问当事人的最后意见。在判决前能够调解的,还可以进行调解。

书记员应将庭审活动全部记入法庭笔录,当事人当庭或在五日内阅读,由审判人员、书记员、当事人和其他诉讼参与人签名或盖章。

5. 法庭裁判

法庭裁判是在前述庭审过程的基础上,合议庭对原被告在法庭中提

---

① 刘晓霞.模拟法庭[M].北京:科学出版社,2013:83-84.

出的事实、主张以及证据,依照法定程序进行客观全面的审查,并结合法官自身的专业知识、审判经验及职业道德等因素对案件进行公正合法的审判。

审判长领导合议庭评议过程,书记员对该过程进行记录,非合议庭成员不得参加评议。书记员应准确记录每位合议庭成员的意见,审判人员对案件审判结果有不同意见的,应当根据少数服从多数原则得出评议结论,并根据结论制作判决书。合议庭成员应在评议笔录及判决书上签名,对评议结果及判决书负责。

庭审活动结束后,审判长可以当庭宣判,也可以择期宣判。宣告判决时,全体人员应当起立。审判长宣读判决书后,必须告知当事人上诉权利、上诉期限和上诉的法院。

6. 审理中特殊情况的处理

在案件审理过程中,往往会发生一些特殊情况影响正常诉讼的进行,因此,普通程序就几种特殊情况的处理作出了详尽规定。

(1) 撤诉。撤诉是指在人民法院受理案件后到依法作出判决前的这一段时间内,原告提起撤回起诉的行为。法院裁定撤诉后,诉讼程序终结。根据我国《民事诉讼法》的规定,撤诉分为申请撤诉和按撤诉处理,前者是指在法院受理案件后、一审判决作出前,原告一方当事人依法向人民法院申请撤回其起诉的一种诉讼行为;后者是指法院根据原告一方当事人的特定行为主动裁定按照撤诉处理的一种诉讼结果。《民事诉讼法》第146条规定了申请撤诉的情形,即:"宣判前,原告申请撤诉的,是否准许,由人民法院裁定。人民法院裁定不准许撤诉的,原告经传票传唤,无正当理由拒不到庭的,可以缺席判决"。由此可知,裁定撤诉与否的决定权在法院。《民事诉讼法》第143条规定了按撤诉处理的情形,即"原告经传票传唤,无正当理由拒不到庭的,或者未经法庭许可中途退庭的,可以按撤诉处理;被告反诉的,可以缺席判决。"此外,原告应当预交而未预交案件受理费,人民法院应当通知其预交,通知后仍不预交或者申请减、缓、免未获人民法院批准而仍不预交的,按自动撤诉处理①。

---

① 王晓莉.民事诉讼撤诉制度的法理探索[J].江苏警官学院学报,2003(2):116-121.

(2) 延期审理。延期审理是一种在人民法院在开庭前已经确定对案件的审理期限,而在开庭审理过程中由于某种法定情形的产生而致使案件不得按期审理的情况下,法院裁定延后开庭审理的时间的制度,且延期审理前的行为不受延期审理的影响。我国《民事诉讼法》第146条对可以延期审理的情形有明确的规定:① 必须到庭的当事人和其他诉讼参与人有正当理由没有到庭的;② 当事人临时提出回避申请的;③ 需要通知新的证人到庭,调取新的证据,重新鉴定、勘验,或者需要补充调查的;④ 其他应当延期的情形。

(3) 缺席判决。缺席判决是指在一方当事人受传票传唤应当到庭参与诉讼而无正当理由拒绝到庭,或已到庭参与诉讼但未经法院许可擅自中途退庭的情况下,法院依法对此作出的判决。《民事诉讼法》第143条、第144条、第145条第2款规定了原、被告被缺席判决的情况。原告经传票传唤,无正当理由拒不到庭的,或者未经法庭许可中途退庭的,且被告反诉的,可以缺席判决;被告经传票传唤,无正当理由拒不到庭的,或者未经法庭许可中途退庭的,可以缺席判决;人民法院裁定不准许撤诉的,原告经传票传唤,无正当理由拒不到庭的,可以缺席判决。

(4) 诉讼中止。诉讼中止是指当出现法定原因使诉讼程序无法继续下去时,法院裁定暂时停止对案件的审理程序,待原因消除后继续恢复诉讼的一种情形。《民事诉讼法》第150条第1款规定了6类中止审理的情形:① 一方当事人死亡,需要等待继承人表明是否参加诉讼的;② 一方当事人丧失诉讼行为能力,尚未确定法定代理人的;③ 作为一方当事人的法人或者其他组织终止,尚未确定权利义务承受人的;④ 一方当事人因不可抗拒的事由,不能参加诉讼的;⑤ 本案必须以另一案的审理结果为依据,而另一案尚未审结的;⑥ 其他应当中止诉讼的情形。

(5) 诉讼终结。诉讼终结是指在诉讼过程中,由于法定的原因使诉讼无法继续进行或者没有必要继续进行下去,受诉法院裁定结束诉讼程序的法律制度。《民事诉讼法》第151条对诉讼终结的情形做了规定,即有下列情形之一的,人民法院裁定终结诉讼:原告死亡,没有继承人,或者继承人放弃诉讼权利的;被告死亡,没有遗产,也没有应当承担义务的人的;离婚案件一方当事人死亡的;追索赡养费、抚养费、抚育费以及解除收养关系案件的一方当事人死亡的。

7. 诉讼文书立卷、归档

诉讼文书立卷归档工作是模拟法庭书记员的重要职责。模拟书记员应当根据刑事、民事、行政的类别，按年度、审级、一案一号的原则，单独立卷。同时，应将文书按一定顺序进行排列，装订成册，逐页编号，全卷编目，最后归档保管。

（1）材料收集。在模拟法庭程序结束后，模拟书记员负责案件材料的收集工作，主要包括相关证据文件、诉讼文书等，并完成装订立卷等工作。在此过程中，书记员应认真审查文书材料是否齐全，若发现问题应当及时反馈并补救。

（2）材料排列。诉讼文书材料排列顺序的总体要求是，按照诉讼程序的客观进程形成文书的时间自然顺序进行排列。民事一审诉讼文书材料的排列顺序是：卷宗封面，卷内目录，起诉状，立案通知书，应诉通知书回执，答辩状，询问笔录，调查笔录或调查取证材料，调解材料和调解笔录，诉讼代理人、法定代表人授权委托书，鉴定委托书，法定代表人身份证，开庭前的通知、传票等，开庭公告，审判庭笔录，评议笔录，调解书，判决书或裁定书，宣判笔录，送达回证，证物处理手续材料，卷底。

（3）立卷编目。诉讼文书材料经过系统排列后，书记员应当立卷编目，具体步骤如下：① 逐张编号，卷宗封面、卷内目录、卷底、备考表不编页码。页码编在右上角，一律使用阿拉伯数字。② 登记卷内目录，一份诉讼文书材料编一个顺序号。卷内目录应按卷内诉讼文书材料排列顺序逐件填写，标明起止序号。③ 填写卷宗封面所列项目，其中结案日期填写正式宣判日期。

（4）卷宗装订。卷宗装订前，书记员要做好诉讼文书材料的检查。对破损或褪色的材料，应当进行修补和复制；装订部位过窄或有字迹的材料，要用纸加衬边；纸面过小的书写材料，要加贴衬纸；纸张大于卷面的材料，要按卷宗大小折叠整齐。一个案件的诉讼文书材料，每卷以50张左右为宜，过多时应按形成的顺序分册订卷。卷宗必须用线绳3～5眼装订牢固，不要漏订，长度应当在18 cm左右。卷宗装订以后，应检查材料有无漏订现象。然后，在卷底装订线上贴上封纸，并加盖骑缝章。

四、民事案件二审模拟诉讼程序

我国民事诉讼程序实行两审终审制,即民事诉讼的当事人对一审法院作出的未生效判决有异议时,有权在法定期限内向一审法院的上一级法院提起上诉程序,经过上诉程序得出的判决具有终局性,一旦发生法律效力,当事人不可对其再行诉讼。

民事二审案件的庭审程序与一审基本相同。因此,除有特别说明外,民事一审程序的操作步骤也适用于二审程序。

(一) 上诉的提起与受理

根据我国《民事诉讼法》第164条的规定,当事人不服地方人民法院第一审判决或裁定的,有权在判决书或裁定书送达之日起15日内或10日内向上级法院提起上诉。上诉是当事人为纠正错误的一审判决、裁定,维护自身权利的一种法定救济途径,但当事人提起上诉应当满足一定法定条件,上一级法院方才受理。

1. 提起上诉的条件

根据我国《民事诉讼法》的规定,提起上诉应具备以下条件。

(1) 提起上诉的主体必须合格。根据《民事诉讼法》的规定及最高人民法院的司法解释,第一审程序中的原告、被告、共同诉讼人、有独立请求权的第三人,对于诉讼标的具有实体上的权利或义务而享有上诉权,可以作为上诉人。经第一审法院判决承担民事责任的无独立请求权的第三人,因对诉讼标的负有义务而有上诉权。双方当事人和第三人都提出上诉的,均为上诉人。无民事行为能力、限制民事行为能力人的法定代理人,可以代理当事人提起上诉。委托代理人代为提起上诉,必须经过当事人的特别授权。

(2) 上诉的对象合格,即必须是未生效的一审裁判,包括:地方各级人民法院的第一审民事判决;不予受理、驳回起诉和对管辖权异议的裁定;地方各级人民法院对上一级人民法院发回重审的案件进行审理后所作的判决和驳回起诉的裁定;地方各级人民法院按照第一审程序进行再审所作的判决和驳回起诉的裁定。

(3) 必须在法定的期限内上诉。当事人提起上诉,必须在法律规定的期限内进行,超过上诉期限,当事人就丧失了上诉权。《民事诉讼法》第164条规定,当事人不服地方人民法院第一审判决的,有权在判决书送达之日起15日内向上一级法院提起上诉;当事人不服地方人民法院第一审裁定的,有权在裁定书送达之日起10日内向上一级法院提起上诉。上诉期届满,当事人没有提出上诉的,第一审裁判即发生法律效力。

(4)须提交上诉状。当事人必须以书面形式提起上诉,不得采用口头方式。

2. 上诉的受理

根据《民事诉讼法》,上诉的提起和受理应依以下程序进行。

(1)通过原审法院提交上诉状。当事人提起上诉,原则上应通过原审法院提出上诉状,并按照对方当事人或者代表人的人数提出上诉状副本。当事人直接向二审人民法院申请上诉的,二审法院应当在5日内将上诉状移交原审法院。

(2)原审法院在收到上诉状后,应当在5日内将上诉状副本送达对方当事人,并告知其在15日内提出答辩状。法院应当在收到答辩状之日起5日内将答辩状副本送达上诉人。被上诉人在法定期限内不提出答辩状的,不影响第二审法院的审理。

(3)原审法院收到上诉状、答辩状后,应当在5日内连同全部案卷和证据,报送第二审法院。第二审法院开始对上诉案件进行审理。

(二)上诉案件的审理

《民事诉讼法》第174条规定,第二审人民法院审理上诉案件,除依照本章规定外,适用第一审普通程序。据此,第二审法院审理上诉案件,《民事诉讼法》对第二审程序有规定的,优先适用该规定,没有规定的,适用第一审普通程序的规定。

1. 上诉案件审理前的准备

第二审法院收到第一审法院报送的上诉案件后,应做好以下审理前的准备工作。

(1)组成合议庭。第二审法院审理上诉案件,必须组成合议庭,不得实行独任审判。合议庭全部由审判员组成,不吸收人民陪审员参加。合议庭组成后,应当及时通知各方当事人,以便当事人决定是否申请回避。

(2)审阅案卷、调查和询问当事人。第二审法院组成合议庭后,应当认真审阅案卷材料。审查的目的,一是进一步审查上诉人和被上诉人的资格以及上诉是否超过上诉期限,如发现上诉主体不合格或者超过上诉期限,应裁定驳回上诉。上诉状有欠缺的,应通知上诉人补正。二是审查上诉请求、上诉答辩和其他案卷材料,了解当事人上诉争议的焦点,审查被上诉的第一审裁判认定事实是否清楚,证据是否充分,适用法律是否正确,据此判断上诉人的上诉请求是否成立。在审阅案卷的基础上,决定哪些事实需要进一步调查或询问当事人,以进一步查明案情。审阅案卷、调查和询问当事人后,决定对上诉案件是开庭审理还是迳行判决。

2. 上诉案件的审理

(1)上诉案件的审理范围。《民事诉讼法》第168条规定,第二审人民法院应当对上诉请求的有关事实和适用法律进行审查。与一审程序相同、二审程序也仅对当事人提出的诉讼请求、相关事实以及法律适用进行审理,上诉人对一审判决中无异议的部分,不作审理。因此,对一审已作认定的事实和裁判的事项,如果双方当事人未提出异议,没有要求二审法院审查与处理,二审法院对此不再审理。但这并不是绝对的,根据《最高人民法院关于民事经济审判方式改革问题的若干规定》第35条,若第一审裁判违反法律禁止性规定、侵害社会公共利益或者他人利益,即使上诉人没有提出上诉请求,第二审法院也应当予以纠正[1]。

(2)上诉案件的审理方式。《民事诉讼法》第169条规定,第二审人民法院对上诉案件,应当组成合议庭,开庭审理。经过阅卷、调查和询问当事人,对没有提出新的事实、证据或者理由,合议庭认为不需要开庭审理的,可以不开庭审理。同时,根据最高人民法院《关于民事经济审判方式改革问题的若干规定》第37条之规定,第二审人民法院对上诉案件,应当依法组成合议庭,需要对原证据重新审查的或者当事人提出新的事实、证据或者理由的,应当开庭审理。对事实清楚、适用法律正确,和事实清楚、只是定性错误或者适用法律错误的案件,经过阅卷、调查和询问当事人后,可以径行裁判。

---

[1] 王喆,周毅.模拟法庭实训教程[M].北京:经济科学出版社,2015:17-18.

同时,《最高人民法院关于适用〈中华人民共和国民事诉讼法〉的解释》第333条对二审人民法院不开庭审理的情形进行了规定,具体包括:不服不予受理、管辖权异议和驳回起诉裁定的;当事人提出的上诉请求明显不能成立的;原判决、裁定认定事实清楚,但适用法律错误的;原判决严重违反法定程序,需要发回重审的。由此可见,二审程序原则上应当组成合议庭对上诉案件公开审理,但基于提升审判速度的考虑,对只是定性或适用法律错误的案件,可以简化二审审理程序,以提高审理效率。

3. 上诉案件的证据

根据我国民事诉讼法的规定,二审程序不仅要审查一审案件的法律适用是否正确,也要对案件事实进行审查。在对案件进行审查时,二审合议庭仍须对证据真实性、合法性和关联性进行审查,但不同于一审程序的是,二审程序在"新的证据"的认定和举证期限等方面不同。

(1) 上诉案件中"新的证据"的认定。根据我国《最高人民法院关于民事诉讼证据的若干规定》第41条的规定,一审程序和二审程序对"新的证据"认定不一样,二审程序中"新的证据"是指在一审整个过程中未能进行举证、质证以及认定其证明力的证据,二审程序中的"新的证据"包括:一审庭审结束后新发现的证据;当事人在一审举证期限届满前申请人民法院调查取证未获准许,二审法院经审查认为应当准许并依当事人申请调取的证据。

能否被认定为"新的证据"对二审程序的审理至关重要。值得注意的是,"举证期限届满前"是判断"新的证据"的一个重要时间节点,超过该时间节点而提出的证据不被法院采纳,不被认为是"新的证据"。此外,针对延期举证的情形,若因客观原因导致未能按期提交证据并且该证据对裁判结果有着重大影响的,该证据可被视为"新的证据"。

(2) 上诉审判的举证期限。若当事人在二审程序中对一审程序已经审查过的证据无异议,那么二审程序就无须对证据进行审查,更无举证期限的要求。因此,二审中的举证期限仅适用于二审中"新的证据"。此外,根据《民事诉讼法》第174条的规定,二审程序对证据举证期限的确定、计算以及逾期举证的后果等事项适用一审程序的相关规定。

结合一审程序中对确定证据举证期限的规定,二审中的举证期限也应当是在开庭前或开庭审理中提出,不需要开庭的,由法院指定具体的举证期限。在二审程序中,上诉人与被上诉人应当就"新的证据"展开质证和论证。须指出,二审程序若要审查一审程序中已提出的证据,双方当事人直接就其展开辩论,不存在举证期限的限制。

此外,根据《最高人民法院关于民事诉讼证据的若干规定》第46条,若二审裁定依法改判或发回重审的依据是二审程序中有新的证据出现,且该新的证据的出现是由于当事人未能在一审程序中进行举证和质证,此一审的判决不属于错误裁判案件。一方当事人请求提出新的证据的另一方当事人负担此增加的差旅、误工、证人出庭作证、诉讼等合理费用以及由此扩大的直接损失,人民法院应予支持。

4. 上诉案件的调解

《民事诉讼法》第172条对上诉案件的调解进行了规定:第二审人民法院审理上诉案件,可以进行调解;调解达成协议,应当制作调解书,由审判人员、书记员署名,加盖人民法院印章;调解书送达后,原审人民法院的判决即视为撤销。上诉案件的调解范围十分广泛,在二审法院的指导下,双方当事人可以对一审的全部诉求以及二审中新增的诉求一并进行调解,但针对原审原告在二审中新增的诉讼请求或原审被告提出新的反诉时,二审法院可以就其调解,若调解不成,只能告知当事人另行起诉,不可作出其他裁定。

5. 上诉案件的审理期限

《民事诉讼法》第176条规定,第二审法院审理对判决上诉的案件,应当在第二审立案之日起3个月内审结,有特殊情况需要延长的,由本院院长批准;人民法院审理对裁定上诉的案件,应当在第二审立案之日起30日内作出终审裁定。可见,上诉案件的审结期限因上诉对象不同而不同。对判决上诉的,审结期限较长,且在审限内不能审结的,还可由本院院长批准延长;对裁定上诉的,审结期限较短,且不得延长。

(三) 上诉案件的裁判

根据我国《民事诉讼法》第170条的规定,第二审人民法院对上诉案件进行审理后,应当根据不同的情况,作出裁判。

1. 对一审判决不服的上诉案件的裁判

(1) 以判决方式驳回上诉，维持原判决。根据《民事诉讼法》的规定，只有在二审法院经过审理，认定一审法院的判决认定事实清楚、适用法律正确的情况下，才能以判决方式驳回上诉，维持原判。即，只有一审判决同时满足证据充分且证明力强、事实清楚无异议、适用法律正确、程序符合法律规定的条件，二审法院才能依法驳回原判，并且只能以判决的方式驳回。

(2) 以判决方式依法改判、撤销或者变更。二审法院经过审理发现一审法院作出的判决中认定事实错误或者适用法律错误的，应以判决的方式依法改判、撤销或者变更。由此可知，依法改判适用于两种情形：① 一审判决中认定的事实错误，即对案件事实认定存在明显错误，需要依法改判；② 一审判决虽正确认定案件事实，但由于适用法律错误，作出错误判决。此外，二审法院应根据原判决的错误程度决定撤销或变更：若判决全部错误，应当撤销判决；若判决只是存在部分错误，应当作出相应变更。

(3) 裁定撤销原判决，发回原审人民法院重审，或者查清事实后改判。根据《民事诉讼法》第170条第3款的规定，二审人民法院对上诉的案件进行审理，若认定原判决基本事实不清的，裁定撤销原判决，发回原审人民法院重审，或查清事实后改判。同时根据《最高人民法院关于适用〈民事诉讼法〉的若干解释》第335条的规定，基本事实是指用以确定当事人主体资格、案件性质、民事权利义务等的对原判决结果有实质性影响的事实。因此，当原审判决中对原判决结果有实质性影响的事实不清时，二审法院可依法裁定撤销原判决、发回原审或查清事实后改判。

由此可知，二审法院在裁定撤销原判决的情形下，可选择裁定发回原审或查清事实后依法改判两种方式。发回重审时应当注意以下问题：形式上，二审法院将案件发回原审法庭进行重审的决定必须用裁定而非判决的形式作出，并且二审法院在裁定发回重审的同时，应当裁定撤销原判决；审理程序上，原审法院应当重新组成不包括原审合议庭成员或独任审判员的合议庭，该合议庭必须按照一审普通程序对案件进行审理，不得适用简易程序;审判结果上,原审法院对案件进行重新审理得出的判决仍属一审判决,当事人可就其提起上诉,但二审法院接受上诉后不得再次发回重审,这是为了保护当事人的程序利益,防止第一、第二审法院之间相互推诿,导致诉讼过分拖延①。

(4) 裁定撤销原判决,发回原审人民法院进行重审。相较于前述撤销原判、发回重审或查清事实改判的裁判,此种裁判只适用于一审法院遗漏当事人或者违法缺席判决等严重违反法定程序的情形,并且二审法院只能依法发回原审,不可进行改判。其原因在于,一审法院在审理过程中严重违反程序性规定,侵犯了当事人的诉讼权益,而二审法院撤销原判决后将案件发回原审法院重审,一方面实现了对当事人诉讼权利的维护,另一方面也是在惩戒原审法院,督促其纠正错误,就案件依法作出正确的判决。除了遗漏当事人、违法缺席判决外,下列情况也视为严重违反法定程序:审理本案的审判人员、书记员应当回避而未回避的;未经开庭审理而作出判决的;适用普通程序审理的案件当事人未经传票传唤而缺席判决的;其他严重违反法定程序的。

除此之外,根据《最高人民法院关于适用〈中华人民共和国民事诉讼法〉的解释》第 326 条、第 327 条以及第 329 条,具有下列情形之一的,第二审人民法院可以根据当事人自愿的原则进行调解,调解不成的,发回重审:对当事人在第一审中已经提出的诉讼请求,原审法院未作审理、判决的;必须参加诉讼的当事人或者有独立请求权的第三人,在第一审程序中未参加诉讼的;一审判决不准离婚的案件,上诉后,第二审法院认为应当判决离婚的(此种情况下只能与子女抚养、财产问题一并调解)。

2. 对一审裁定不服的上诉案件的裁判

第二审法院对不服第一审法院裁定的上诉案件的处理,一律使用裁定。上诉法院可以作出维持或者撤销原裁定的裁定。

(1) 维持原裁定的裁定。经过审理,第二审法院认为原裁定依据的事实清楚、适用法律正确、上诉人的上诉不能成立的,应当以裁定驳回上

---

① 任重.论中国民事诉讼的理论共识[J].当代法学,2016(3):38-51.

诉，维持原裁定。

(2) 撤销原裁定的裁定。根据《民事诉讼法》第 170 条第 2 款的规定，原裁定认定事实错误或者适用法律错误的，以裁定方式依法改判、撤销或变更。具体而言，根据裁定的种类不同，撤销原裁定的裁定也有所不同。二审法院在审理当事人的上诉案件时，若发现原审法院作出的不予受理、驳回起诉或驳回破产申请的裁定有错误，应当撤销原裁定并指令原审法院进行审理；若发现原审法院作出的驳回管辖权异议的裁定有错误的，应当撤销原裁定并指令原审法院停止审理，移送有管辖权的法院。

经过二审程序作出的裁定具有终局性，一经送达立即发生效力。若当事人仍认为裁定侵害了自身权益，可以通过再审程序或向有关机关提起申诉以维护自身权益。但经过二审程序得出的裁定的效力不会因再审或申诉程序而受到影响。另外，二审作出的裁决具有可分性，经再审或申诉程序认定应当部分撤销该裁决的，被撤销部分失去效力，未被撤销部分仍然具有法律效力。

五、实训的考核评定

模拟民事审判开庭后，应当对开庭情况进行总结。总结也是学习的一种过程和方式，通过总结可以发现和纠正错误，提高民事案件实训的学习效果，达到模拟法庭的目的。

(一) 总结与评价的内容

在模拟民事审判开庭后主要应当对下列方面进行总结评价。

(1) 操作的规范性以及庭审程序的合法性。

(2) 是否准确运用法学知识，是否具备逻辑性。

(3) 语言是否足够规范、符合角色特征，表达内容是否清晰严密。

(4) 临场应变是否自如娴熟。

(5) 法律文书的写作能力有否提高。

(6) 争议焦点是否准确清晰。

(7) 模拟开庭参加人着装、仪表是否合适，声音是否洪亮、口齿是否清晰。

(二) 评价主体

1. 参加人员自我评价及相互评价

庭审结束后,各成员自我总结评价,指出自身的不足和表现比较好的地方。同时,各个成员之间相互进行评价。评价并不是为了评估参加成员的判断能力和成绩,而是评估彼此的行为表现,发现存在的问题,寻求改进的方法。

2. 旁听人员评价

旁听人员在旁听席,不仅能纵观全局,而且能冷静地观察庭审,因此,更能够客观地对民事模拟庭审的参加人进行评价。

3. 组织模拟法庭的指导教师、专家进行评价

指导民事模拟庭审的教师和专家能够更专业地对实训学生的能力、素质和存在的不足提出针对性意见,对提高学生实践能力具有重要意义[1]。

第二节 民事案件实训操作

大华顺达商贸有限公司诉大洋财产保险有限公司大华分公司保险合同纠纷案脚本[2]

本模拟法庭角色如下:① 审判人员 3 人,其中陪审员 1 人;② 书记员 1 人;③ 原告大华顺达商贸有限公司;④ 原告委托的诉讼代理人 2 人;⑤ 被告大洋财产保险有限公司大华分公司;⑥ 被告委托的诉讼代理人 1 人。

模拟法庭审判道具[3]:① 法官袍 3 件;② 书记员服 1 套;③ 律师服 1 套;④ 法槌 1 个;⑤ 证据若干份。

案 情 简 介

原告方大华顺达商贸有限公司的司机姚某峰于 2016 年 12 月 18 日

---

[1] 刘志苏.模拟法庭:模拟案例与法律文书[M].北京:化学工业出版社,2014:13-14.
[2] 本案例根据真实案例改编,所涉人名、地名均已处理。
[3] 刘晓霞.模拟法庭[M].北京:科学出版社,2013:111-119.

驾驶该公司的牌照为华G69142的货车行驶于中兴区房山动车组工地时,车上的沙石因翻升至距高压电一米的高空而被电击,致使该货车部分受损。原告因此花费了32 425元修复货车,更换了轮胎及其相关配件。事故发生当天,原告将车辆受损事实及相关情况报送至被告大洋财产保险有限公司大华分公司。后被告经调查发现,该货车受损原因是车内沙石因货车自身操作翻升至空中而遭受电击,此受损原因不属于原告购买的保险的承保范围,故拒绝了原告的赔偿请求。因此,原告就该纠纷诉至人民法院,请求法院判令被告赔偿其货车因电击遭受的全部损失及全部诉讼费用。

庭 前 准 备

1. 送达诉讼文书。
2. 组成合议庭。
3. 调查收集必要的证据。
4. 组织庭前证据交换。
5. 准备庭审提纲。合议庭成员在明确分工的前提下,对开庭审理分别进行有针对性的准备。
6. 在开庭3日前向当事人送达传票,向其他诉讼参与人送达出庭通知书。公开审理的,公告当事人姓名、案由和开庭时间、地点。

正 式 开 庭

审判庭庄严整洁。审判台后上方正中处悬挂国徽。审判台台面高于诉讼当事人台面。审判台中央审判长的法椅比两旁审判人员的法椅略高。书记员席位在审判台的正下方。原告、被告及其诉讼代理人的席位分列审判台两侧相对而设。被告席位一侧是第三人及其诉讼代理人的席位。与审判台相对而设的是其他诉讼参与人的席位。旁听人员席位距审判台较远,正对审判台。

书记员查明当事人及其诉讼代理人到庭后,引领原告诉讼代理人、被告诉讼代理人进入法庭,在各自的席位就座。书记员入座。(本案原告法定代表人、被告主要负责人在分别委托了诉讼代理人后未出庭参加开庭

审理)

书记员(面向旁听席站立):请大家肃静,现在宣读法庭纪律,诉讼参与人应当遵守法庭规则,维护法庭秩序,不得喧哗、吵闹。发言、陈述和辩论须经审判长许可。旁听人员应当遵守下列纪律:① 不得录音、录像和摄影;② 不得随意走动和进入审判区;③ 不得发言、提问和记录;④ 不得鼓掌、喧哗、哄闹和实施其他妨害审判活动的行为。新闻记者未经审判长许可,不得在庭审过程中录音、录像和摄影。庭审时请将手机等无线通信工具关闭。对于违反法庭纪律且经法庭劝止不从者,经审判长决定没收录音、录像磁带、胶卷,责令退出法庭,或者经院长批准予以罚款、拘留。对于哄闹、冲击法庭等严重扰乱法庭秩序的人,依法追究刑事责任。请全体人员起立,请审判长、审判员、人民陪审员入庭。(合议庭组成人员入庭、就座)

书记员:(转身面向审判长)报告审判长,原告大华顺达商贸有限公司诉被告大洋财产保险有限公司大华分公司保险合同纠纷一案,原告、被告委托诉讼代理人均已到庭,庭前准备工作就绪,可以开庭。

审判长:现在首先核对双方当事人及其诉讼代理人的基本情况。

原告大华顺达商贸有限公司,住所地:大华市西秀区中嘉路85号;法定代表人李甲林,职务总经理;委托代理人祁乙杰,男,1980年5月1日出生,大华顺达商贸有限公司职员,住涿阳市武阴区范阳中路平华小区6号楼601室;委托代理人王丙斌,大华市明诚律师事务所律师,代理权限为特别代理。

被告大洋财产保险有限公司大华分公司,住所地:大华市南武区民纬路2号创业大厦;负责人樊甲亮,职务总经理;委托代理人秦乙岭,男,1977年4月2日出生,大洋财产保险有限公司大华分公司职员,住大华市大良区盛鑫小区7栋4单元406室,代理权限为特别代理。

审判长:原告,以上当事人基本情况是否属实?

原告诉讼代理人祁乙杰:属实。

审判长:被告,以上当事人基本情况是否属实?

被告诉讼代理人秦乙岭:属实。

审判长:原告,你方对被告出庭人员是否有异议?

原告诉讼代理人祁乙杰：没有异议。

审判长被告，你方对原告出庭人员是否有异议？

被告诉讼代理人秦乙岭：没有异议。

审判长：依据《中华人民共和国民事诉讼法》规定，经本院审查，原、被告及其诉讼代理人符合法律规定，准许原告委托代理人祁乙杰、王丙斌，被告委托代理人秦乙岭代理原、被告参加本案诉讼。（敲法槌）现在开庭。大华市南武区人民法院民事审判庭，今天在此公开开庭审理原告大华顺达商贸有限公司与被告大洋财产保险有限公司大华分公司财产保险合同纠纷一案，本案依法适用普通程序进行审理，由本院审判员黄某斌、代理审判员王某栋、人民陪审员董某华依法组成合议庭，由黄某斌担任审判长，本院书记员牛某妮担任法庭记录。现在宣布当事人在法庭享有的权利：① 当事人有就本案事实进行陈述和答辩的权利，原告有放弃、变更诉讼请求的权利，被告有承认、反驳原告诉讼请求和反诉的权利。变更请求、反诉应于法庭辩论终结前提出，并应缴纳反诉案件受理费，逾期不交视为放弃反诉请求。② 当事人有向证人、鉴定人提问、要求对证据予以说明的权利。经法庭许可，有查阅、复制庭审材料的权利，认为庭审记录有误的，有权申请补正。③ 当事人有请求和解的权利。④ 当事人有申请审判人员及有关人员回避的权利，即认为本法庭审判人员、鉴定人、书记员与本案有直接利害关系，可能影响本案公正审判的，可以提出事实和理由申请回避。当事人除享有以上诉讼权利外，还应承担以下诉讼义务：遵守法庭秩序，听从法庭指挥，发言应经法庭许可。庭审过程中，原告未经法庭许可，中途退庭的，按自动撤诉处理，被告未经法庭许可中途退庭的按缺席审判处理。原告，对以上当事人的诉讼权利和义务是否听清？

原告诉讼代理人祁乙杰：听清了。

审判长：是否对合议庭组成人员及书记员申请回避？

原告诉讼代理人祁乙杰：不申请回避。

审判长：被告，对以上当事人的诉讼权利和义务是否听清？

被告诉讼代理人：听清了。

审判长：对合议庭组成人员及书记员是否申请回避？

被告诉讼代理人：不申请。

法 庭 调 查

审判长：下面开始进行法庭调查。首先由原告明确诉讼请求，陈述事实经过。法庭调查的重点是双方争议的事实，当事人对自己提出的主张，应当提供证据，反驳对方主张的，也应提供相应的证据。原告，首先发表你方的诉讼请求，并陈述事实和理由。

原告诉讼代理人祁乙杰：我方的诉讼请求有两项：第一，判令被告赔偿原告车辆损失32 425元；第二，判令被告承担本案诉讼费用。事实与理由是，2016年12月18日原告方司机驾驶华G69142货车在中兴区房山动车组工地行驶时与高压线接触，被高压电电击，造成车辆部分损毁，更换轮胎与相关配件总共花费32 425元。事发后，原告及时与被告联系，阐明事故情况，但被告拒绝依据事实和法律以及保险合同赔偿，致使原告方利益受损，原告因此诉至法院，请求维护原告方合法权益。

审判长：原告，你所要求的赔偿32 425元是车辆损失保险金还是第三方责任保险？

原告代理人王丙斌：车辆损失保险金。

审判长：被告对原告的陈述及诉讼理由是否听清？

被告代理人：听清了。

审判长：是否有要向原告询问的问题？

被告代理人：有。请原告说明原告车辆被电击，是否与高压线发生了接触？

原告代理人王丙斌：没有接触。

审判长：下面由被告就原告诉讼请求发表答辩意见。

被告代理人：我方作为保险公司不同意原告的诉讼请求，因为原告的车辆没有与高压线发生碰撞，所以不同意赔偿。

审判长：理由是什么？

被告代理人：没有发生保险合同约定的事故，就是说车辆没有与外界物体碰撞。

审判长：原告你描述一下事故发生的具体情况。

原告代理人王丙斌：2016年12月18日中午，原告方司机姚某峰在中兴区房山动车组工地上操作华G69142货车时将翻斗升至空中，离工地临时搭设的高压线目测距离大概有1米左右,发生触电,造成车辆轮胎等部件受损。2016年9月22日,原告与被告签订了保险合同。事故发生当天,原告就向被告报案了。

审判长:事故的描述是,发生事故当时,你方车辆与工地临时搭设的高压线没有接触,但被电击了。

原告代理人王丙斌:对。

审判长:原告对保险合同的订立和生效是否有异议?

原告代理人王丙斌:对保险合同的订立没有异议。

审判长:被告对保险合同的订立和生效是否有异议?

被告代理人:没有异议。

审判长:原告你方要求被告依据保险合同规定,承担保险责任的合同依据是什么?

原告代理人王丙斌:依据的是保险合同第4条第1项。保险合同第4条第1项是保险责任范围里对碰撞、倾覆、坠落的规定,我们认为这属于碰撞行为。

审判长:被告同意原告的主张吗?

被告代理人:不同意。因为原告车辆没有与外界任何物体发生直接碰撞。

审判长:被告你方认为原告车辆出现的情况不属于碰撞。

被告代理人:是的,不属于碰撞。

审判长:根据双方诉辩,本合议庭总结归纳本案的争议焦点为本案发生的交通事故是否属于保险合同的理赔范围。原告对合议庭总结的双方争议焦点是否有异议?

原告代理人王丙斌:没有。

审判长:被告对合议庭总结的双方争议焦点是否有异议?

被告代理人:没有。

审判长:下面由原告围绕本合议庭总结的争议焦点,出示支持你方主张的相应证据,出示证据时须说明证据来源、名称、内容以及所要证明的事项。

原告代理人王丙斌:我方的第1份证据是机动车行驶证,主要证明事故车辆为原告所有。此处只能提交复印件,因为事故车辆现在正在运营,行驶证要使用。

第 2 份证据是交通事故认定书,证明原告车辆在工地操作时与高压电线发生了碰撞遭到电击并被损坏。另外也证明事故发生后原告履行了报案义务,请求理赔程序符合法律规定。

第 3 份证据是车辆保险单,证明原告与被告签订了保险合同。事故发生在被告承诺期间和承诺范围之内。

第 4 份证据是拒赔案件通知书,证明被告拒绝依据事实与法律以及保险合同对原告进行理赔。

第 5 份证据是营业用汽车损失保险条款,证明被告拒绝对原告履行保险合同的约定义务。

第 6 份证据是车辆维修结算单,证明该事故车辆的维修费用共计 32 425 元。

审判长:原告,详细说明一下公安交通管理局出具的交通事故认定书所载明的交通事故发生的情况。

原告代理人王丙斌:交通事故责任认定书载明事故车辆由东向西行驶时,受到工地内高压电线电击,造成该车车轮轮胎及电路系统受损。

审判长:出具认定书的机关是哪里?

原告代理人王丙斌:大华市公安局中兴分局交警大队。

审判员:请法警将原告出示的证据交被告质证。

(法警将原告出示的 6 份证据递给被告诉讼代理人)

审判长:被告根据原告出示的证据发表你方的质证意见。质证时应当围绕证据的真实性、合法性、关联性,针对证据证明力的有无以及证明力大小,进行质疑、说明和辩驳。

被告代理人:对原告的第 1 份证据即机动车行驶证的真实性、关联性没有异议。

对第 2 份证据交通事故认定书的真实性没有异议。我方想在此说明一下,交警队出具的交通事故认定书实际上证明了原告车辆行驶时是受到工地内高压线电击而不是与高压线接触。另外,一般情况下,交警仅负责道路交通事故,对于非道路交通事故,只能由有管理权的单位进行处理。事故发生在工地,这起事故应当由施工监理进行处理。

对第3份证据车辆保险单,没有异议。保险单是我方与原告订立的,原告投保了商业险和交强险,投保期限为2016年9月22日至2017年9月22日。

对第4份证据拒赔案件通知书的真实性没有异议。确属我公司下发的拒赔通知书。原告的车辆事故不属于保险责任事故范围,我公司拒赔。

对第5份证据营业用汽车损失保险条款所证明的问题有异议。原告认为被保险车辆遭到电击属于碰撞范围,其请求赔偿所依据的是第4条第1项,但保险合同中对撞击的解释是:被保险车辆与外部物体发生直接接触并发生意外撞击产生撞击痕迹的现象,包括被保险车辆载运货物时所载货物与外界物体发生的撞击。所以保险合同条款中对碰撞的定义写得非常明确,原告诉讼的事故是不属于碰撞的。

审判长:原告对被告的质证意见是否有补充?

原告代理人王丙斌:没有。

审判长:被告针对你方的答辩意见出示有关证据。

被告代理人:第1份证据是被告保险公司对原告方司机姚某峰的调查笔录。笔录的内容很明确地证实被保险车辆的翻斗并没有接触高压线。

审判长:把笔录的相关内容宣读一下。

被告代理人:相关内容如下。

姓名:姚某峰,单位:大华顺达商贸有限公司。

问:华G69142货车在发生事故时是你在使用本车吗?

答:对。

问:请你描述一下当时发生事故的经过。

答:2016年12月18日上午,我在木樨地工地拉了沙子和土送到中兴区房山动车组工地,卸完货以后,大约中午,我向前停车时,当时翻斗还没有完全落下,在一边向前停车一边落斗时,由于车斗与工地高压线的距离太近,高压线放电致使本车过电后轮胎爆胎及电路受损。

问:当时是否发现高压线受损?需要赔付吗?

答:当时发现车斗没有接触到高压线,高压线也没有受损,不用赔付。

问：发生事故后你是怎么处理的？

答：我在向前停车，落斗时听到爆胎声，我停下车，发现轮胎爆胎还在冒烟。我就给单位车队队长通知了，队长又向单位相关部门通报了情况，后来又向保险公司报了案。

问：交警大约过了多久到现场？到现场后怎么处理的？

答：交警大约10分钟到了现场。先看了现场，又询问了事情经过，当时给我出了事故认定书，说我负全责。

问：后来又怎么处理了？

答：我们单位向保险公司报了案，保险公司来人看了。我在工地上换上轮胎又开出去修理。

问：以上记录你看了是否属实？

答：属实。

最后是姚某峰的签字。

以上是我们对原告方司机姚某峰的调查笔录，笔录里说得很明确，被保险车辆的翻斗并没有接触到高压线。高压线无损失，不用赔偿。

被告代理人：证据2是出险通知书，证明原告方司机姚某峰在中兴区房山动车组工地上操作华G69142货车时将翻斗升至空中，因高压线放电，发生触电，造成车辆轮胎等部件受损。经交警处理，本车全责。

审判员：请法警将被告出示的证据提交法庭。

（法警将被告出示的证据交给审判长）

审判长：原告就被告出示的证据发表质证意见。质证时应当围绕证据的真实性、合法性、关联性发表意见。

原告代理人王丙斌：对证据1、证据2的真实性没有异议。对被告证据证明的目的，我方与对方存在分歧，对此，我们将在法庭辩论时进行阐述。

（合议庭成员在法庭上低声进行了简短的评议）

审判长：合议庭对原告、被告出示的证据的真实性、关联性予以认定。

审判长：原告对事实是否还有补充？

原告代理人王丙斌：没有。

审判长：被告对事实是否还有补充？

被告代理人：没有。

审判长：现在法庭询问几个问题。

审判长：原告，被保险机动车在发生事故时车辆翻斗是否接触了高压线？

原告代理人王丙斌：没有。

审判长：你们认为没有接触怎么能够和保险合同约定的碰撞有关联？

原告代理人王丙斌：我们认为电是现有知识能够理解的一种物体，对高压电而言是没有绝缘材料的，一般情况下只存在一个安全距离。一般在0.7米以外是安全的，当然安全距离与电压相关，电压越高要求的安全距离越大。既然有安全距离，在不与电接触的情况下，是不会产生车辆损失的。这里，我们认为车辆是与无形的物体发生了接触。在保险合同关于碰撞的解释里也并没有明确排除与无形物体的接触。在保险合同中，将碰撞解释为，被保险车辆与外界物品发生接触产生撞击痕迹的现象，整个事故调查和原被告双方都明确确认，确实发生了电击。

审判长：是否有撞击痕迹？

原告代理人王丙斌：高压线发生放电，造成了轮胎爆胎。

陪审员：被告，保险责任里是否明确有关于电击的约定？

被告代理人：保险合同中没有关于电击的规定。

陪审员：被告，保险责任里是否有关于雷击的约定？

被告代理人：雷击属于保险责任。

陪审员：被告，再明确一下保险合同中关于碰撞的解释。

被告代理人：被保险物品与外部其他物品直接接触并发生意外撞击。也就是说两件物品必须接触到，产生碰撞痕迹，才是碰撞。如果只是单纯的电击，是不属于碰撞的。

审判长：被告，你们认为电是否属于物体？

被告代理人：不属于。

审判员：被告，解释一下雷击与电击的区别？

被告代理人：雷击是不可预见的，是自然现象产生电造成物体损坏。高压线电击是指电线放电。

陪审员：被告，雷击事故和电击事故在你们保险条款里是否有共同的解释？是否符合最初设定保险条款的约定？雷击与电击是否有共同点？

被告代理人：雷击和电击不可能存在共同点，雷击是自然灾害，属于保险责任范围。

审判长：原告对被告的解释是否有异议？

原告代理人王丙斌：首先，在保险合同里面关于电击没有明确的规定。在整个条款里也并没有排除与无形东西发生碰撞，既然没有排除，就应该包括。另外，我们不同意被告所称的电不属于物体，因为人们通常所说的都是"触电"，证明电应该是有形的物体，应该纳入保险条款。

审判员：车辆在卸土的时候翻斗完全落下了吗？

原告代理人王丙斌：没有。

审判员：这是否符合工地安全生产的相关规定？

原告代理人王丙斌：不清楚。

审判长：工地是否有明确的规定，距离高压线多少米的时候卸货？

原告代理人王丙斌：不可能随时随地都有。但是工地关于电压、电流等都有规定。

审判长：被告，保险条款里是否明确规定了车辆与有形物体发生接触才属于保险责任？

被告代理人：保险条款里约定两个物体必须有实际撞击。

审判长：你方认为原告车辆没有发生撞击的理由是什么？

被告代理人：因为车辆的翻斗没有实际落下。原告方司机在卸完货后没有将翻斗落下，而是继续行驶，我们理解原告车辆没有与高压线发生实际接触。

审判长被告，你们给原告车辆定损的价格是多少？

被告代理人：29 525 元。

审判长：原告对事实是否还有补充？

原告代理人王丙斌：我们有车辆修理费的发票，向法庭提交一下，其他没有补充了。

审判长：被告对事实是否还有补充？

被告代理人：没有。

审判长：法庭调查结束，现在进行法庭辩论。本案的争议焦点仍为，被保险机动车的损失是否属于保险责任范围。

法 庭 辩 论

审判长：原告发表辩论意见。

原告代理人王丙斌：我们认为电是现在人们根据所掌握的知识能理解的一种物体。高压线是有安全距离的，在这种情况下，电实际上是一种物体，也只有与高压电产生接触的时候才会对人身以及财产造成损失，因此我们认为在此次事故中受损车辆是与高压电接触才发生了损失。如果没有接触不会产生车辆的爆胎。这恰好符合保险条款里关于碰撞的解释。原告车辆发生损失正是因为与高压电发生碰撞的结果。另外，保险合同中关于碰撞的解释也没有明确地将无形物体排除在外。

审判长：被告发表辩论意见。

被告代理人：电是无形物体。调查笔录很明确地显示，车辆是在翻斗没有完全放下来的情况下与高压电线距离过近而发生电击。距离过近导致电击，这种行为我们可以理解为过错行为，是明知有危险而继续行驶造成的车辆损坏。我们认为没有直接接触到高压电线而受到电击，这不属于碰撞事故。

审判长：原告有新的辩论意见吗？

原告代理人王丙斌：没有。

审判员：被告有新的辩论意见吗？

被告代理人：没有。

审判长：法庭辩论结束。根据法律规定，当事人有进行最后陈述的权利，请双方发表最后陈述意见。

原告代理人王丙斌：坚持诉讼请求。

被告代理人：坚持答辩意见。

审判长：双方当事人是否同意调解？

原告代理人王丙斌：不同意。

被告代理人：不同意。

审判长：由于双方分歧较大，法庭不再做调解工作，法庭将另行通知宣判时间。

审判长：现在休庭。（敲法槌）

书记员：请全体起立，请审判长、审判员、人民陪审员退庭。

第三节　民事诉讼案例素材

一、民事案例1

（一）实验目的

1. 熟悉民事诉讼程序，掌握民事诉讼相关理论与实务知识。

2. 以角色为核心，分别学习各方诉讼技巧，以及法官审理案件的方法。

（二）实验要求

注意理论与实践的结合，将所学知识与案件事实结合起来分析。

（三）实验素材

原告图江大木西夏工程机械有限公司，住所地：图江回族自治区三水德胜工业园区。

法定代表人薛甲平，系该公司董事长。

委托代理人郭乙辉，女，回族，系图江大木西夏工程机械有限公司员工，现住图江大木西夏工程机械有限公司员工宿舍。

委托代理人田丙勇，男，汉族，系图江大木西夏工程机械有限公司员工，现住图江大木西夏工程机械有限公司员工宿舍。

被告王甲旭，男，汉族，原住图江回族自治区永康县，现住址不详。

案件事实：2012年4月9日，被告王甲旭与原告图江大木公司签订编号为NXXS120409B的分期付款买卖《协议书》及编号为NXXS120409b的《还款协议书》，这两份协议书约定：①被告从原告处购买挖掘机一台（商标牌号为 KOMATSU 大木,机器型号为 PC450-8,机号为 DZCZ0644),合同总价为 2 586 817 元(含融资利息);② 首付购机款为 440 940 元,剩余 2 145 877 元购机款依照《还款协议书》约定分 23 期支付,每期 93 299 元,于 2014 年 3 月 10 日前付清;③《协议书》第 12 条第 1 款约定:乙方如不能按照上述约定日期及时支付设备款,逾期款项除应承担月千分之九点六的利息以外,还要承担日万分之八的逾期违约金。合同签订后,原告于 2012 年 4 月 9 日将挖掘机交付给被告,被告验收后使用挖掘机,但被告始终未依照《还款协议书》约定履行分期还款义务。截至原告起诉之日,被告累计付款 1 266 929 元(含首付),未支付款项为 1 319 888 元,被告行为已经构成严重违约,应承担违约责任。现原告诉至法院,请求判如所请。

(四) 案件争议焦点

本案的争议焦点是双方签订的《协议书》《还款协议书》效力。

(五) 实验准备

1. 制作相关文书、证据。
2. 布置庭审现场。

(六) 实验步骤

1. 开庭前准备:各方代理律师组织思路、确定策略,明确证据使用顺序,讨论对方可能提出的观点,并对此进行研究,寻求对策。
2. 庭审模拟:包括法庭调查、法庭辩论等环节。

(七) 实验结果

总结模拟庭审的得失,分析长处和不足,由实务专家或教师对参与模拟的同学的表现作出点评。

二、民事案例 2

(一) 实验目的

1. 熟悉民事诉讼程序,掌握民事诉讼相关理论与实务知识。
2. 以角色为核心,分别学习各方诉讼技巧以及法官审理案件的方法。

(二) 实验要求

注意理论与实践的结合,将所学知识与案件事实结合起来分析。

(三) 实验素材

原告长海九尚信用担保有限公司。住所地：长海省五宁市生物园区管委会。

法定代表人伏甲元，系该公司董事长。

委托代理人许乙婧，系长海舒拓律师事务所律师。

被告长海维素冶炼有限责任公司。住所地：长海省五宁市经济技术开发区。

法定代表人许甲伟，系该公司总经理。

委托代理人赵乙智，系长海天阳律师事务所律师。

案件事实：2011年5月18日，九尚公司与维素公司签订了《委托保证合同》，该合同约定：九尚公司为维素公司贷款2500万元提供连带责任保证；维素公司支付担保费用137.5万元；若维素公司未完全履行合同义务，九尚公司有权要求该公司支付本合同规定担保金额的10%作为违约金。维素公司尚欠九尚公司担保费用60万元。2011年5月17日，维素公司与国开行签订了一份《人民币资金借款合同》，合同约定：借款金额为2500万元，分五期还款，最后一笔应于2014年5月18日归还800万元；若维素公司具有违约情况，国开行有权宣布贷款提前到期。同日，国开行与九尚公司签订了一份《保证合同》，合同约定：九尚公司为上述借款提供连带责任保证；担保范围为主合同项下的全部借款本金、利息、罚息等；保证人应在接到要求履行保证责任书面通知后5日内代为清偿。同年5月18日，九尚公司与维素公司签订了《抵押反担保合同》，该合同约定：九尚公司为维素公司2500万元借款提供保证，维素公司提供土地使用权作为抵押反担保。上述合同签订后，国开行依约向维素公司发放借款2500万元。被告维素公司仅归还了400万元，其余款项未予归还。2012年及2013年，国开行共向九尚公司发出6份《要求履行担保责任通知书》，称维素公司生产经营基本处于停产状态，公司法定代表人无法联系，其不具备偿还能力，要求九尚公司代为清偿借款本金及利息。九尚公司依约代维素公司向国开行归还借款本金及利息21 974 919.17元。

(四) 案件争议焦点

本案的争议焦点是案件涉及的《委托保证合同》《人民币资金借款合

同》《抵押反担保合同》等文件的效力。

(五) 实验准备

1. 制作相关文书、证据。

2. 布置庭审现场。

(六) 实验步骤

1. 开庭前准备：各方代理律师组织思路、确定策略，明确证据使用顺序，讨论对方可能提出的观点，并对此予以研究，寻求对策。

2. 庭审模拟：包括法庭调查、法庭辩论等环节。

(七) 实验结果

总结模拟庭审的得失，分析长处和不足，由实务专家或教师对参与模拟的同学的表现做出点评。

第九章　刑事案件实训

第一节　刑事案件实训的内容和方式

一、明确实训的目标

(一) 知识目标

通过模拟刑事庭审的过程,使学生掌握刑事实体法律知识;掌握刑事第一审程序的基本环节;掌握刑事证据法的基本内容;掌握刑事起诉书、辩护词、第一审刑事判决书等法律文书的写作与应用。

(二) 能力目标

通过实训培养学生运用刑事实体法律知识分析案情、运用刑事程序法律知识操作审判程序的能力;培养学生的程序意识与证据意识;培养学生的逻辑思维能力、组织能力、文字表达能力、法庭陈述和法庭辩论的技巧与能力[1]。

二、实训准备

开庭之前,教师负责讲解重点及难点并复习相关知识要点,包括:① 负责讲解公诉方、自诉原告、被告各方及诉讼参加人享有的权利及义务;② 程序方面,需要讲解完整的刑事诉讼程序,受理起诉的要件及立案

---

[1] 张炜达,尉琳.庭审理论与实务研究[M].西安:西北大学出版社,2009:55-64.

条件、管辖法院,审判前的开庭准备以及一审、二审程序①;③ 证据方面,需要讲解证据的种类、审查及运用等内容②。

　　开庭之前,教师应督促学生牢记自身的角色及职责分工,训练开庭技巧:① 结合法律法规、指导用书、音像资料及实务案例等,将每一个角色的职责及开庭技巧讲解清楚。一方面,教师应指导学生熟悉完整的庭审程序、规范使用法律语言和法律用语;另一方面,教师也要指导学生在法庭询问、法庭调查、证据核查等环节做好庭审记录。其中,居于核心地位的审判长最为关键,需要指导好审判长驾驭法庭;还要指导证人、鉴定人等角色完成自身的角色任务。② 角色训练。指导学生熟悉自身任务及需要的庭审技能,检查审判长所准备的审判程序提纲,检查各方准备的发言,反复进行演练。③ 总结问题,二次指导。完整进行审判程序的演练后,教师应针对各个角色出现的问题进行再次辅导,如对举证、质证等环节中出现的问题及时指正③。

三、刑事第一审模拟诉讼程序

(一) 法庭审判前的准备

1. 公诉方开庭前的准备

　　《刑事诉讼法》第 169 条规定凡需要提起公诉的案件,一律由人民检察院审查决定。第 171 条规定:人民检察院审查案件的时候,必须查明:① 犯罪事实、情节是否清楚,证据是否确实、充分,犯罪性质和罪名的认定是否正确;② 有无遗漏罪行和其他应当追究刑事责任的人;③ 是否属于不应追究刑事责任的情况;④ 有无附带民事诉讼;⑤ 侦查活动是否合法。

　　第 176 条规定人民检察院认为犯罪嫌疑人的犯罪事实已经查清,证据确实、充分,依法应当追究刑事责任的,应当作出起诉决定,按照审判管辖的规定,向人民法院提起公诉,并将案卷材料、证据移送人民法院。人民检察院决定起诉的,应当制作起诉书。

---

① 戴优强.职校民事模拟法庭实训方案研究[J].职业教育研究,2010(7):121-122.
② 田毅平.浅谈模拟法庭在刑事诉讼法教学中的应用[J].时代教育,2015,(1):10-11.
③ 沈柳兰.模拟法庭在刑事实体法教学中的探索和应用[J].考试周刊,2010(24):201.

提起公诉的案件，人民检察院应当派员以国家公诉人的身份出席第一审法庭，支持公诉。公诉人应当由检察长、检察员或者经检察长批准代行检察员职务的助理检察员一人至数人担任，并配备书记员担任记录①。

公诉人在人民法院决定开庭审判后，应当做好如下准备工作：① 深入熟悉案情，了解证据的掌握情况；② 研究本案件所涉及的法律政策问题；③ 充实审判中可能涉及的专业知识；④ 拟定讯问被告人，询问证人、鉴定人、有专门知识的人和宣读、出示、播放证据的计划，并制订质证方案；⑤ 对可能出现证据合法性争议的，拟定证明证据合法性的提纲并准备相关材料②；⑥ 拟定公诉意见，准备辩论提纲；⑦ 需要对出庭证人等进行保护，向人民法院提出建议或者配合做好工作的，做好相关准备。

人民法院通知人民检察院派员参加庭前会议的，由出席法庭的公诉人参加，必要时可配备书记员担任记录③。对于证据材料较多、案情疑难复杂、社会影响大或者控辩双方对事实证据存在较大争议的，可以召开庭前会议。依据《人民法院办理刑事案件庭前会议规程(试行)》第10条，在庭前会议中，公诉人可以对案件的管辖，有关人员回避，是否公开审理，非法证据排除，新的证据材料，申请重新鉴定或者勘验，是否调取被告人无罪或罪轻的证据，是否申请向证人或有关单位、个人收集、调取证据材料，是否申请证人、鉴定人、侦查人员、有专门知识的人出庭等事项进行提出问题和交换意见，了解辩护人证据收集的情况。若对辩护人收集的证据存在异议，应当及时提出。

公诉人可以通过参加庭前会议，深入地了解案件事实，对辩护人提出的证据和法律适用准备公诉意见，解决程序的相关问题，及时为参加庭审做好准备。《人民法院办理刑事案件庭前会议规程(试行)》第14条规定，被告人及辩护人提出申请排除非法证据，并依照法律规定提供相关线索或者材料的，人民检察院应当在庭前会议中出示有关证据材料，有针对性地对证据收集的合法性作出说明。人民法院可以对有关证据材料进行

---

① 侯华生.补充侦查案件延期审理建议宜由公诉人提出[J].人民检察，2014(5)：80.
② 谭庆德，谭新宇.论检察机关证据合法性证明责任承担[J].中共青岛市委党校.青岛行政学院学报，2013(2)：96-100.
③ 黄河，史卫忠，吕卫华.刑事诉讼规则在公诉工作中的理解与适用[J].国家检察官学院学报，2013,21(1)：12-23.

核实。

2. 辩护方开庭前的准备

司法实践中,辩护方的工作一般由辩护人开展。根据《刑事诉讼法》第 34 条,犯罪嫌疑人自被侦查机关第一次讯问或者采取强制措施之日起,有权委托辩护人;在侦查期间,只能委托律师作为辩护人。被告人有权随时委托辩护人。根据第 37 条的规定,辩护人的责任是根据事实和法律,提出犯罪嫌疑人、被告人无罪、罪轻或者减轻、免除其刑事责任的材料和意见,维护犯罪嫌疑人、被告人的诉讼权利和其他合法权益[①]。

根据《刑事诉讼法》第 33 条,辩护人可以由律师、人民团体或者犯罪嫌疑人、被告人所在单位推荐的人,以及犯罪嫌疑人、被告人的监护人、亲友担任。由于刑事辩护的复杂性与程序性,法律赋予律师更多的辩护权利,因此实践中辩护人一般由律师担当,下面主要介绍辩护律师在开庭前的准备。

(1) 会见被告人。就辩护方案及辩护准备工作与被告人进行沟通、交流;向被告人介绍法庭诉讼程序,告知被告人在法庭上享有哪些权利;告知被告人应当注意的问题;帮助被告人安定情绪等。

(2) 制作文书、准备材料。拟定当庭向被告人发问的提纲;拟定当庭对控方证据进行质证的提纲;拟定当庭举证的提纲;拟定当庭辩论的提纲;制作辩护词。

(3) 进行程序性准备。了解被指控的犯罪行为是否和审判案件的法院存在联系,协助被告人确定是否要对法院提出管辖权异议;了解公诉人、法庭组成人员的相关情况,协助被告人确定有无申请回避的事由及是否提出回避的申请;律师申请人民法院通知证人、鉴定人、勘验检查笔录制作人出庭作证的,应制作上述人员名单,注明其身份、住址、通信地址等,并说明拟证明事实,在开庭前提交人民法院;向人民法院了解通知证人、鉴定人、勘验检查笔录制作人出庭作证的情况,如果发现有未予通知或没有通知到的情况,应及时与法庭协商解决;参加法院主持的庭前会议,并就相关问题进行沟通。

---

① 刘晓霞.模拟法庭[M].北京:科学出版社,2013:147-148.

3. 审判方开庭前的准备

根据《最高人民法院关于适用〈中华人民共和国刑事诉讼法〉的解释》（以下简称《刑诉解释》）第180条的规定，对提起公诉的案件，人民法院应当在收到起诉书（一式八份，每增加一名被告人，增加起诉书五份）和案卷、证据后，指定审判人员审查以下内容：① 案件是否属于本院管辖；② 起诉书是否写明被告人的身份，被告人是否受过或者正在接受刑事处罚，被告人被采取强制措施的种类、羁押地点、犯罪的时间、地点、手段、后果以及其他可能影响定罪量刑的情节；③ 是否移送证明指控犯罪事实的证据材料，包括采取技术侦查措施的批准决定和收集的证据材料；④ 是否查封、扣押、冻结被告人的违法所得或者其他涉案财物，并附证明相关财物依法应当追缴的证据材料；⑤ 是否列明被害人的姓名、住址、联系方式，是否附有证人、鉴定人名单，是否申请法庭通知证人、鉴定人、有专门知识的人出庭并列明有关人员的姓名、性别、年龄、职业、住址、联系方式，是否附有需要保护的证人、鉴定人、被害人名单；⑥ 当事人已委托辩护人、诉讼代理人，或者已接受法律援助的，是否列明辩护人、诉讼代理人的姓名、住址、联系方式；⑦ 是否提起附带民事诉讼，提起附带民事诉讼的，是否列明附带民事诉讼当事人的姓名、住址、联系方式，是否附有相关证据材料；⑧ 侦查、审查起诉程序的各种法律手续和诉讼文书是否齐全；⑨ 有无《刑事诉讼法》第16条第2项至第6项规定的不追究刑事责任的情形[①]。

依据《刑诉解释》第182条的规定，开庭审理前，人民法院应当进行下列工作：① 确定审判长及合议庭组成人员；② 开庭十日前将起诉书副本送达被告人、辩护人；③ 通知当事人、法定代理人、辩护人、诉讼代理人在开庭五日前提供证人、鉴定人名单，以及拟当庭出示的证据，申请证人、鉴定人、有专门知识的人出庭的，应当列明有关人员的姓名、性别、年龄、职业、住址、联系方式；④ 开庭三日前，将开庭的时间、地点通知人民检察院；⑤ 开庭三日前将传唤当事人的传票和通知辩护人、诉讼代理人、法定代理人、证人、鉴定人等出庭的通知书送达，通知有关人员出庭，也可以采

---

① 刘志苏.模拟法庭：模拟案例与法律文书[M].北京：化学工业出版社，2014：16-17.

取电话、短信、传真、电子邮件等能够确认对方收悉的方式；⑥ 公开审理的案件，在开庭三日前公布案由、被告人姓名、开庭时间和地点。上述工作情况应当记录在案。

依据《刑诉解释》第183条的规定，案件具有下列情形之一的，审判人员可以召开庭前会议：① 当事人及其辩护人、诉讼代理人申请排除非法证据的；② 证据材料较多、案情重大复杂的；③ 社会影响重大的；④ 需要召开庭前会议的其他情形。召开庭前会议，根据案件情况，可以通知被告人参加。

依据《刑诉解释》第184条的规定，召开庭前会议时，审判人员可以就下列问题向控辩双方了解情况，听取意见：① 是否对案件管辖有异议；② 是否申请有关人员回避；③ 是否申请调取在侦查、审查起诉期间，公安机关、人民检察院收集的但未随案移送的证明被告人无罪或者罪轻的证据材料；④ 是否提供新的证据；⑤ 是否对出庭证人、鉴定人、有专门知识的人的名单有异议；⑥ 是否申请排除非法证据；⑦ 是否申请不公开审理；⑧ 与审判相关的其他问题。审判人员可以询问控辩双方对证据材料有无异议，对有异议的证据，应当在庭审时重点调查；无异议的，庭审时的举证、质证可以简化。被害人或者其法定代理人、近亲属提起附带民事诉讼的，可以调解。庭前会议情况应当制作笔录。

依据《刑诉解释》第185条的规定，开庭审理前，合议庭可以拟出法庭审理提纲，提纲一般包括下列内容：① 合议庭成员在庭审中的分工；② 起诉书指控的犯罪事实的重点和认定案件性质的要点；③ 讯问被告人时需了解的案情要点；④ 出庭的证人、鉴定人、有专门知识的人、侦查人员的名单；⑤ 控辩双方申请当庭出示的证据的目录；⑥ 庭审中可能出现的问题及应对措施。

依据《刑诉解释》第186条的规定，审判案件应当公开进行。案件涉及国家秘密或者个人隐私的，不公开审理；涉及商业秘密，当事人提出申请的，法庭可以决定不公开审理。

（二）法庭审判阶段的程序规范

刑事案件第一审普通程序是人民法院对公诉或自诉案件进行第一次审判时必须遵循的程序，其中公诉案件第一审普通程序最为完整、规范，主要包括庭前审查、庭前准备、法庭审判、延期和中止审理、评议和宣判等诉讼环节。本实训要求学生根据我国《刑事诉讼法》的规定,按照公诉案件第一审普通程序对法庭审判环节进行演练。依据《刑事诉讼法》的规定,法庭审判程序大致可分为开庭、法庭调查、法庭辩论、被告人最后陈述、评议和宣判五个步骤①。

1. 开庭

依据《刑诉解释》第189条的规定,开庭是正式进行法庭审判前的准备阶段。开庭前,人民法院书记员应当依次进行下列工作:① 查明公诉人、当事人、证人及其他诉讼参与人是否已经到庭;② 宣读法庭规则;③ 请公诉人、辩护人入庭;④ 请审判长、审判员(人民陪审员)入庭;⑤ 审判人员就座后,当庭向审判长报告开庭前的准备工作已经就绪。

依据我国《刑事诉讼法》第186条至第190条及《刑诉解释》第190条至第194条的规定,开庭的具体程序和内容包括以下五个方面。

(1) 审判长宣布开庭,传被告人到庭后,应当查明被告人的下列情况:姓名、出生年月日、民族、出生地、文化程度、职业、住址,或者单位的名称、住所地、诉讼代表人的姓名和职务;是否曾受到过法律处分及处分的种类、时间;是否被采取强制措施及强制措施的种类、时间;收到人民检察院起诉书副本的日期;附带民事诉讼的,附带民事诉讼被告人收到附带民事诉状的日期。

(2) 审判长宣布案件的来源,起诉的案由,附带民事诉讼原告人和被告人的姓名(名称)及是否公开审理。对于不公开审理的案件,应当当庭宣布不公开审理的理由。

(3) 审判长宣布合议庭组成人员、书记员、公诉人、辩护人、诉讼代理人、鉴定人和翻译人员的名单。

(4) 审判长应当告知当事人、法定代理人在法庭审理过程中依法享有下列诉讼权利:可以申请合议庭组成人员、书记员、公诉人、鉴定人和翻译人员回避;可以提出证据,申请通知新的证人到庭、调取新的证据,申请重新鉴定或者勘验、检查;被告人可以自行辩护;被告人可以在法庭辩

---

① 王喆,周毅.模拟法庭实训教程[M].北京:经济科学出版社,2015:84-185.

论终结后作最后的陈述。

（5）审判长分别询问当事人及其法定代理人、辩护人、诉讼代理人是否申请回避，申请何人回避和申请回避的理由。如果当事人及其法定代理人、辩护人、诉讼代理人申请回避的，法院应当根据《刑事诉讼法》和相关司法解释中有关回避的规定加以处理。

2. 法庭调查

法庭调查是在审判人员的主持下，由控辩双方和其他诉讼参与人参加，当庭对案件事实和证据进行审查、核实的诉讼活动。其任务是查明案件事实、核实证据。《刑事诉讼法》规定，所有证据都必须在法庭上调查核实后才能作为定案根据，法庭调查的范围是人民检察院起诉书所指控的被告人的犯罪事实和证明被告人有罪、无罪、罪重、罪轻的各种证据[1]。

依据我国《刑事诉讼法》的第 196 条、第 197 条及《刑诉解释》第 195 条至第 227 条的规定，法庭调查的具体步骤和程序如下。

（1）公诉人宣读起诉书。审判长宣布法庭调查开始后，首先由公诉人宣读起诉书；有附带民事诉讼的，再由附带民事诉讼的原告人或者其诉讼代理人宣读附带民事诉状。

（2）被告人、被害人陈述。在审判长的主持下，被告人、被害人可以就起诉书指控的犯罪事实分别进行陈述。

（3）讯问、询问被告人、被害人和附带民事诉讼原告人、被告人。在审判长的主持下，公诉人可以就起诉书中指控的犯罪事实讯问被告人；被害人及其诉讼代理人经审判长准许，可以就公诉人讯问的情况进行补充性发问；附带民事诉讼的原告人及其法定代理人或者诉讼代理人经审判长准许，可以就附带民事诉讼部分的事实向被告人发问；经审判长准许，被告人的辩护人及法定代理人或者诉讼代理人可以在控诉一方就某一具体问题讯问完毕后向被告人发问。此后，控辩双方经审判长准许，可以向被害人、附带民事诉讼原告人发问。

（4）询问证人、鉴定人。证人、鉴定人到庭后，审判人员应当首先核实证人、鉴定人的身份、与当事人以及本案的关系，告知证人、鉴定人应当

---

[1] 曹应林.浅谈公诉人如何参与法庭调查[J].江苏广播电视大学学报，1994(2)：32-35.

如实提供证言、鉴定意见,说明有意作伪证或者隐匿罪证或者有意作假鉴定要负的法律责任。证人、鉴定人作证或者说明鉴定意见前,应当在如实作证或者如实说明鉴定意见的保证书上签字。

公诉人、当事人和辩护人、诉讼代理人经审判长许可,可以对证人、鉴定人发问。向证人、鉴定人发问时,应当先由提请或要求传唤的一方进行,发问完毕后,对方经审判长准许,也可以发问。审判人员认为有必要时,可以询问证人、鉴定人。

为避免证人、鉴定人之间相互影响,向证人和鉴定人发问应当分别进行。证人、鉴定人经控辩双方发问或者审判人员询问后,审判长应当告知其退庭。同时,为防止庭审对证人和鉴定人作证的影响,证人、鉴定人不得旁听本案的审理。

向证人、鉴定人发问的内容与本案无关或者发问的方式不当的,审判长应当制止;控方或辩方认为对方发问的内容与本案无关或者发问的方式不当并提出异议的,审判长应当判明情况并予以支持或者驳回。

(5)出示物证、宣读鉴定意见和有关笔录。公诉人、辩护人应当向法庭出示物证,让当事人辨认,对未到庭的证人的证言笔录、鉴定人的鉴定意见、勘验笔录和其他作为证据的文书,应当当庭宣读。当庭出示的物证、书证、视听资料等证据,应当先由出示证据的一方就所出示证据的来源、特征等作必要的说明,然后由另一方进行辨认并发表意见,控辩双方可以互相质问、辩论。

当庭出示的证据,宣读的证人证言、鉴定意见和勘验、检查笔录等,在出示、宣读后应立即将原件移交法庭。审判长宣布休庭后,合议庭应当与提供证据的公诉人、辩护人等办理交接手续。对于确实无法当庭移交的,法庭应当要求出示、宣读证据的一方在休庭后三日内移交。对于公诉人在法庭上宣读、播放未到庭证人的证言的,如果该证人提供过不同的证言,法庭应当要求公诉人将该证人的全部证言在休庭后三日内移交。人民法院对移交的证据材料审查后,发现与庭审调查认定的案件事实有重大出入,可能影响正确裁判的,应当决定恢复法庭调查。[①]

[①] 范登峰.刑事庭审研究[M].北京:法律出版社,2017:25-26.

(6) 调取新的证据。《刑诉解释》第 220 条规定,法庭审理过程中,当事人和辩护人、诉讼代理人有权申请通知新的证人到庭,调取新的物证,申请重新鉴定或者勘验。公诉人、当事人和辩护人、诉讼代理人可以申请法庭通知有专门知识的人出庭,就鉴定人作出的鉴定意见提出意见。法庭对于上述申请,应当作出是否同意的决定。对于有专门知识的人出庭,适用鉴定人的有关规定。当事人和辩护人、诉讼代理人申请通知新的证人到庭,调取新的物证,申请重新鉴定或者勘验的,应当提供证人的姓名、证据的存放地点,说明所要证明的案件事实、要求重新鉴定或者勘验的理由。公诉人、当事人和辩护人、诉讼代理人申请法庭通知有专门知识的人出庭就鉴定人作出的鉴定意见提出意见的,也必须向法庭说明理由。审判人员根据具体情况,认为可能影响案件事实认定的,应当同意该申请,并宣布延期审理;不同意的,应当告知理由并继续审理。

(7) 法庭调查核实证据。在法庭审理过程中,人民法院可以向人民检察院调取需要调查核实的证据材料,或者根据辩护人、被告人的申请,向人民检察院调取在侦查、审查起诉过程中收集的有关被告人无罪和罪轻的证据材料,法庭作出决定后,应当通知人民检察院在收到调取证据材料决定书后三日内移交。审判期间,合议庭发现被告人可能有自首、坦白、立功等法定量刑情节,而人民检察院移送的案件中没有相关证据材料的,应当通知人民检察院移送。审判期间,被告人提出新的立功线索的,人民法院可以建议人民检察院补充侦查。

法庭审理过程中,合议庭对证据有疑问的,可以宣布休庭,对证据进行调查核实。人民法院调查核实证据时,可以进行勘验、检查、查封、扣押、鉴定和查询、冻结。必要时,可以通知检察人员、辩护人到场。如果控辩双方对合议庭在调查核实证据过程中收集到的证据材料有异议,该证据材料应当由控辩双方进行质证、辩论之后,才能作为定案的根据。

附带民事诉讼部分的调查,一般在刑事诉讼部分的调查结束后进行,具体程序按照"民事诉讼法"的有关规定进行。

3. 法庭辩论

依据《刑事诉讼法》第 198 条及《刑诉解释》第 228 条至第 234 条的规

定,法庭审理过程中,对与定罪、量刑有关的事实、证据都应当进行调查、辩论。经审判长许可,公诉人、当事人和辩护人、诉讼代理人可以对证据和案件情况发表意见并且可以互相辩论。

法庭辩论在审判长的主持下,按照下列顺序进行:① 公诉人发言;② 被害人及其诉讼代理人发言;③ 被告人自行辩护;④ 辩护人辩护;⑤ 控辩双方进行辩论。前四项活动称为第一回合,控辩双方进行辩论可进行多个回合,反复辩论,直至双方意见阐述完毕,不再发言。附带民事诉讼部分的辩论应当在刑事诉讼部分的辩论结束后进行,先由附带民事诉讼的原告人及其诉讼代理人发言,然后由被告人及其诉讼代理人答辩,也可进行多次反复辩论①。

在法庭辩论中,控辩双方应当以事实为依据,以法律为准绳,围绕双方争论的焦点进行论证与反驳。审判长应当善于抓住双方辩论的焦点,把辩论引向深入,对于控辩双方与案件无关、重复或者相互指责的发言应当予以提醒、制止。如果合议庭发现新的事实,认为有必要进行调查,审判长可以宣布暂停辩论,恢复法庭调查,待这项事实查清后继续法庭辩论。

被告人当庭拒绝辩护人辩护,要求另行委托辩护人或者指派律师的,合议庭应当准许。被告人拒绝辩护人辩护后没有辩护人的,应当宣布休庭;仍有辩护人的,庭审可以继续进行。有多名被告人的案件,部分被告人拒绝辩护人辩护后,没有辩护人的,根据案件情况,可以对这部分被告人另案处理,对其他被告人的庭审继续进行。重新开庭后,被告人再次当庭拒绝辩护人辩护的,可以准许,但被告人不得再次另行委托辩护人或者要求另行指派律师,应由其自行辩护。被告人属于应当提供法律援助的情形,重新开庭后再次当庭拒绝辩护人辩护的,不予准许。辩护人拒绝为被告人辩护的,应当准许,是否继续庭审参照适用前述规定。

合议庭认为经过反复辩论,案情已经查明、罪责已经分清或者控辩双方的意见已经充分发表时,审判长应及时宣布辩论终结。从保障被告人

---

① 樊学勇.模拟法庭审判讲义及案例脚本[M].北京:中国人民公安大学出版社,2009:18-19.

权益出发,宣布辩论终结前,审判长应询问被告人和辩护人是否还有新的辩护意见。

附带民事诉讼部分可以在法庭辩论结束后当庭调解。不能达成协议的,可以同刑事部分一并判处。

4. 被告人最后陈述

依据《刑事诉讼法》第 198 条及《刑诉解释》第 235 条、第 236 条的规定,审判长在宣布辩论终结后,被告人有最后陈述的权利。可见,被告人的最后陈述不仅是法庭审判的一个独立阶段,而且是法律赋予被告人的一项重要诉讼权利。

合议庭应当保障被告人充分行使最后陈述的权利。审判长宣布法庭辩论终结后应当告知被告人享有此项权利,让被告人陈述,被告人的最后陈述只要不超出本案范围,一般不应限制其发言时间,或随意打断其发言,而应让被告人尽量把话讲完。但如果被告人在最后陈述中多次重复自己的意见,审判长可以制止;如果陈述内容是蔑视法庭、公诉人,损害他人及社会公共利益或者与本案无关的,应当制止;在公开审理的案件中,如果被告人最后陈述的内容涉及国家秘密或者个人隐私的,也应当制止。

被告人在最后陈述中提出了新的事实、证据,合议庭认为可能影响正确裁判的,应当恢复法庭调查;如果被告人提出新的辩解理由,合议庭认为确有必要的,可以恢复法庭辩论。

5. 评议和宣判

依据《刑事诉讼法》第 200 条至第 202 条及《刑诉解释》第 237 条至第 248 条的规定,被告人最后陈述完毕后,审判长应当宣布休庭,合议庭进行评议,法庭审判进入评议和宣判阶段。

(1) 评议。评议是合议庭组成人员在已进行的法庭审理活动的基础上,对案件事实、证据和法律适用进行讨论、分析、判断并依法对案件作出裁判的诉讼活动。合议庭在评议时,应当根据已经查明的事实、证据和有关法律规定,在充分考虑控辩双方意见的基础上进行评议,确定被告人是否有罪、应否追究刑事责任,构成何罪、应否处以刑罚,判处何种刑罚,有无从重、从轻、减轻或者免除处罚的情节,附带民事诉讼如何解决,赃款赃物如何处理等,并依法作出判决。

合议庭评议由审判长主持,一律秘密进行。评议时,如果有意见分歧,应当按多数人的意见作出决定,但是少数人的意见应当写入笔录,评议笔录由合议庭组成人员签名。一般情况下,合议庭经过开庭审理并且评议后,应当作出判决,但对于疑难、复杂、重大的案件,合议庭成员意见分歧较大,难以对案件作出决定的,由合议庭提请法院院长决定提交审判委员会讨论决定,审判委员会的决定,合议庭应当执行。

我国《刑事诉讼法》第200条规定,一审人民法院应当根据已经查明的事实、证据和有关法律规定,分别作出以下裁判:① 案件事实清楚,证据确实、充分,依据法律认定被告人有罪的,应当作出有罪判决;② 依据法律认定被告人无罪的,应当作出无罪判决;③ 证据不足,不能认定被告人有罪的,应当作出证据不足、指控的犯罪不能成立的无罪判决。

对于人民法院曾以"证据不足,不能认定被告人有罪"为由而作出证据不足、指控的犯罪不能成立的无罪判决的案件,人民检察院可以依据新的事实、证据材料重新起诉。人民法院受理后,经过法庭审理,在依法作出判决时,对于前案作出的无罪判决,不予撤销。但应当在判决书中写明被告人曾被人民检察院提起公诉,因证据不足,指控的犯罪不能成立,被人民法院依法判决宣告无罪的情况。

(2) 宣判。宣判分为当庭宣判和定期宣判两种。当庭宣判是指在合议庭经过评议并作出决定后,立即复庭由审判长宣告判决结果。当庭宣告判决后,应当在五日内将判决书送达当事人、提起公诉的人民检察院、辩护人和诉讼代理人。当庭宣判符合刑事审判的集中审理原则,有利于发挥法庭审判的法制教育作用。定期宣判是指合议庭经休庭评议并作出决定后,或者因案情疑难、复杂、重大,合议庭认为难以作出决定,而由合议庭提请院长决定提交审判委员会讨论决定后,另行确定日期宣告判决书的宣判形式。定期宣告判决的,合议庭应当在宣判前,先期公告宣判的时间和地点,传唤当事人并通知公诉人、法定代理人、诉讼代理人和辩护人;判决宣告后应当立即将判决书送达当事人、提起公诉的人民检察院、辩护人和诉讼代理人。判决生效后还应当将判决书送达被告人所在单位或者原户籍所在地的公安派出所,被告人是单位的,应当送达被告人注册登记机关。

案件不论是否公开审理,宣告判决一律公开进行。宣判时,法庭内全体人员应当起立。另外,宣判一般应当通知公诉人、辩护人、被害人、自诉人或者附带民事诉讼的原告人到庭,如果没有到庭,不影响宣判的进行。地方各级人民法院在宣告第一审判决时,审判长往往口头告知被告人享有上诉权,并告知上诉期限和上诉法院。

(三)法庭审判后诉讼文书的整理与归档

根据最高人民法院与国家档案局联合下发的《人民法院诉讼文书立卷归档办法》,人民法院的诉讼文书,要根据刑事、民事、经济类别,按年度、审级、一案一号的原则,单独立卷。

诉讼文书材料的排列顺序,总的要求是按照诉讼程序的客观进程形成文书的时间自然顺序进行排列。刑事一审诉讼文书材料的排列顺序如下:卷宗封面;卷内目录;案件移送书;起诉书正本;起诉书附件;阅卷笔录;准备庭笔录;送达起诉书笔录;审问笔录;调查笔录或调查取证材料;聘请、指定、委托辩护人的有关材料;开庭前的通知、传票、提票等;开庭公告;审判庭审判笔录;审判庭询问证人笔录;辩护词、公诉词;合议庭评议笔录;案情报告;审判委员会决议或记录;判决书或裁定书、调解书原本和正本;宣判笔录;判决书和裁定书等送达回证;抗诉书;移送上诉案件报告或上诉案件移送书;上级法院退卷函;上级法院判决书或裁定书正本;执行通知书存根和回执(释放证回执);赃、证物移送清单和处理手续材料;备考表;卷底①。

装订前要做好诉讼文书材料的检查。对破损或褪色的材料,应当进行修补和复制。装订部位过窄或有字迹的材料,要用纸加衬边。纸面过小的书写材料,要加贴衬纸。纸张大于卷面的材料,要按卷宗大小折叠整齐。对字迹难以辨认的材料,应当附上抄件。外文材料应当译成中文附在后面。需要附卷的信封要打开平放,邮票不要起掉。材料上的全部金属物都要剔除干净。

一个案件的诉讼文书材料,每卷以200张左右为宜,过多时应按形成的顺序分册订卷。卷宗必须用线绳3～5眼装订牢固,不要漏订。长度应

---

① 左卫民,谢鸿飞.法院的案卷制作——以民事判决书为中心[J].比较法研究,2003(5):39-51.

在18厘米左右。人民法院的诉讼文书材料，要单独立卷，不要与公安机关预审卷、检察机关起诉卷混订或合订。卷宗装订以后，应检查文件材料有无漏订现象，然后在卷底装订线上贴上封纸，并用承办书记员名章加盖骑缝。

卷宗要在案件结案以后的一个季度内归档。案卷要根据《关于人民法院诉讼档案保管期限的规定》提出保管期限意见，向档案室移交，并办好交接手续。凡立卷不符合规定要求的，由有关书记员负责重新整理。

归档的录音带、录像带、影片等声像档案，应在每盘上注明当事人的姓名、案由、案号、承办单位、录制人、录制时间、录制内容，并按形成顺序，逐盘登记造册归档。归档的证物，凡是能够附卷保存的，应装订入卷或装入证物袋，在证物袋上写明名称、数量、特征、来源。不便附卷保存的，应当另行包装，注明所属案件的年度、审级、案号、当事人姓名、案由以及证物的名称、数量、特征等，随同本案卷宗归档。易腐、易爆、易燃、有毒的证物，因不适于保存，可拍照附卷，经领导批准销毁或处理。

已归档的审判卷宗，不得从卷内抽取材料。需要增添文书材料时，必须征得档案人员同意，按立卷要求办理，以保证卷宗的质量。

模拟法庭结束后，应当及时地将零散的、杂乱无章的诉讼文书集中收集起来，按照一定的规则和流程，系统地整理归档，形成一套规范完整的卷宗教材，为今后的模拟法庭教学积累原始资料和实践经验[①]。

四、刑事第二审模拟诉讼程序

我国《刑事诉讼法》第10条规定，人民法院审判案件，实行两审终审制。第二审程序又称为上诉审程序，是二审人民法院根据上诉或抗诉，就第一审人民法院尚未发生法律效力的判决或裁定认定的事实和法律适用进行审理时，应当遵循的步骤和方法[②]。

（一）第二审程序的提起

1. 提起第二审程序的主体

依据我国《刑事诉讼法》第227条及第228条的规定，被告人、自诉人

---

① 刘晓霞.模拟法庭[M].北京：科学出版社，2013：177.
② 王喆，周毅.模拟法庭实训教程[M].北京：经济科学出版社，2015：184.

和他们的法定代理人,不服地方各级人民法院第一审的判决、裁定,有权用书状或者口头向上一级人民法院上诉。被告人的辩护人和近亲属,经被告人同意,可以提出上诉。附带民事诉讼的当事人和他们的法定代理人,可以对地方各级人民法院第一审的判决、裁定中的附带民事诉讼部分,提出上诉。地方各级人民检察院认为本级人民法院第一审的判决、裁定确有错误的时候,应当向上一级人民法院提出抗诉。

依据我国《刑事诉讼法》第229条的规定,被害人及其法定代理人不服地方各级人民法院第一审判决的,自收到判决书后五日以内,有权请求人民检察院提出抗诉。人民检察院自收到被害人及其法定代理人的请求后五日以内,应当作出是否抗诉的决定并且答复请求人。

依据《刑诉解释》第304条、第305条的规定,上诉人在上诉期限内要求撤回上诉的,人民法院应当准许。上诉人在上诉期满后要求撤回上诉的,第二审人民法院应当审查。经审查,认为原判决认定事实和适用法律正确,量刑适当的,应当裁定准许撤回上诉;认为原判决认定事实不清、证据不足或者将无罪判为有罪、轻罪重判等的,应当不予准许、继续按照上诉案件审理。被判处死刑立即执行的被告人提出上诉,在第二审开庭后宣告裁判前申请撤回上诉的,应当不予准许,继续按照上诉案件审理。

2. 上诉、抗诉的方式和程序

《刑诉解释》第300条规定,人民法院受理的上诉案件,一般应当有上诉状正本及副本。上诉状内容应当包括第一审判决书、裁定书的文号和上诉人收到的时间;第一审人民法院的名称;上诉的请求和理由;提出上诉的时间。被告人的辩护人、近亲属经被告人同意提出上诉的,还应当写明其与被告人的关系,并应当以被告人作为上诉人。

《刑诉解释》第301条规定,上诉、抗诉必须在法定期限内提出。不服判决的上诉、抗诉期限为十日;不服裁定的上诉、抗诉期限为五日。上诉、抗诉的期限,从接到判决书、裁定书的第二日起计算。对附带民事判决、裁定的上诉、抗诉期限,应当按照刑事部分的上诉、抗诉期限确定。附带民事部分另行审判的,上诉期限也应当按照《刑事诉讼法》规定的期限确定。

《刑诉解释》第302条及第303条规定,上诉人通过第一审人民法院提出上诉的,第一审人民法院应当审查。上诉符合法律规定的,应当在上诉期满后三日内将上诉状连同案卷、证据移送上一级人民法院,并将上诉状副本送交同级人民检察院和对方当事人。上诉人直接向第二审人民法院提出上诉的,第二审人民法院应当在收到上诉状后三日内将上诉状交第一审人民法院。第一审人民法院应当审查上诉是否符合法律规定。符合法律规定的,应当在接到上诉状后三日内将上诉状连同案卷、证据移送上一级人民法院,并将上诉状副本送交同级人民检察院和对方当事人。

《刑诉解释》第306条规定,地方各级人民检察院对同级人民法院第一审判决、裁定的抗诉,应当通过第一审人民法院提交抗诉书。第一审人民法院应当在抗诉期满后三日内将抗诉书连同案卷、证据移送上一级人民法院,并将抗诉书副本送交当事人。

(二) 第二审程序的审判

《刑诉解释》第309条规定,第二审人民法院对第一审人民法院移送的上诉、抗诉案卷、证据,应当审查是否包括下列内容:① 移送上诉、抗诉案件函;② 上诉状或者抗诉书;③ 第一审判决书、裁定书八份(每增加一名被告人增加一份)及其电子文本;④ 全部案卷、证据,包括案件审理报告和其他应当移送的材料。

《刑诉解释》第310条规定,第二审人民法院审理上诉、抗诉案件,应当就第一审判决、裁定认定的事实和适用法律进行全面审查,不受上诉、抗诉范围的限制。《刑诉解释》第315条规定,对上诉、抗诉案件,应当着重审查下列内容:① 第一审判决认定的事实是否清楚,证据是否确实、充分;② 第一审判决适用法律是否正确,量刑是否适当;③ 在侦查、审查起诉、第一审程序中,有无违反法定诉讼程序的情形;④ 上诉、抗诉是否提出新的事实、证据;⑤ 被告人的供述和辩解情况;⑥ 辩护人的辩护意见及采纳情况;⑦ 附带民事部分的判决、裁定是否合法、适当;⑧ 第一审人民法院合议庭、审判委员会讨论的意见。

第二审案件的审判方式有开庭审理与不开庭审理两种。根据《刑事诉讼法》第234条第1款、第2款的规定,第二审人民法院对于下列案件,应当组成合议庭开庭审理:① 被告人、自诉人及其法定代理人对第一审认定的事实、证据提出异议,可能影响定罪量刑的上诉案件;② 被告人被判处死刑的上诉案件;③ 人民检察院抗诉的案件;④ 其他应当开庭审理的案件。第二审人民法院决定不开庭审理的,应当讯问被告人,听取其他当事人、辩护人、诉讼代理人的意见。

下面对刑事案件第二审程序开庭审理方式进行介绍。

1. 法庭审理前的准备

(1) 公诉方开庭前的准备。根据《人民检察院刑事诉讼规则(试行)》第473条的规定,对提出抗诉的案件或者公诉案件中人民法院决定开庭审理的上诉案件,同级人民检察院应当派员出席第二审法庭。检察人员出席第二审法庭的任务是:① 支持抗诉或者听取上诉意见,对原审人民法院作出的错误判决或者裁定提出纠正意见;② 维护原审人民法院正确的判决或者裁定,建议法庭维持原判;③ 维护诉讼参与人的合法权利;④ 对法庭审理案件有无违反法律规定的诉讼程序的情况制作笔录;⑤ 依法从事其他诉讼活动。

根据《人民检察院刑事诉讼规则(试行)》第474条的规定,对抗诉和上诉案件,与第二审人民法院同级的人民检察院可以调取下级人民检察院与案件有关的材料。人民检察院在接到第二审人民法院决定开庭、查阅案卷通知后,可以查阅或者调阅案卷材料,查阅或者调阅案卷材料应当在接到人民法院的通知之日起一个月以内完成。在一个月以内无法完成的,可以商请人民法院延期审理。

根据《人民检察院刑事诉讼规则(试行)》第475条的规定,检察人员应当客观全面地审查原审案卷材料,不受上诉或者抗诉范围的限制,审查原审判决认定案件事实、适用法律是否正确,证据是否确实、充分,量刑是否适当,审判活动是否合法;并应当审查下级人民检察院的抗诉书或者上诉人的上诉书,了解抗诉或者上诉事实、证据和法律适用问题,有针对性地做好庭审准备工作。

根据《人民检察院刑事诉讼规则(试行)》第476条的规定,检察人员在审查第一审案卷材料时,应当复核主要证据,可以讯问原审被告人,必要时可以补充收集证据、重新鉴定或者补充鉴定。需要原侦查机关补充收集证据的,可以要求原侦查机关补充收集。被告人、辩护人提出被告人自首、立功等可能影响定罪量刑的材料和线索的，人民检察院可以依照管辖规定交侦查机关调查核实，也可以自行调查核实。发现遗漏罪行或者同案犯罪嫌疑人的，应当建议侦查机关侦查。

对于下列原审被告人，应当进行讯问：① 提出上诉的；② 人民检察院提出抗诉的；③ 被判处无期徒刑以上刑罚的。

根据《人民检察院刑事诉讼规则（试行）》第 478 条的规定，检察人员出席第二审法庭前，应当制作讯问被告人、询问被害人、证人、鉴定人和出示、宣读、播放证据计划，拟写答辩提纲，并制作出庭意见。

(2) 辩护方开庭前的准备。根据《刑诉解释》第 361 条的规定，第二审期间，被告人除自行辩护外，还可以继续委托第一审辩护人或者另行委托辩护人辩护。共同犯罪案件，只有部分被告人提出上诉，或者自诉人只对部分被告人的判决提出上诉，或者人民检察院只对部分被告人的判决提出抗诉的，其他同案被告人也可以委托辩护人辩护。

第二审程序中的辩护人仍享有第一审程序中的各项诉讼权利。但是由于经历了一审程序，无论是辩护人对案件材料的掌握还是被告人的心理状态都与一审程序中不同，因此辩护人应当仔细分析一审卷宗材料，抓住案件的焦点问题，在会见、调查取证过程中把重点放在对一审判决中存在争议的案情和证据的调查上；要注意倾听和分析被告人不服一审判决的理由，从中发现对被告人有利的情节和相关证据线索，确定辩护思路。

2. 开庭审理程序规定

《刑诉解释》第 322 条规定，开庭审理上诉、抗诉案件，除参照适用第一审程序的有关规定外，应当按照下列规定进行：① 法庭调查阶段，审判人员宣读第一审判决书、裁定书后，上诉案件由上诉人或者辩护人先宣读上诉状或者陈述上诉理由，抗诉案件由检察员先宣读抗诉书；既有上诉又有抗诉的案件，先由检察员宣读抗诉书，再由上诉人或者辩护人宣读上诉状或者陈述上诉理由。② 法庭辩论阶段，上诉案件，先由上诉人、辩护人发言，后由检察员、诉讼代理人发言；抗诉案件，先由检察员、诉讼代理人发言，后由被告人、辩护人发言；既有上诉又有抗诉的案件，先由检察员、诉讼代理人发言，后由上诉人、辩护人发言。

《刑诉解释》第 323 条规定,开庭审理上诉、抗诉案件,可以重点围绕对第一审判决、裁定有争议的问题或者有疑问的部分进行。根据案件情况,可以按照下列方式审理:① 宣读第一审判决书,可以只宣读案由、主要事实、证据名称和判决主文等。② 法庭调查应当重点围绕对第一审判决提出异议的事实、证据以及提交的新的证据等进行;对没有异议的事实、证据和情节,可以直接确认。③ 对同案审理案件中未上诉的被告人,未被申请出庭或者人民法院认为没有必要到庭的,可以不再传唤到庭。④ 被告人犯有数罪的案件,对其中事实清楚且无异议的犯罪,可以不在庭审时审理。同案审理的案件,未提出上诉、人民检察院也未对其判决提出抗诉的被告人要求出庭的,应当准许。出庭的被告人可以参加法庭调查和辩论[1]。

3. 对第二审案件的处理

我国《刑事诉讼法》第 236 条至第 238 条规定,第二审法院对不服第一审判决的上诉、抗诉案件进行审理后,应按下列情形分别作出处理。

(1) 原判决认定事实和适用法律正确、量刑适当的,应当裁定驳回上诉或者抗诉,维持原判。

(2) 原判决认定事实没有错误,但适用法律有错误,或者量刑不当的,应当改判。

(3) 原判决事实不清楚或者证据不足的,可以在查清事实后改判,也可以裁定撤销原判,发回原审人民法院重新审判。原审人民法院对发回重新审判的案件作出判决后,被告人提出上诉或者人民检察院提出抗诉的,第二审人民法院应当依法作出判决或者裁定,不得再发回原审人民法院重新审判。

(4) 第二审人民法院发现第一审人民法院的审理有下列违反法律规定的诉讼程序的情形之一的,应当裁定撤销原判,发回原审人民法院重新审判:① 违反《刑事诉讼法》有关公开审判的规定的;② 违反回避制度的;③ 剥夺或者限制了当事人的法定诉讼权利,可能影响公正审判的;④ 审判组织的组成不合法的;⑤ 其他违反法律规定的诉讼程序,可能影

---

[1] 刘志苏.模拟法庭:模拟案例与法律文书[M].北京:化学工业出版社,2014:23.

响公正审判的。

根据《刑诉解释》第 325 条的规定,第二审人民法院审理被告人或者他的法定代理人、辩护人、近亲属上诉的案件,不得加重被告人的刑罚。第一审人民法院发回原审人民法院重新审判的案件,除有新的犯罪事实,人民检察院补充起诉的以外,原审人民法院也不得加重被告人的刑罚。具体有下列七种情况:① 同案审理的案件,只有部分被告人上诉的,既不得加重上诉人的刑罚,也不得加重其他同案被告人的刑罚。② 原判事实清楚,证据确实、充分,只是认定的罪名不当的,可以改变罪名,但不得加重刑罚。③ 原判对被告人实行数罪并罚的,不得加重决定执行的刑罚,也不得加重数罪中某罪的刑罚。④ 原判对被告人宣告缓刑的,不得撤销缓刑或者延长缓刑考验期。⑤ 原判没有宣告禁止令的,不得增加宣告;原判宣告禁止令的,不得增加内容、延长期限。⑥ 原判对被告人判处死刑缓期执行没有限制减刑的,不得限制减刑。⑦ 原判事实清楚,证据确实、充分,但判处的刑罚畸轻、应当适用附加刑而没有适用的,不得直接加重刑罚、适用附加刑,也不得以事实不清、证据不足为由发回第一审人民法院重新审判;必须依法改判的,应当在第二审判决、裁定生效后,依照审判监督程序重新审判。人民检察院抗诉或自诉人上诉的案件,不受前述规定的限制。

五、实训的考核评定

模拟刑事审判开庭后,应当对开庭情况进行总结。总结也是学习的一种过程和方式,通过总结可以发现和纠正错误,提高刑事案件实训的学习效果[①]。

(一) 总结与评价的内容

在模拟刑事审判开庭后主要应当对下列方面进行总结评价:

(1) 庭审程序是否合法,操作是否规范;

(2) 法律运用是否准确,说理是否透彻;

(3) 语言表达是否流畅严密;

---

① 翟业虎.关于规范我国高校模拟法庭教学的思考[J].高等教育研究,2015(9):71-74.

(4) 临场应变是否自如娴熟；

(5) 法律文书的写作能力有否提高；

(6) 争议焦点是否准确清晰；

(7) 模拟开庭参加人着装、仪表是否合适，声音是否洪亮、口齿是否清晰。

(二) 评价主体

1. 参加人员自我评价及相互评价

庭审结束后，各成员自我总结评价，指出自身的不足和表现比较好的地方。同时，各个成员之间相互进行评价。评价并不是为了评估参加成员的判断能力和成绩。而是评估彼此的行为表现，发现存在的问题，寻求改进的方法[①]。

2. 旁听人员评价

旁听人员在旁听席，不仅能纵观全局，而且能冷静地观察庭审，因此，更能够客观地对刑事模拟庭审的参加人进行评价。

3. 组织模拟法庭的指导教师、专家进行评价

指导刑事模拟庭审的教师和专家能够更专业地对实训学生的能力、素质和存在的不足提出针对性意见，对提高学生实践能力具有重要意义。

第二节 刑事案件实训操作

李某佳、林某羽抢劫案脚本[②]

本模拟法庭角色如下：① 审判人员 3 人，其中陪审员 1 人；② 书记员 1 人；③ 被告人 2 人；④ 辩护人 2 人；⑤ 公诉人 1 人；⑥ 法警 6 人；⑦ 证人 1 人。

模拟法庭审判道具：① 法官袍 3 件；② 书记员服 1 套；③ 律师服 2 套；④ 检察官服 1 套；⑤ 法槌 1 个。

---

① 刘志苏.模拟法庭：模拟案例与法律文书[M].北京：化学工业出版社，2014：15-16.
② 本案例根据真实案件改编，所涉人名、地名均已处理。

案 情 简 介

2018年7月24日,被告人李某佳、林某羽二人因没钱交房租,便预谋到外地实施抢劫,遂于当日早晨8时许在房州市城关区武都路家家乐超市购得小刀一把作为作案工具,后驱车前往定南市,到达定南市临远路清远小区后,选定3单元101室作为目标。被告人李某佳以解手为由骗得受害人李某英打开房门,被告人李某佳进入室内,被告人林某羽在门口等候。被告人李某佳在洗手间将被害人李某英捅伤致死后劫得现金530元。经法医鉴定,受害人李某英系左胸部刺创致心包破裂,心脏破裂而死亡[1]。

庭 前 准 备

1. 向被告人送达开庭通知书。
2. 如果被告人没有聘请辩护人,告知被告人有聘请辩护人的权利。
3. 符合指定辩护情形的,法院为被告人指定具有法律援助义务的律师担任辩护人。
4. 通知人民检察院开庭时间、地点。
5. 将开庭通知书送达辩护人、诉讼代理人、证人、鉴定人、翻译人员。
6. 公布公开审理案件的案由,被告人的姓名,开庭时间、地点。

正 式 开 庭

书记员:(面向旁听席站立)请保持安静,现在宣读法庭纪律:① 在案件审理过程中应关闭手机等通信设备;② 未经允许不得录音、录像和摄影,经允许可以摄影的人员不得使用闪光灯;③ 不得随意走动和进入审判区[2];④ 不得发问、提问、鼓掌、喧哗、哄闹和实施其他妨碍审判活动的行为;⑤ 爱护法庭设施、保持法庭卫生,不得吸烟和随地吐痰;⑥ 旁听人员违反法庭规则的,审判长可以口头警告、训诫,也可以没收录音、录像和摄影器材,责令退出法庭或经院长批准予以罚款、拘留,对于哄闹、冲击法庭,侮辱、诽谤、威胁、殴打审判人员等严重扰乱法庭秩序的,依法追

---

① 刘晓霞.模拟法庭[M].北京:科学出版社,2013:159-161.
② 程楠楠,王海滢.礼貌原则在法庭审理用语中的体现[J].行政与法,2012(8):69-71.

究刑事责任；⑦ 旁听公民通过旁听案件的审判,对法院的审判活动有意见或建议的,可以在闭庭以后书面向法院提出①。请公诉人、辩护人入庭。(以上人员各自到位就座)

书记员：全体起立,请审判长、审判员(人民陪审员)入庭。

(以上人员各自到位就座)

书记员：(转身面向审判者)报告审判长,开庭前的准备工作已经就绪。

审判长：请坐下！现在开庭！(敲法槌)带被告人到庭。

(法警将候审室的被告人带至法庭被告席)

审判长：被告人姓名？

被告人李某佳：李某佳。

审判长：被告人李某佳,你的出生年月日？

被告人李某佳：1992年4月11日。

审判长：民族？

被告人李某佳：汉族。

审判长：出生地？

被告人李某佳：广肃房州。

审判长：文化程度？

被告人李某佳：高中毕业。

审判长：职业？

被告人李某佳：没有固定工作,打工的。

审判长：家庭住址？

被告人李某佳：家住房州城关区,街心小区。后租房在武都路18号的一个住宅小院子里。

审判长：有无别名、曾用名？

被告人李某佳：没有。

审判长：以前是否受过法律处分？

被告人李某佳：没有。

---

① 齐永丽,冯亚景.法庭审判中的法官言语行为研究[J].新余学院学报,2011,16(2)：51-54.

审判长：你是什么时候被刑事拘留的？

被告人李某佳：2018年10月10日。

审判长：你是什么时候被逮捕的？

被告人李某佳：2018年10月15日。

审判长：定南市人民检察院的起诉书副本你收到了吗？

被告人李某佳：收到了。

审判长：什么时候收到的？

被告人李某佳：忘了。

审判长：有没有十天？

被告人李某佳：有了。

审判长：被告人，你的姓名？

被告人林某羽：林某羽。

审判长：被告人林某羽，你的出生年月日？

被告人林某羽：2002年7月12日。

审判长：民族？

被告人林某羽：汉族。

审判长：出生地。

被告人林某羽：广肃房州。

审判长：文化程度？

被告人林某羽：初中。

审判长：职业？

被告人林某羽：没有。

审判长：你的家庭住址？

被告人林某羽：我家在房州市城关区嘉禾小区。被捕前和李某佳一起住在武都路的一个小院子里。

审判长：有无别名、曾用名？

被告人林某羽：没有。

审判长：以前是否受过法律处分？

被告人林某羽：没有。

审判长：你是什么时候被刑事拘留的？

被告人林某羽：我是2018年10月10日投案自首的。

审判长：你是什么时候被逮捕的？

被告人林某羽：2018年10月15日。

审判长：定南市人民检察院的起诉书副本你收到了吗？

被告人林某羽：收到了。

审判长：是什么时候收到的？

被告人林某羽：大概十天前。

审判长：根据《中华人民共和国刑事诉讼法》第176条之规定，广肃省定南市中级人民法院今天依法公开审理由广肃省定南市人民检察院提起公诉的被告人李某佳、被告人林某羽抢劫一案。本案由本院审判员刘某玉担任审判长，与审判员杨某杰、张某涛依法组成合议庭；书记员赵某亮担任法庭记录；广肃省定南市人民检察院指派检察员张某彬、赵某聪出庭支持公诉；广肃省正义律师事务所律师贾某鹏受被告人李某佳亲属的委托，担任被告人李某佳的辩护人，广肃飞天律师事务所律师康某飞接受林某羽法定代理人的委托，担任被告人林某羽的辩护人，出庭为被告人李某佳、林某羽进行辩护。根据《中华人民共和国刑事诉讼法》第32条、第33条、第58条及第198条的规定，当事人、辩护人在诉讼中享有如下权利：① 可以申请合议庭组成人员、书记员、公诉人回避；② 可以提出新的证据，申请通知新的证人到庭、调取新的物证，申请重新鉴定或勘验、检查；③ 被告人可以自行辩护；④ 被告人可以在法庭辩论终结后作最后陈述。被告人李某佳，刚才宣布的你在法庭上的权利，你听清楚了吗？

被告人李某佳：听清楚了。

审判长：你申请回避吗？

被告人李某佳：不申请。

审判长：被告人林某羽，你刚才听清楚了吗？

被告人林某羽：听清楚了。

审判长：你申请回避吗？

被告人林某羽：不申请。

审判长：现在开始法庭调查，首先由公诉人宣读起诉书。

公诉人：

广肃省定南市人民检察院
起诉书

定检刑诉〔2016〕第 56 号

被告人李某佳,男,1992 年 4 月 11 日生,身份证号码××××,汉族,高中文化,房州市城关区人,现住房州市城关区天水路,街心小区 1 栋 28 号,无业。2018 年 10 月 10 日因涉嫌抢劫被定南市公安局刑事拘留,同年 10 月 15 日被逮捕,现羁押于定南市第一看守所。

被告人林某羽,男,2002 年 7 月 12 日生,汉族,初中文化,房州市城关区人,身份证号码为××××,现住房州市城关区静宁路,嘉禾小区 8 栋 59 号,无前科。2018 年 10 月 10 日因涉嫌抢劫被定南市公安局刑事拘留,同年 10 月 15 日被逮捕,现羁押于定南市第一看守所。

被告人李某佳、林某羽入室抢劫致人死亡一案,经定南市公安局侦查终结,于 2019 年 3 月 26 日移送本院审查起诉,本院受理后,依法讯问了被告人,听取了被害人诉讼代理人和被告人辩护人的意见,并审查了全部案件材料。

经依法审查查明:

2018 年 7 月 24 日,被告人李某佳、林某羽二人因没钱交房租,便心生实施抢劫的恶念,遂于当日早晨 8 时许在房州城关区附近的家家乐超市购得小刀一把作为作案工具,后驱车前往定南市,到达清远小区后,选定 3 单元 101 室作为目标。被告人李某佳以解手为由,骗得受害人李某英打开房门,被告人李某佳进入室内,被告人林某羽在门口等候。被告人李某佳在洗手间将被害人李某英捅伤致死后劫得现金 530 元,后与被告人林某羽逃回房州。经法医鉴定,受害人李某英系左胸部刺创致心包破裂,心脏破裂而死亡。

以上犯罪事实有被告人供述、证人证言、现场勘查笔录、尸体检验报告为证,事实清楚,证据确实、充分。

本院认为,被告人李某佳、林某羽无视国法,入室劫取他人财物,其行为触犯了《中华人民共和国刑法》第二百六十三条之规定,构成抢劫罪。二被告人的行为导致被害人李某英死亡,应当加重处罚。本院为维护社会秩序,保护公民人身权利不受侵犯,打击刑事犯罪,现根据《中华人民共和国刑事诉讼法》第一百七十六条之规定，特提起公诉，请依法予以惩处。

　　此致

定南市中级人民法院

检察员：张文彬
2019 年 5 月 23 日

附：
1. 证人名单 1 份。
2. 证据目录 1 份。
3. 主要证据复印件 1 份。

　　审判长：带被告人林某羽到候审室候审。
　　（法警将被告人林某羽带下法庭）
　　审判长：被告人李某佳，公诉人刚才宣读的起诉书你听清楚了吗？
　　被告人李某佳：听清楚了。
　　审判长：与你收到的起诉书副本是否一致。
　　被告人李某佳：一致。
　　审判长：被告人李某佳，你可以就起诉书指控的犯罪事实进行陈述。
　　被告人李某佳：我没有什么要说的，他们检察院说的都是对的。
　　审判长：公诉人可以就起诉书指控的犯罪事实向被告人李某佳发问。
　　公诉人：被告人李某佳，公诉人今天在法庭上就本案事实再次对你进行询问，你必须如实回答，听清楚了吗？
　　被告人李某佳：嗯。
　　公诉人：被告人，去抢劫的想法是谁先提出来的？
　　被告人李某佳：是我先提出的。
　　公诉人：买刀子是谁提出来的？
　　被告人李某佳：也是我提出来的。
　　公诉人：你和林某羽是怎么到定南的？
　　被告人李某佳：坐长途车。
　　公诉人：到清远小区后，你们为什么把目标选定在 3 单元 101 室？

被告人李某佳：我们只是随便定的，想碰碰运气，没有什么原因。

公诉人：你是怎么进入101室的？

被告人李某佳：是那个老太太开的门，她把门开开让我进去的。

公诉人：她为什么给你开门？

被告人李某佳：我敲门说想上厕所，让她行个方便。

公诉人：你进到房间后上厕所了没有？

被告人李某佳：没有。

公诉人：那你干什么了？

被告人李某佳：我先假装找厕所，到她家转了一圈，发现她家只有她一个人，我就进到了卫生间，又假装说卫生间没有手纸了，让老太太送一些。

公诉人：然后呢？

被告人李某佳：老太太进来以后我就拿出了刀子，让她把钱拿出来，没有想到老太太大喊大叫的，还把我的手咬伤了，我就朝她乱捅了几刀，她倒下去了，我在她家胡乱翻了翻，找到了一些钱，就和林某羽坐车回到房州了。

公诉人：你进房间的时候，林某羽在干什么？

被告人李某佳：我让他在门口站着看人。

公诉人：审判长，公诉人对被告人李某佳的发问到此。

审判长：辩护人是否有问题向被告人李某佳发问？

李某佳辩护人：有。被告人李某佳，你买水果刀最初的目的是什么？

被告人李某佳：是为了吓唬吓唬人。

李某佳辩护人：你为什么要用刀子捅受害人？

被告人李某佳：因为她大声喊叫，我害怕有人听见。

李某佳辩护人：你捅被害人的具体部位在哪里？

被告人李某佳：我只记得在胸部和背部，因为当时太紧张了。

李某佳辩护人：审判长，辩护人对被告人李某佳的发问暂时到此。

审判长：被告人林某羽的辩护人有没有问题向被告人李某佳发问？

林某羽辩护人：有。

林某羽辩护人：被告人李某佳，你和林某羽到定南去的时候，有没有具体说去干什么?

被告人李某佳:说了,就是去抢些钱。

林某羽辩护人:你把老太太捅伤的事情,当时林某羽知道不知道?

被告人李某佳:当时不知道,后来我告诉他了。

林某羽辩护人:审判长,辩护人对被告人李某佳的发问暂时到此。

审判长:带被告人李某佳退庭,带被告人林某羽到庭。

(法警将李某佳带下,林某羽被带上庭)

审判长:被告人林某羽,公诉人刚才宣读的起诉书你听清楚了吗?

被告人林某羽:听清楚了。

审判长:与你收到的起诉书副本是否一致?

被告人林某羽:一致。

审判长:被告人林某羽,你可以就起诉书指控的犯罪事实进行陈述。

被告人林某羽:那天李某佳说要带我去抢劫,因为我们没钱交房租,我也好久没有回家拿过钱了。于是我们买了刀后就坐汽车去了定南,李某佳说我们随便找个小区碰碰运气,我说什么都听他的,于是李某佳说他要上厕所,就敲开了清远小区3单元101室的门,还让我在门口等着给他放风。他进去了好一会儿,我听到了叫喊的声音有点担心,可是又不敢进去,直到李某佳出来,手也受伤了。我问他发生什么事了,他没说啥,只拉我离开了小区,他说先找个诊所包扎一下然后才回的房州。回到住所后他才说把老太太给捅了,具体怎样了他也不知道。后来我在报纸上看到那个老太太死了,但凶手还没有找到,两天后,也就是10月10日那天,我瞒着李某佳偷偷去了公安局。

审判长:公诉人可以就起诉书指控的犯罪事实向被告人林某羽发问。

公诉人:2018年7月24日你和李某佳干了什么?

被告人林某羽:我们两个在定南抢了一个老太太的钱。

公诉人:抢钱的事情是谁提出来的?

被告人林某羽:是李某佳,我还说一切都听他的。

公诉人:当时你们两个有没有分工?

被告人林某羽:有,他进屋子了,我在门后站着看有没有人来。

公诉人:那李某佳进屋以后你听见叫喊声了吗?

被告人林某羽:听见了。

公诉人:审判长,公诉人对被告人林某羽的发问暂时到此。

审判长:辩护人是否有问题向被告人林某羽发问?

林某羽辩护人:有。被告人林某羽,李某佳在进入101室前跟你说了什么?

被告人林某羽:他说他进去抢劫,让我站在门口看人。

林某羽辩护人:当你在门口听到叫喊声时,你心里是怎么想的?

被告人林某羽:当时有点担心,但是又想,他在抢劫的过程中应该会发生争斗,所以也就没进去。

林某羽辩护人:审判长,辩护人的发问暂时到此。

审判长:被告人李某佳的辩护人有没有问题向被告人林某羽发问?

李某佳辩护人:没有。

审判长:带被告人李某佳到庭。

(李某佳被带上庭,二被告人同庭)

审判长:现在由控辩双方进行举证质证,首先由公诉人就起诉书所指控的事实向法庭举证。注意在举证的时候说明证据的名称、来源及证据的证明力。

公诉人:公诉人向法庭出示的第一组证据是被告人李某佳和林某羽的户籍证明,这可以证明被告人李某佳年满18周岁,具有完全刑事责任能力,而被告人林某羽尚未成年。

审判长:被告人李某佳,大屏幕上显示的户籍证明你看清楚了吗?

被告人李某佳:看清了。

审判长:有无异议?

被告人李某佳:没有。

审判长:辩护人有无异议?

李某佳辩护人:没有。

审判长:被告人林某羽,大屏幕上显示的户籍证明你看清楚了吗?

被告人林某羽:看清了。

审判长:有无异议?

被告人林某羽：没有。

审判长：林某羽辩护人有无异议？

林某羽辩护人：没有。

公诉人：向法庭出示的第二组证据是现场勘验笔录、尸体检验报告。该组证据可证明被害人李某英的死亡事实是其左胸部刺创致使心包破裂造成的。公诉人请求摘录部分当庭予以宣读。

审判长：可以宣读。

（公诉人宣读并投影）

审判长：被告人李某佳你对公诉人刚才宣读的证据有无异议？

被告人李某佳：没有。

审判长：辩护人你对公诉人刚才宣读的证据有无异议？

李某佳辩护人：没有异议。

审判长：被告人林某羽，你对公诉人刚才宣读的证据有无异议？

被告人林某羽：没有。

审判长：辩护人你对公诉人刚才宣读的证据有无异议？

林某羽辩护人：没有异议。

审判长：公诉人继续举证。

公诉人：公诉人向法庭出示的第三组证据是物证及鉴定书，包括被害人李某英和被告人李某佳的血衣，被告人李某佳所持的水果刀以及水果刀上的指纹鉴定和血型化验，被告人和被害人血衣上的血迹鉴定，水果刀的提取、辨认笔录证明，手印鉴定书证明。该组证据可证明被害人李某英的死亡结果是被告人李某佳所致。

公诉人：公诉人请求当庭出示被告人李某佳当天所持水果刀。

审判长：请法警协助将该份证据向被告人李某佳出示。（法警将该证据拿到李某佳面前辨认）

审判长：被告人李某佳，你认识这把水果刀吗？

被告人李某佳：认识，这个就是我那天入室抢劫用的那把。

审判长：请法警协助将该份证据向被告人林某羽出示。

（法警将该证据拿到林某羽面前辨认）

审判长：被告人林某羽，你认识这把水果刀吗？

被告人林某羽：认识，这个就是我和李某佳那天一起买的。

审判长：请法警协助将该份证据向辩护人出示。

（法警又拿刀转身走向辩护人）

审判长：李某佳辩护人对水果刀有无异议？

李某佳辩护人：没有。

审判长：林某羽辩护人对水果刀有无异议？

林某羽辩护人：没有。

审判长：公诉人继续举证。

公诉人：公诉人请求当庭宣读该水果刀上的指纹鉴定和血型化验结果，现场辨认笔录。

审判长：可以宣读。

（公诉人宣读并投影）

审判长：被告人李某佳对这三份证据有无异议？

被告人李某佳：没有。

审判长：李某佳辩护人有无异议？

李某佳辩护人：没有。

审判长：被告人林某羽对这三份证据有无异议？

被告人林某羽：没有。

审判长：林某羽辩护人有无异议？

林某羽辩护人：没有。

审判长：公诉人继续举证。

公诉人：公诉人请求当庭出示被告人李某佳和被害人李某英的血衣。

审判长：请法警协助将该份证据向被告人李某佳出示。

审判长：被告人李某佳，你对该份证据有无异议？

被告人李某佳：没有，这是我那天穿的衣服，被害人的记不清了，好像是这件。

审判长：请法警协助将该份证据向李某佳被告人的辩护人出示。

审判长：辩护人，你对该份证据有无异议？

李某佳辩护人：没有。

审判长：请法警协助将该份证据向被告人林某羽出示。

审判长：被告人林某羽，你对该份证据有无异议？

被告人林某羽：没有。

审判长：请法警协助将该份证据向辩护人出示。

审判长：辩护人，你对该份证据有无异议？

林某羽辩护人：没有。

审判长：公诉人继续举证。

公诉人：公诉人请求宣读血衣上的血迹鉴定。

审判长：可以宣读。

（公诉人宣读并投影）

审判长：被告人李某佳对该鉴定有无异议？

被告人李某佳：没有。

审判长：辩护人呢？

李某佳辩护人：没有。

审判长：被告人林某羽对该鉴定有无异议？

被告人林某羽：没有。

审判长：辩护人呢？

林某羽辩护人：也没有。

审判长：公诉人继续举证。

公诉人：公诉人向法庭提供的第四组证据为证人证言及接警报告，该组证据可证明当天案发时的情况。公诉人请求传唤本案的第一证人王某明出庭作证。

审判长：证人，你的姓名？

证人：王某明。

审判长：年龄？

证人：32。

审判长：职业？

证人：定南市财政局的工作人员。

审判长：证人王某明，你与本案的被害人李某英是什么关系？

证人：她是我的邻居，我们住在同一栋楼里。

审判长：证人王某明，根据法律的规定，你有出庭作证的义务，作证要如实、客观，有意作伪证要承担相应的法律责任。证人，你听清楚了吗？

证人：听清楚了，我一定会如实讲的。

审判长：请证人在出庭作证如实陈述保证书上签字。

（由法警将保证书拿到证人席，待签字完毕后交给书记员）

审判长：证人王某明，请你就2018年7月24日的情况向法庭进行陈述。

证人：那天中午差不多两点，我下楼准备去上班，快到一楼的时候，我看到一男子在门口，突然从屋里走出一高个男子，两人看起来慌慌张张，矮个子的一个劲问高个子咋回事，咋这会儿才出来，发生什么事了，高个子啥话没说，只是拽着矮个子离开了。

审判长：公诉人有无问题向证人王某明发问？

公诉人：有。证人王某明，那天你看到的两个人，现在还能不能认出来？

证人：可以，就是站在法庭上的这两个人。

公诉人：审判长，公诉人发问暂时到此。

审判长：李某佳辩护人是否要对证人进行发问？

李某佳辩护人：没有。

审判长：林某羽辩护人是否要对证人进行发问？

林某羽辩护人：没有。

审判长：被告人李某佳，证人王某明的证言你听清楚了吗？有无异议？

被告人李某佳：听清了，没有异议。

被告人林某羽：听清了，没有异议。

审判长：证人王某明退庭，听候法庭传唤。

审判长：公诉人继续举证。

公诉人：公诉方举证结束。

审判长：辩护人有没有证据需要向法庭出示？

二辩护人：没有。

审判长：法庭调查到此结束，现在进行法庭辩论，首先由公诉人发表公诉意见。

公诉人：

定南市人民检察院
公诉意见书

审判长、审判员：

根据《中华人民共和国刑事诉讼法》第一百七十一条、第一百七十六条之规定，我们受定南市人民检察院的指派，代表本院就今天依法公开审理的被告人李某佳、林某羽涉嫌入室抢劫致人死亡一案，以国家公诉人的身份，出席法庭支持公诉，并依法对刑事诉讼实行法律监督。

通过以上法庭调查，清楚地说明了本院起诉书认定被告人李某佳、林某羽所犯抢劫罪事实清楚、证据确凿、定性准确，现对本案具体情节发表以下公诉意见，供合议庭参考：

第一，本案各被告人犯罪事实清楚，证据确实充分，二被告人的行为已构成抢劫罪。根据《中华人民共和国刑事诉讼法》第一百一十八条、第一百五十九条，公诉人依法讯问了各个被告人，并依法举出了各项犯罪事实的证据，由侦查机关通过合法程序取得，刚刚在法庭上亦已经通过公诉方和辩护方的质证，并被法庭记录在案。从公诉方举出的证据来看，由于李某佳和林某羽没钱交房租，于是两人萌生了抢劫的念头，经过充分预谋，于2016年7月24日14时许，二被告人在定南市清远小区3单元101室抢劫，并当场杀害被害人李某英，抢得的530元钱已经全部挥霍。抢劫过程中二被告人分工明确，在主观方面具有抢劫的共同故意，客观方面有持刀威胁被害人当场攫取财物530元的表现，这完全符合抢劫罪的主客观要件。

第二，对本案被告人的定性及适用法律正确。根据《中华人民共和国刑法》第二百六十三条之规定，抢劫罪是指以非法占有为目的，以暴力、胁迫或者其他令被害人不能反抗的方法当场强行劫取公私财物的行为。另外，根据第二百六十三条第（一）项、第（五）项之规定，入户抢劫或者在抢劫过程中致人重伤死亡的，依法应当加重处罚。本案中李某佳、林某羽在抢劫过程中杀死被害人李某英，这一系列行为均符合法定加重情节。二被告人属共同犯罪，应适用第二十五条第一款规定，被告人林某羽已满16周岁，符合第十七条第一款规定。

第三，被告人李某佳、林某羽的犯罪行为后果严重，危害极大。被告人李某佳、林某羽的犯罪行为非法剥夺了被害人李某英的生命，不仅给被害人的家庭带来了沉重的打击，而且在本地造成了严重的影响，特别是给被害人的家属带来了巨大的伤害，同时造成了附近群众心理上严重的恐慌。如此猖狂的犯罪行为，对社会造成了严重的危害。因此，公诉人认为，本案被告人的社会危害性大，应依法予以制裁。

综上所述，我们认为本案事实清楚，证据确实充分，二被告人已构成了起诉书中指控的犯罪，特提请合议庭对公诉人发表的公诉意见予以充分考虑，根据二被告人实施犯罪的事实、情节、性质，对社会的危害程度及被告人的悔罪态度，依法作出公正的判决。

此致
定南市中级人民法院

检察员：张文彬、赵聪
2019年6月3日

审判长：根据《刑事诉讼法》的相关规定，被告人李某佳，你现在可以自行辩护。

被告人李某佳：那天我只是想抢些钱，没想着杀人的，她极力反抗，我又太紧张，所以才用刀子的。我几年前就从家里搬出来了，因为母亲死得早，又没有人管我，念在我是初犯，求法官大人可以对我从轻发落。

审判长：被告人李某佳，你讲完了吗？

被告人李某佳：（点头）

审判长：下面由李某佳的辩护人发表辩护意见。

李某佳辩护人：

辩 护 词

审判长、审判员：

广肃省房州市正义律师事务所接受本案被告人李某佳近亲属的委

托,并征得被告人李某佳的同意,指派本人担任被告人李某佳的一审辩护人,并出庭为其辩护。开庭前,本人详细查阅了相关案卷,依法会见了被告人。在听取了刚刚的庭审调查后,本人对本案事实、被告人李某佳的行为及其在案件中所起的作用有了全面完整的了解。

辩护人对公诉方指控的犯罪事实无异议,但是对两个加重情节的认定有不同意见。现分别加以阐述。

第一,李某佳在入户时并没有非法侵入他人住宅的特征。李某佳进入101室是以解手为由,而且是经过被害人李某英同意才进入的,并没有使用任何暴力或其他非法侵入手段。从客观上来说,李某佳在入室前并没有特定的作案对象和作案地点,是被害人的允许在某种程度上促成了犯罪事实的发生。由于经过被害人的允许,李某佳的行为不具有强行侵入的性质,也没有给对方造成一种恐惧的心理状态。所以本案虽然发生在室内,也只能算一般的抢劫,而不能认为是入户抢劫,即不属于法定加重情节。

第二,关于公诉方指控的第二个加重情节,辩护方认为,李某佳在抢劫过程中致人死亡属于过失。① 李某佳在进入101室后,只是用水果刀对被害人李某英进行威胁,由于是初次作案,慌乱中未预见到一名老妇人竟会如此奋力反抗(辩方出示的伤检报告和医生的证言可以证明其反抗的程度),致使李某佳的脖子被抓伤,左手虎口处被咬伤,从而使其在慌乱中将被害人李某英刺伤。② 主观恶性程度上,试想一个二十几岁的小伙子和一个近六十岁的老妇人相冲突,如果有杀人的故意,不需进行威胁,而可以直接实施故意杀人的行为。③ 致人死亡的结果和抢劫行为的实施并无直接的因果联系。李某佳用水果刀将被害人刺伤只是想停止争斗,并非真的想致其死亡。④ 尸检报告亦可证明,被害人死因系左心包破裂,尸检报告表明被害人前胸只有一处刀伤,这一刀又怎会恰巧就致人死亡呢?显然是无意中刺中的。

第三,存在法定、酌定的从轻、减轻情节。被告人李某佳认罪态度较好,系初犯。李某佳自小生活的家庭环境复杂,对其性格产生了重要影响。此外,在本案事发后,李某佳对被害人及其家属进行了积极赔偿。

以上辩护意见，恳请合议庭在量刑时予以考虑。

正义律师事务所律师：贾东鹏
2019 年 6 月 3 日

审判长：下面公诉人和辩护人可以进行自由辩论。

公诉人：公诉人在公诉词中已经讲到，被告人李某佳的行为属于抢劫罪，这与辩护人的观点是一致的，根据最高人民法院《关于抢劫过程中故意杀人案件如何定罪问题的批复》的规定，行为人为劫取财物而预谋故意杀人或者在抢劫财物的过程中为制服被害人反抗而故意杀人的，以抢劫罪定罪处罚。但是辩护人值得注意的是，本案中，李某佳进入了受害人的家里，属于入户抢劫，同时李某佳为抢劫财物和制服被害人李某英用刀刺向李某英，该行为造成了李某英死亡的严重后果。《中华人民共和国刑法》第263条规定，入户抢劫或者在抢劫过程中致使被害人重伤或死亡的，依法应当从重处罚。因此李某佳应当对其造成的后果承担刑事责任。

李某佳辩护人：关于公诉方指控的加重情节，辩护方认为，李某佳在抢劫的过程中致被害人李某英死亡属于过失致人死亡。主观恶性程度上不属于直接的故意。

公诉人：公诉人认为被告人李某佳在抢劫财物过程中的杀人行为属于故意。首先，在本案中，二人购买水果刀一把，已经为杀人做了准备。其次，李某佳将水果刀捅向李某英的左胸，其主观方面是直接故意，其客观方面表现为非法剥夺了被害人生命的行为。最后，被告人李某佳完全可以在不杀害李某英的情况下进行抢劫，但是李某佳将一个手无缚鸡之力的老妇人杀害，从另一方面又表现出李某佳在主观方面的故意。综上所述，李某佳在抢劫过程中杀害李某英的行为属于故意杀人，应当作为抢劫罪的加重情节。

审判长：公诉人有无新的辩论意见？

公诉人：没有。

审判长：辩护人有无新的辩论意见？

李某佳辩护人：没有。

审判长：下面由林某羽的辩护人发表辩护意见。

林某羽辩护人：

辩 护 词

审判长、审判员：

根据《中华人民共和国刑事诉讼法》和《中华人民共和国律师法》的有关规定，广肃省房州市飞天律师事务所依法接受本案被告人林某羽法定代理人的委托，指派我出庭担任本案一审的辩护人。在开庭之前我们查阅了本案的参考材料，依法会见了被告人。在听取了刚刚进行的庭审调查与质证后，我对本案有了进一步明晰的认识。现发表如下辩护意见，诚望一审法庭能够给予充分的重视：

第一，林某羽无须对李某英的死亡承担责任。被告人林某羽与被告人李某佳，虽有犯罪的意思联络，但林某羽和李某佳只是就弄些钱花达成一致，通过证人王某明的供述及相关事实我们可得出，我的当事人并未就杀死受害人李某英和李某佳有共同的意思表示，根据法律规定，超出共同故意之外的犯罪，不是共同犯罪。共同犯罪人超出共同犯罪故意又犯其他罪的，对其他罪只能由作出该种犯罪行为的人负责，对其余的人不能按共同犯罪论处。李某英死亡这一结果是由李某佳的行为导致，因此，林某羽不应就李某英的死承担法律责任。

第二，被告人林某羽有法定从轻、减轻处罚的情节。① 被告人林某羽属于未成年人。起诉书指控被告人林某羽犯抢劫罪。从被告人的供述和庭审查明的事实看，被告人林某羽犯罪时已满16周岁不满18周岁，作为未成年人不能完全明辨是非，对于犯罪后果也缺乏足够的认识。同时被告人林某羽不是犯罪行为的组织者和策划者，从他所起的作用来看，仅仅是参与者。根据《中华人民共和国刑法》第17条第3款及第27条，应当从轻、减轻或者免除处罚。② 被告人林某羽有自首行为。被告人林某羽系自首。被告人林某羽在案发后主动到公安机关投案，主动供述抢劫的犯罪事实，系自首，根据《中华人民共和国刑法》第67条，可以从轻或者减轻处罚。③ 被告人林某羽属于从犯。在本案中，被告人林某羽在李某佳实施抢劫的过程中只站在门外放风，并没有直接参与抢劫，在整个过程中处于次要地位，仅仅是参与者。林某羽对李某佳杀人并不知情，事先只是与李某佳一起说去抢些钱花,并且从二被告人的供述中可知,李某佳只是对林某羽说"我进去抢钱,你在门外放风",并没有说去抢钱并去杀人,因此林某羽没有杀人的故意。鉴于此,林某羽应当属于抢劫犯的从犯。《最高人民法院关于办理未成年人刑事案件适用法律的若干问题的解释》规定,对未成年人罪犯量刑,要充分考虑其在共同犯罪中的地位和作用等情节。

第三,被告人林某羽具有酌定的从轻或减轻处罚的情节。① 认罪态度好。被告人林某羽在侦查阶段、审查起诉阶段及今天的庭审阶段,供述一致,自愿认罪伏法。被告人林某羽表现出了诚恳的悔罪态度,曾明确表示愿意认罪服法,根据最高人民法院、最高人民检察院、司法部联合发布的《关于适用普通程序审理"被告人认罪案件"的若干意见(试行)》第9条,人民法院对自愿认罪的被告人,酌情予以从轻处罚。② 已经给予了受害人家属一定数额的经济补偿。被告人林某羽的法定代理人愿意赔偿受害人,应酌情从轻处罚。案件发生后,被告人的亲属积极赔偿被害人的损失,双方现已达成一定的谅解。从轻处罚更有利于缓和矛盾,符合建立和谐社会的政策。

综上,根据《最高人民法院关于审理未成年人刑事案件具体应用法律若干问题的解释》第16条的规定,对未成年罪犯符合《刑法》第72条第1款规定的,可以宣告缓刑。如果同时具有下列情形之一,对其适用缓刑确实不致再危害社会的,应当宣告缓刑:① 初次犯罪;② 积极退赃或赔偿被害人经济损失;③ 具备监护、帮教条件。被告人完全具备上述情形,对被告人适用缓刑,更符合"教育为主,惩罚为辅"的原则。

此外,《中华人民共和国未成年人保护法》第54条规定,对违法犯罪的未成年人,实行教育、感化、挽救的方针,坚持教育为主、惩罚为辅的原则。

以上辩护意见恳请合议庭予以采纳!

广肃飞天律师事务所律师:康龙飞
2019年6月3日

审判长:公诉人和辩护人可以进行自由辩论。

公诉人：对于辩护人的其他意见公诉人认同，但是，公诉人认为被告人林某羽同样要为受害人李某英的死亡承担相应的责任。公诉人在辩护意见书中已经提到被告人李某佳、林某羽有抢劫的预谋，这与辩护人的辩护意见是一致的，也可以从侦查机关的询问笔录中得到证实。对于被告人李某佳杀死李某英的结果，被告人林某羽应承担责任。李某佳进入3单元101室时示意林某羽在门口把风，林某羽也同意了，这就为李某佳下一步的杀人抢劫行为提供了帮助，最终使李某佳故意的主观心态得到强化。所以林某羽的把风行为帮助了李某佳杀人抢劫行为的实施。

林某羽辩护人：辩护方并不赞同公诉方提出的观点。在本案中，被告人林某羽对李某佳杀人并不知情。从两被告人的供述中可知，事先李某佳只是与林某羽商量抢些钱花，却没有说抢完钱后会杀人，可见，林某羽对李某佳杀人的整个过程并不知情，只是站在门口放风，而其放风的目的只是为了方便李某佳抢钱，没有杀人的动机。所以公诉方所说的"李某佳让林某羽站在门口是为了让李某佳下一步的抢劫杀人行为得到帮助"这种观点不成立。

审判长：公诉人有无新的辩论意见？

公诉人：没有。

审判长：辩护人有无新的辩论意见？

林某羽辩护人：没有。

审判长：法庭辩论到此结束。根据法律规定，被告人有最后陈述的权利，现在你可以就本案的事实、证据，罪行的有无以及轻重，对犯罪的认识以及定罪量刑方面的要求等作最后陈述。

被告人李某佳：我很后悔杀了人，我对不起被害人，对不起我的家人，我真的认识到错了。

审判长：被告人李某佳，你陈述完了吗？

被告人李某佳：（点头）

审判长：被告人林某羽，你现在还有什么要说的？

被告人林某羽：我现在也很后悔，为什么不好好上学，整天不务正业，还拖累了别人，我只希望法庭能给我一次改过自新的机会。

审判长：被告人林某羽，完了吗？

被告人林某羽：嗯。(点头)
审判长：本案定期宣判。二被告人继续羁押于定南市看守所。现在闭庭。(敲法槌)

第三节　刑事诉讼案例素材

一、刑事案例 1

(一) 实验目的

1. 熟悉刑事诉讼程序，掌握刑事诉讼相关理论与实务知识。
2. 以角色为核心，分别学习各方诉讼技巧以及法官审理案件的方法。

(二) 实验要求

注意理论与实践的结合，将所学知识与案件事实结合起来分析。

(三) 实验素材

公诉机关为上京市延大县人民检察院。

被告人王甲，男，25岁(1988年6月1日出生)。因提供虚假证言于2009年被上京市延大县公安局行政拘留5日并罚款200元。因涉嫌犯故意伤害罪，于2013年5月30日被上京市延大县公安局羁押，次日被刑事拘留，同年7月5日被逮捕。现羁押于上京市延大县看守所。

辩护人杨甲，上京市北铭律师事务所律师。

被告人武甲，男，21岁(1992年10月29日出生)。因结伙斗殴，于2010年被上京市延大县公安局行政拘留13日。因涉嫌犯故意伤害罪，于2013年6月26日被上京市延大县公安局刑事拘留，同年7月5日被逮捕。现羁押于上京市延大县看守所。

被告人吕甲一(曾用名吕甲二)，男，32岁(1981年7月5日出生)。因涉嫌犯故意伤害罪，于2013年5月30日被上京市延大县公安局羁押，次日被刑事拘留，同年7月5日被逮捕。现羁押于上京市延大县看守所。

案件事实：被告人王甲与被害人王甲三(63岁)系同村村民，二人曾因琐事发生矛盾。被告人王甲为报复被害人王甲三,纠集其姐夫吕甲一、妻弟武甲于2013年5月7日20时许,守候在延大县康庄镇甲村戏台附近,待被害人王甲三骑自行车经过此处时,被告人王甲驾车在旁接应,被告人吕甲一、武甲持镐把将被害人王甲三致伤后,被告人王甲驾车拉载被告人吕甲一、武甲逃离现场。被害人王甲三经上京市延大县医院诊断为:腓总神经麻痹(左侧),右胫腓骨中下段开放粉碎骨折,左胫骨骨折,双侧硬膜下血肿,外伤性蛛网膜下腔出血,左颞骨骨折,头皮裂伤,头皮血肿,右小腿皮肤裂伤,双小腿软组织挫伤。经上京市延大县公安司法鉴定中心检验,王甲三身体多处骨折,肢体创口累计长24 cm;鉴定结果为:王甲三身体所受损伤属轻伤(偏重)。后被告人王甲、吕甲一、武甲先后被公安机关查获。2013年5月31日,公安机关自知情人林甲处扣押作案工具镐把一根及长袖衣服一套、迷彩半袖一件。2013年12月12日,被害人王甲三提起附带民事诉讼,要求被告人王甲、吕甲一、武甲赔偿其医疗费、后期治疗及康复费、误工费、营养费、护理费、住院伙食补助费、交通费、残疾器具辅助费、精神损害抚慰金等经济损失共计481 000元,并申请残疾鉴定及伤情的重新鉴定(残疾赔偿金及鉴定费待定)。经调解,被害人王甲三与被告人王甲之父于2014年1月22日达成赔偿协议,即:① 被告人王甲之父代替被告人王甲、吕甲一、武甲一次性赔偿被害人王甲三因此次伤害造成的医疗费等各项经济损失共计人民币550 000元(已履行),双方再无其他争议;② 被害人王甲三对被告人王甲、吕甲一、武甲的行为表示谅解,不再追究该三人的刑事、民事等一切责任;③ 被害人王甲三自愿撤回了附带民事诉讼的起诉;④ 被害人王甲三不再要求残疾鉴定及伤情重新鉴定。另查,被害人王甲三于2014年1月25日第二次出具谅解书,请求法庭对被告人王甲、吕甲一、武甲从轻判处,让该三人尽早回归社会。

(四) 案件争议焦点

本案的争议焦点在于对被告人涉嫌犯罪行为的认定。

(五) 实验准备

1. 制作相关文书、证据。
2. 布置庭审现场。

(六) 实验步骤

1. 开庭前准备：各方代理律师/检察官组织思路、确定策略，明确证据使用顺序，讨论对方可能提出的观点，并对此进行研究，寻求对策。

2. 庭审模拟：包括法庭调查、法庭辩论等环节。

(七) 实验结果

总结模拟庭审的得失，分析长处和不足，由实务专家或教师对参与模拟的同学的表现做出点评。

二、刑事案例 2

(一) 实验目的

1. 熟悉刑事诉讼程序，掌握刑事诉讼相关理论与实务知识。

2. 以角色为核心，分别学习各方诉讼技巧以及法官审理案件的方法。

(二) 实验要求

注意理论与实践的结合，将所学知识与案件事实结合起来分析。

(三) 实验素材

被告人申甲坤，农民。因本案于 2013 年 9 月 4 日被刑事拘留，同年 10 月 11 日被依法逮捕。现羁押于大马省张华市丘南县看守所。

案件事实：2013 年 9 月 4 日 8 时许，被告人申甲坤与他人驾驶一辆号牌为云 A13245 的白色面包车到大马省文水市依新小区向马甲英（同案被告人，已判刑）购买毒品。8 时 10 分，公安民警在该小区将申甲坤抓获，当场从申甲坤携带的红色布袋内查获毒品海洛因 10 块，净重 3 476 克。后公安民警在依新小区 B 区北区 54 号二楼住房内将马甲英抓获，当场查获毒品海洛因一块，净重 345 克，并缴获毒资人民币 63.9 万元。

(四) 案件争议焦点

本案的争议焦点在于对申甲坤持有毒品行为的认定。

(五) 实验准备

1. 制作相关文书、证据。

2. 布置庭审现场。

(六) 实验步骤

1. 开庭前准备：各方代理律师/检察官组织思路、确定策略，明确证据使用顺序,讨论对方可能提出的观点,并对此进行研究,寻求对策。

2. 庭审模拟:包括法庭调查、法庭辩论等环节。

(七)实验结果

总结模拟庭审的得失,分析长处和不足,由实务专家或教师对参与模拟的同学的表现做出点评。

第十章 行政案件实训

第一节 行政案件实训的内容和方式

一、明确实训的目标

（一）知识目标

通过实训使学生掌握行政诉讼法基本知识；掌握行政案件第一审普通程序的基本环节；掌握行政诉讼起诉状、答辩状、代理词、一审判决书、裁定书等司法文书的撰写规范。

（二）能力目标

通过实训培养学生运用行政实体法分析案情、运用行政程序法进行诉讼的能力；培养学生的程序意识与证据意识；培养学生的逻辑思维能力、口头表达能力；培养学生根据行政诉讼法分析、解决案件的能力[1]。

二、实训准备

通过实训学习行政诉讼法，是理论联系实际的最好途径，不仅可以帮助学生加深对法学基本原理的理解和把握，还可以增强学生运用法律解决实务问题的能力。同时，这也是高校不断改革教学模式，培养适应社会主义市场经济法治要求的创新型人才的客观需要。

---

[1] 刘晓霞.模拟法庭[M].北京：科学出版社，2013：325-326.

学习本课程前,学生要从宏观上把握我国行政诉讼法的基本原则、基本特点①。本课程以模拟庭审的方式,使学生熟悉审判的实际过程,培养和锻炼学生发现问题、分析问题和解决问题的能力。

三、行政案件第一审模拟诉讼程序
(一)开庭准备阶段
1. 组成合议庭

根据《行政诉讼法》第68条的规定,人民法院审理行政案件,由审判员组成合议庭,或者由审判员、陪审员组成合议庭。合议庭成员应当是三人以上的单数。

2. 通知被告应诉

根据《行政诉讼法》第76条的规定,承办案件的合议庭应当以人民法院的名义,在立案之日起五日内,将起诉状副本和应诉通知书发送被告。被告收到起诉状后,应当认真了解原告起诉的内容,做好应诉准备,并且在法定期限内提出答辩状,提交其作出具体行政行为的证据和所依据的规范性文件。人民法院在收到被告答辩状之日起五日内,将答辩状副本发送原告。被告不提出答辩的,不影响人民法院对案件的审理②。

3. 审理诉讼文书和证据材料

审理诉讼文书和证据材料是人民法院全面了解案件的基本步骤。通过审阅各种诉讼文书和证据材料,人民法院得以熟悉原告的诉讼请求和被告的应诉请求,从而明确诉讼争议的真实内容,并全面了解诉讼主体的情况,及时更换不符合条件的当事人,决定或通知与诉讼的具体行政行为有利害关系的第三人参加诉讼。在此基础上,针对证据材料不充分、不确实的情况,人民法院还应当要求当事人补充证据,或者向有关行政机关以及其他组织、公民调取证据,将需要鉴定的专门性问题交由法定或指定的鉴定部门鉴定,并且在证据材料存在丢失或者难以取得的可能时,采取一定的保全措施等。

---

① 何美欢.理想的专业法学教育[M].北京:中国政法大学出版社,2011:19-22.
② 沙帅.对行政诉讼开庭程序的几点思考[J].法制与社会,2015(29):27-28.

4. 决定是否停止被诉具体行政行为的执行

《行政诉讼法》第 56 条规定,在诉讼期间不停止具体行政行为的执行。但是,具有法定情况之一的,应当停止被诉具体行政行为的执行。其中,原告申请停止执行,人民法院经审查认为该具体行政行为的执行会造成难以弥补的损失,并且停止执行不损害国家利益、社会公共利益的,人民法院应裁定停止执行,并及时通知被告。

5. 核实法律依据并决定是否参照规章

《行政诉讼法》第 63 条规定,人民法院审理行政案件,以法律和行政法规、地方性规范、民族自治地方的自治条例和单选条例为依据,并参照规章。在决定是否适用规章时,应注意审查规章是否与上述依据相抵触,凡抵触的则不应参照。人民法院认为地方政府规章与国务院部委规章不一致,或者部委之间规章不一致的,应报告最高人民法院,由最高人民法院报请国务院作出解释或裁决,在这期间应当中止审理,在得到解释或裁决结果后再恢复审理。

6. 开庭审理

开庭审理是人民法院在法庭上依照法律规定的程序对案件进行审理的全部活动。开庭审理与公开审理有别,是否公开审理应视案件具体情况而定,但无论公开还是不公开审理,第一审行政案件都要开庭审理。

7. 宣布开庭

开庭审理前先由书记员查明当事人和其他诉讼参与人是否到庭,宣布法庭纪律。开庭时,由审判长核对当事人和其他诉讼参加人的情况,宣布案由、合议庭组成人员和书记员名单,并告知当事人诉讼权利和诉讼义务,询问是否申请回避。

(二) 法庭调查阶段

法庭调查是行政案件审理的实质性阶段。这一阶段的主要任务是在合议庭的主持下,由当事人对案件事实发表意见,将所掌握的与本案有关的证据在法庭上进行质证、核对,为法庭辩论奠定基础[①]。

《行政诉讼法》没有明确规定法庭调查的顺序,从审判实践来看,行政

---

① 陈学权.模拟法庭实验教学方法新探[J].中国大学教学,2012(8):55-64.

诉讼的法庭调查顺序与民事诉讼基本相同,但行政诉讼自身也有一些特点,尤其是实行举证责任倒置原则,因此一般情况下,行政诉讼的法庭调查按以下顺序进行:宣布法庭调查、当事人陈述、出示证据、当庭质证、法庭总结。

1. 宣布法庭调查

由审判长宣布法庭调查开始,告知当事人法庭调查的重点是双方争议的事实,即具体行政行为的合法性及原告具体的诉讼请求和理由[①]。审判长在询问当事人意见的基础上,在当事人陈述诉讼主张或者诉讼理由前,确认被诉具体行政行为的内容,简述原告认为具体行政行为侵犯其合法权益而提起行政诉讼的根据。

2. 当事人陈述

当事人陈述的内容主要是案件发生的经过、时间、地点、诉讼请求,以及事实根据、理由和证据。首先,由原告口头陈述事实或者宣读起诉状,讲明具体诉讼请求和理由。然后,由被告口头陈述事实或者宣读答辩状[②]。最后,第三人陈述或者答辩。审判人员在听取各方当事人陈述时不应随意打断,但可以适时要求当事人就有关问题作补充陈述,同时也应注意引导各方当事人围绕争议的具体行政行为合法性问题进行陈述。以当事人主动陈述为基础,法庭可以根据案件本身的需要,有针对性地向当事人发问,从而查清案情、明确争议焦点。当事人应当遵循诚实信用原则,履行如实告知义务,同时,对于当事人的陈述意见,法庭应当征询对方当事人的质证意见。在双方当事人陈述或答辩后,法庭应当根据合法性审查原则进行归纳小结。

3. 出示证据

当事人陈述结束后,庭审转入当庭举证程序,具体来说,先由主审法官指导举证发言,然后按举证责任倒置的顺序举证。即被告就其所作出的具体行政行为适用的法律、法规及认定的事实举证;原告就不服具体行政行为的事实和理由,对自己的主张和请求举证;第三人举证;主审法官

---

① 李轩.《民事诉讼法》基本程序的反思与重构[J].中国司法,2012(3):36-43.
② 段文波.《民事诉讼法》修改应当关注作为证据的当事人[J].西南政法大学学报,2012,14(3):112-115.

当庭出示由法院依职权调取的证据①。

在各方当事人举证时,法庭应适当引导举证当事人根据具体调查事项,有针对性地提供证据材料。具体包括以下三项。

(1)书证和物证,应当出示原件、原物;对于原件、原物无法出示的,可以按照规定出具复印件、复制品或者照片、抄录件等,并对证据的名称、种类、来源、内容及证明目的、证明对象予以说明。

(2)视听资料,应当出示原始载体并当庭播放;对于无法出示原始载体或者当庭播放有困难的,可以通过其他方式进行播放或者提供抄录件等,并对证据的名称、种类、来源、内容以及证明目的、证明对象等予以说明。人民法院对视听资料,应当辨别真伪,并结合本案的其他证据,审查确定能否作为认定事实的根据。

(3)证人书面证言、鉴定结论、勘验笔录、检查笔录、现场笔录等,应当出示原件,说明证人、鉴定人、勘验人、检查人因故未出庭作证的理由,并对证据的名称、种类、来源、内容以及证明目的、证明对象等予以说明。当事人自己调查取得的证人证言,由当事人宣读后提交法庭,对方当事人可以质询;人民法院调查取得的证人证言,由书记员宣读,双方当事人可以质询。

根据《最高人民法院关于适用〈中华人民共和国行政诉讼法〉的解释》第40条的规定,如证人、鉴定人、勘验人、检查人以及专家出庭作证的,法庭应首先查明他们的身份,告知证人作证的义务以及作伪证应负的法律责任。法庭应当明确告知,在其确认知道作证的义务及作伪证应当负担的法律责任以后,应当当庭在保证书上签名或者当庭作出保证。证人、鉴定人、勘验人、检查人等出庭作证陈述的一般顺序为:根据法庭提示的调查事项,证人、鉴定人等就其了解的事实或鉴定结论作连贯性陈述;举证当事人发问,法庭指示证人、鉴定人等答问;质证当事人发问,法庭指示证人答问。另外,法庭根据需要也可以发问。当事人或者证人、鉴定人等对发问有异议的,可以向法庭提出。异议是否成立,由合议庭评议确定②。

---

① 陈兵.法学教育应推进模拟法庭教学课程化[J].中国大学教学,2013(4):45-51.
② 江伟.民事诉讼法[M].3版.上海:复旦大学出版社,2016:182-184.

4. 当庭质证

依据《行政诉讼法》第 43 条的规定,不论是当事人提交的证据,还是受诉人民法院调查收集所得的证据,都应当在法庭上出示。涉及国家机密、商业秘密的证据,当事人提交法庭的,法庭不能公开出示,但可以适当提示。案件中如果有多个诉讼请求或者多个独立存在的事实的,可按每个诉讼请求、每段事实中争议的问题,依次出示书证、物证和视听资料,并由当事人逐一核对证据。

在经过当庭举证、质证后,合议庭可以当庭进行评议或者采取暂时休庭的方式进行评议,在评议过程中,主要应对证据进行审查核实并作出认证的结论。若当庭就可以宣布认证结论,则由审判长当庭宣布;若无法当庭宣布,可以在下次开庭时或者宣判时进行宣布,此种情况下,须向当事人作出说明。

5. 法庭总结

法庭若出于案件审理的需要,可以对当事人进行发问。当事人若对发问存在异议,可向法庭提出。异议是否成立,需要由合议庭进行评议才能予以确定。

法庭调查范围内的调查事项调查完毕后,可以征询当事人是否还有其他事实需要调查或者有其他证据需要出示。若当事人申请调查其他与案情相关的事实,经过法庭评议,若允许的话,可以组织当事人进行举证和质证。但是,若当事人提出的申请与案情无关且法庭评议后认为没有调查的必要,则可以直接驳回当事人的申请。若当事人申请出示其他证据,应当说明理由和证明的对象,也需要经过法庭审查后决定是否进行举证和质证程序。如属于无须举证、质证范围内的证据,可以直接驳回当事人举证的申请。经确认各方当事人没有新的证据提供和其他事实需要调查后,审判长宣布法庭调查结束。

(三)法庭辩论阶段

法庭辩论是指在合议庭的主持下,当事人、第三人及其诉讼代理人就案件事实和法律适用向法庭阐明自己的观点,论述自己的意见和理由,反驳对方的主张,相互进行言词辩论的诉讼活动[①]。法庭辩论是当

[①] 邹学荣.中英民事庭审制度之比较研究[J].四川师范学院学报(哲学社会科学版),2000(3):5-10.

事人行使辩论权的集中体现,是在法庭调查的基础上进行的,通过辩论可以使审判人员全面、充分地听取当事人各方的主张和意见,有助于法庭进一步核对事实,对被告具体行政行为是否合法进一步审查判断。

在法庭辩论中,审判人员始终处于指挥者和组织者的地位。审判人员应当引导当事人围绕争议焦点进行辩论[1]。当事人及其诉讼代理人的发言与本案无关或者重复未被法庭认定的事实的,审判人员应当予以制止[2]。当事人及其诉讼代理人应当听从审判人员的指挥,审判人员则应当为各方当事人及其诉讼代理人提供尽可能平等的辩论机会,保障并帮助他们充分地行使辩论权。法庭辩论时,审判人员不得对案件性质、是非责任发表意见,不得与当事人辩论[3]。法庭辩论应在完成法庭调查的基础上进行,当事人如果在法庭辩论中提出与案件有关的新的事实和证据,合议庭应当停止法庭辩论,恢复法庭调查[4]。

辩论应当实事求是、以理服人。根据案情不同,审判长可以在必要情况下限定当事人及其诉讼代理人每次发表意见的时间长短。审判人员应当引导当事人围绕争议焦点进行辩论。法庭辩论一般按照下列顺序进行:原告及其诉讼代理人发言;被告及其诉讼代理人答辩;第三人及其诉讼代理人发言或答辩;互相辩论。法庭认为不需要明确划分对等辩论和互相辩论阶段的,也可以灵活掌握。

1. 原告及其诉讼代理人发言

原告及其诉讼代理人以论证自己的诉讼请求及反驳被告的主张和根据为核心发言观点。通常为原告自身先发言,随后由诉讼代理人进行补充。

2. 被告及其诉讼代理人答辩

被告及其诉讼代理人的答辩并不是简单对答辩状中的内容予以重复,而是有针对性地提出反驳观点。

---

[1] 段厚省,郭宗才.规范出发型的民事案件裁判方法与民事抗诉案件审查方法[J].法学,2008(8):130-137.
[2] 赵红杰.我国民事庭审笔录规范化研究[D].海南大学,2017.
[3] 李轩,李刚.律师视角下的《民事诉讼法》修改[J].国家检察官学院学报,2011,19(5):51-62.
[4] 张卫平.法庭调查与辩论:分与合之探究[J].法学,2001(4):44-47.

3. 第三人及其诉讼代理人发言或答辩

行政诉讼中如果有第三人的,第三人及其诉讼代理人在法庭辩论中也可围绕争议的具体行政行为发表相应的辩论意见。

4. 互相辩论

互相辩论是庭审过程中体现双方主要争议焦点的过程。经法庭许可同意后,当事人可以举手示意要求辩论发言。若法庭发现当事人在相互辩论中重复陈述、陈述无关事实、无秩序地发言,应当及时予以制止。根据案情的实际需要,可以决定是否进行下一轮辩论。互相进行辩论的时间和轮数以案情是否清楚,原告、被告、第三人及其诉讼代理人是否表达穷尽而定。

如果在辩论中发现事实不清、认定证据不足,需要对案件事实进一步调查或对证据进一步审查,那么可以当庭宣布法庭辩论中止,重新回到法庭调查环节。待事实认定清楚、证据充足后,再进行法庭辩论环节。

待法庭辩论环节终结后,审判长按照原告、被告及第三人的先后顺序来询问各方是否需要发表最后意见。作为原告的行政诉讼当事人应当就诉讼请求、主要观点及案件处理等发表最终意见,力求做到言简意赅。审判人员作为整个法庭的主导,应总揽全局。当事人在陈述发言及进行其他诉讼活动时均应受到法庭的约束。在当事人进行最后自由发言时,法院须尊重当事人的陈述,认真、仔细地听取当事人陈述的意见,通常不应当打断。若当事人陈述冗长、与案情无关,则法庭应当予以引导。

行政诉讼一般情况下不适用调解,但根据《行政诉讼法》第 60 条,行政赔偿、补偿以及行政机关行使法律、法规规定的自由裁量权的案件可以适用调解。行政赔偿诉讼可分为以下两种类型:① 当事人独立提起行政侵权赔偿诉讼,针对该问题,合议庭可以组织调解,若双方拒绝调解或者无法达成调解协议,则合议庭应当继续开庭进行审理;② 如果当事人在起诉具体行政行为的基础上一并提出对行政行为的侵权赔偿,则合议庭应当首先对行政机关所做出的具体行政行为进行审查,只有出现违法情形时,才可以组织双方进行调解,当事人拒绝调解或无法达成调解协议的,合议庭可以针对上述二者一并作出裁判,也可以对侵权赔偿诉讼单独进行审理。

案件审理的全过程应坚持调解原则。首先,在案件法庭调查和法庭辩论中应当适时组织调解。其次,在法庭辩论结束之后,当事人、法定代理人出庭或者委托的代理人具有特别授权,法庭可以组织双方进行调解。最后,若当庭无法组织双方进行调解,那么在庭审结束之后,若双方达成了调解意愿,则可于休庭之后进行调解。

审判长需要先确认双方当事人是否有调解意愿,若各方均有调解意愿,则法庭可以当场组织调解;若一方拒绝调解,则应当终结调解。一般程序如下:由原告方提出调解方案,如果被告同意,则法庭予以审查确认,如果被告不同意,则由被告提出新的调解方案,再征询原告的意见,如果原告同意,则由法庭予以审查确认,如果原告不同意,则法庭可以再进行调解或者终止调解程序。另外,如果双方都不同意对方的调解方案,则法庭可以提出调解方案,以供双方当事人参考。

双方达成的调解协议,需要法庭进行审查是否具备合法性和真实性两个要素,若二者兼具,则可以制作调解书。调解书的法律效力是经过双方当事人签收生效。若调解成功,则由审判长宣布闭庭;若调解不成功,则可以宣布法庭调解结束。若在庭后具有调解的必要性与可行性,则可以在休庭后组织进一步调解。但是,双方拒绝调解或者无须调解的,法庭应当及时进行评议,作出判决。

(四) 法庭评议、宣判阶段

1. 评议

合议庭评议是指合议庭成员通过对案件情况的分析,在确认案件事实和适用法律的基础上,对被诉的具体行为是否合法作出最终判断的一种诉讼活动。合议庭在评议案件的过程中,每个成员都应表达自身的观点。一般而言,应当先由承办法官就案件事实认定、证据是否充分及法律适用等问题发表意见,由审判长最后发表意见。假如审判长为承办法官,合议庭应当认真负责,独立提出自己对案件的意见,充分进行论证,独立行使表决权,而且审判长应最后发表意见。

若出现应当由当事人举证而未举证、相关证据应当由当事人质证而未质证、遗漏诉讼参加人及其他情形,需要由合议庭作出再次开庭的决定。

若合议庭决定再次开庭审理案件,应当通知当事人再次开庭的地点与时间等事项。若需要当事人补充证据,应当通知其补充提交证据的内容和期限。

合议庭评议案件,应当秘密进行,并实行少数服从多数的原则。评议之后,合议庭应当遵循时效性原则,及时对已经评议形成一致或多数意见的案件制作判决书或裁定书,评议的全过程都应当记录在笔录中,由合议庭成员集体签名。若有成员在评议中发表不同意见,应当如实记录在笔录中,整理记入档案以备后续审查。对复杂的行政诉讼案件,如合议庭成员不能形成统一的意见,应当提交审判委员会讨论决定。对审判委员会的决定,合议庭必须执行。

2. 宣判

合议庭经过评议作出判决或者裁定后,应当继续开庭进行宣判。宣判一律遵循公开进行的原则,而审理分为依法不公开、依申请不公开和公开审理三种方式。宣判包括两种方式:当庭宣判和定期宣判。根据《行政诉讼法》第80条,当庭宣判的,应当在10日内发送判决书;定期宣判的,宣判后应立即发给判决书。宣告判决时,必须告知当事人上诉权利、上诉期限和上诉的人民法院。

四、行政案件第二审模拟诉讼程序

第二审程序又称上诉审程序,是对于第一审人民法院尚未发生法律效力的判决、裁定,认定的事实及适用的法律三者进行审理时所应当遵循的向第二审人民法院进行上诉的程序。

(一) 第二审程序的提起

1. 上诉人必须适格

凡是第一审程序中的原告、被告和第三人及其法定代理人和经授权的委托代理人,都有权提出上诉。

2. 可以上诉的判决和裁定

上诉人所不服的第一审判决、裁定必须是法律明文规定可以上诉的判决、裁定,包括地方各级人民法院第一审尚未发生法律效力的判决以及驳回起诉、不予受理和对管辖权异议所作的裁定。

3. 上诉必须在法定期限内提出

根据《行政诉讼法》第85条的规定,当事人不服人民法院第一审判决的,有权在判决书送达之日起十五日内向上级人民法院提起上诉;当事人不服人民法院第一审裁定的,应当在裁定书送达之日起十日内向上一级人民法院提出上诉。逾期不提出上诉的,人民法院的第一审判决或者裁定发生法律效力。

4. 上诉必须递交符合法律要求的上诉状

根据《最高人民法院关于适用〈中华人民共和国行政诉讼法〉的解释》第108条的规定,当事人提出上诉,既可以通过原审人民法院提出,也可以直接向第二审人民法院提出,当事人直接向第二审人民法院上诉的,第二审人民法院应当在五日内将上诉状移交原审人民法院。

(二) 第二审程序的审理

二审法院审理上诉案件,应当组成合议庭。合议庭应当全面审查一审法院的判决或裁定认定的事实是否清楚,适用法律是否正确,诉讼程序是否合法。行政诉讼的二审审理方式可以分为两种。第一种是书面审理。二审的书面审理适用于一审裁判认定事实清楚的上诉案件。根据《行政诉讼法》第86条的规定,经过阅卷、调查和询问当事人,若没有提出新的事实、证据或者理由,合议庭认为事实清楚、证据充分的,可以不开庭审理,仅通过书面审理的方式,作出裁判。第二种是开庭审理。二审法院开庭审理程序与一审相同,主要适用于当事人对一审法院认定的事实有争议,或认为一审法院认定事实不清楚、证据不足等情形。下面对行政案件第二审程序开庭审理方式进行介绍。

1. 开庭宣布

(1) 庭前准备工作。书记员应当提前到达法庭,及时做好各项开庭准备工作。

(2) 宣布法庭纪律。书记员宣布法庭纪律,但是,如果诉讼参加人在二审法庭出现了变化,那么书记员还可以宣布庭审规则。

(3) 法官进入法庭并报告庭审准备各项情况。

(4) 核对确认诉讼参加人的身份。

(5) 宣布开庭。

(6) 宣告案号、案名、案件由来、审理程序和方式。

(7) 介绍审判人员,征询是否存在回避的意见。书面告知当事人权利和义务的程序已在一审中履行过,故二审无须再进行该程序。但如果有必要或者当事人有申请,那么法庭可以告知当事人与诉讼权利义务相关的内容。

2. 法庭调查

(1) 宣布法庭调查。

(2) 当事人陈述。当事人的当庭陈述包括宣读起诉状、补充陈述和根据法庭发问进行回答时所作的陈述。当事人宣读起诉状的主要内容包括事实、理由及诉讼请求。但若在庭前会议交换证据的程序中已经进行了陈述,合议庭认为没有必要再次组织当事人进行陈述的,可以省略该环节。鉴于当事人陈述属于法庭调查中的法定环节,省略时,合议庭应当予以说明。

(3) 归纳小结。除明确双方当事人的争议焦点外,还需要明确双方当事人对于一审判决中的事实认定、证据环节及法律适用等情况的意见。与此同时,还需要考虑原判决是否认定事实清楚、证据充分。

(4) 当庭举证。在各项法庭调查的事项确定后,法庭应当指示当事人出示证据、具体说明。

(5) 当庭质证。在质证环节中,法庭应发挥引导作用,询问对方当事人是否对证据的真实性、合法性及关联性表示认可。如果不认可,应提出具体的理由,法庭应引导双方当事人进行辩论。

(6) 证人、鉴定人、勘验检查人以及专家出庭作证和当庭质证。

(7) 当庭认证。在经过举证、质证环节后,合议庭须进行评议,可以当庭评议也可以短暂休庭评议,须核查证据并作出认证结论。认证结论可当庭宣判的,由审判长当庭宣判;无法宣判的,在下次开庭时或者宣判时一并进行认证宣判,此处须向当事人进行说明。

(8) 发问和答问。出于案件审理的需要以及实际案情的需要,当事人可以相互进行发问。

(9) 其他事项的调查。

(10) 宣布法庭调查结束。

3. 法庭辩论

(1) 宣布法庭辩论。

(2) 对等辩论。

(3) 互相辩论。

(4) 宣布法庭辩论结束。

4. 当事人最后陈述

法庭辩论结束后,由当事人陈述最后意见,顺序为上诉人、被上诉人及原审当事人。

5. 法庭调解

(1) 宣布法庭调解。

(2) 询问当事人调解的意愿。

(3) 组织调解。

(4) 终结调解。

合议庭认为当事人无必要进行调解或无调解可能性,则应当休庭评议,及时作出判决。

6. 休庭、评议和宣判

(1) 宣布休庭。宣布休庭后应告知当事人复庭的时间;如果采取择期宣判的方式,应当告知双方当事人宣判的时间或者另行通知。

(2) 法官退庭和评议。如果采取当庭宣判的方式,应当在休庭后立即进行评议;如果采取择期宣判的形式,应当在庭审后5个工作日内进行评议。

(3) 宣布评议结果。宣判的内容包括:认证结论(先前已宣布的认证结论除外)、裁判理由、裁判结果以及诉讼费的负担。当事人的基本情况、案由、当事人陈述等内容,在当庭宣判时无须宣读。

(4) 征询意见。在宣判之后,审判长须询问双方当事人的意见,并指示书记员进行记录说明。

(5) 说明文书的送达。

(6) 宣布闭庭。

五、实训的考核评定

模拟行政案件审判开庭后,应当对开庭情况进行总结。总结也是学习的一种过程和方式,通过总结可以发现和纠正错误,提高行政案件实训的学习效果,达到模拟开庭的目的[①]。

(一)总结与评价的内容

在模拟行政审判开庭后,主要应当对下列方面进行总结评价:

(1)庭审程序是否合法,操作是否规范;

(2)法律运用是否准确,说理是否透彻;

(3)语言表达是否流畅严密;

(4)法律文书的写作能力有否提高;

(5)争议焦点是否准确清晰;

(6)模拟开庭参加人着装、仪表是否合适,声音是否洪亮、口齿是否清晰。

(二)评价主体

1. 参加人员自我评价及相互评价

庭审结束后,各成员自我总结评价,指出自身的不足和表现比较好的地方。同时,各个成员之间相互进行评价。评价并不是为了评估参加成员的判断能力和成绩[②]。而是评估彼此的行为表现,发现存在的问题,寻求改进的方法[③]。

2. 旁听人员评价

旁听人员在旁听席,不仅能纵观全局,而且能冷静地观察庭审,因此,更能够客观地对模拟庭审的参加人进行评价。

3. 组织模拟庭审的指导教师、专家进行评价

指导行政模拟庭审的教师和专家能够更专业地对实训学生的能力、素质和存在的不足提出针对性意见,对提高学生的实践能力具有重要意义[④]。

---

① 翟业虎.关于规范我国高校模拟法庭教学的思考[J].高等教育研究,2015(9):71-74.
② 程亚丽.范例教学理论在经济法学教学中的应用——以模拟法庭教学模式为例[J].淮南师范学院学报,2010,12(4):117-120.
③ 刘志苏.模拟法庭:模拟案例与法律文书[M].北京:化学工业出版社,2014:15-16.
④ 张炜达,尉琳.庭审理论与实务研究[M].西安:西北大学出版社,2009:34-37.

第二节 行政案件实训操作

房州市城关区检察院诉被告房州市城关区林业局案脚本[①]

本模拟法庭角色如下:① 审判人员 3 人,其中陪审员 1 人;② 书记员 1 人;③ 被告 1 人;④ 被告代理律师 2 人;⑤ 公益诉讼人 2 人;⑥ 法警 2 人;⑦ 第三人 1 人。

模拟法庭审判道具:① 法官袍 3 件;② 书记员服 1 套;③ 律师服 2 套;④ 检察官服 2 套;⑤ 法槌 1 个。

案 情 简 介

第三人明达公司经广肃省林业厅批准同意将 154 亩集体林地用于"房州明达理工职业学院"项目建设。2017 年 4 月 15 日,被告广肃省房州市城关区林业局发现第三人明达公司在没有获得房州市国土资源局城关分局和房州市规划局审批的情况下,擅自违法开垦、推山造地,严重破坏了林地。

公益诉讼人认为被告对明达公司破坏林地的行为具有处以相应罚款并责令恢复原状的行政职权,但被告并未作出相应的行政处罚。

庭 前 准 备

1. 送达诉讼文书。
2. 组成合议庭。
3. 组织庭前证据交换。
4. 准备庭审提纲。合议庭成员在明确分工的前提下,对开庭审理分别进行有针对性的准备。

正 式 开 庭

书记员:现在,根据《中华人民共和国行政诉讼法》第 25 条人民检察

[①] 本案例根据真实案件改编,所涉人名、地名均已处理。

院提起诉讼的相关规定,查明当事人和其他诉讼参与人的到庭情况。公益诉讼人是否到庭?

公益诉讼人:已到庭。

书记员:被告法定代表人及被告诉讼代理人是否到庭?

被告:已到庭。

书记员:第三人是否到庭?

第三人:已到庭。

书记员:现在宣布法庭纪律。根据《中华人民共和国法庭规则》第17条的规定,全体人员在庭审活动中应当服从审判长或独任审判员的指挥,尊重司法礼仪,遵守法庭纪律,不得实施下列行为:① 鼓掌、喧哗;② 吸烟、进食;③ 拨打或接听电话;④ 对庭审活动进行录音、录像、拍照或使用移动通信工具等传播庭审活动;⑤ 其他危害法庭安全或妨害法庭秩序的行为。检察人员、诉讼参与人发言或提问,应当经审判长或独任审判员许可。旁听人员不得进入审判活动区,不得随意站立、走动,不得发言和提问。媒体记者经许可实施第④项规定的行为,应当在指定的时间及区域进行,不得影响或干扰庭审活动。《法庭规则》第20条规定,如果行为人实施危害法庭安全或扰乱法庭秩序的行为,根据相关法律规定,予以罚款、拘留;构成犯罪的,依法追究其刑事责任。

书记员:全体起立,请审判长、合议庭组成人员入席。

审判长:请坐。(敲法槌)

书记员:报告审判长,诉讼参与人已经全部到齐,法庭准备工作就绪,现在可以开庭。

审判长:请坐。根据有关法律规定,下面核对当事人身份。

公益诉讼人:公益诉讼人房州市城关区人民检察院,住所地广肃省房州市城关区雁滩路3030号。

被告:被告房州市城关区林业局,住所地:广肃省房州市城关区和平新村141号。法定代表人张一,林业局局长。委托代理人张天、李林,广肃吉庆律师事务所律师,代理权限为特别代理。

第三人:广肃明达科技教育服务有限公司,住所地:房州市城关区东岗西路450号地质楼419房间。法定代表人赵龙。

审判长：根据《中华人民共和国行政诉讼法》第 11 条、第 54 条之规定，本庭依法公开审理公益诉讼人房州市城关区人民检察院诉被告房州市城关区林业局、第三人广肃明达科技教育服务有限公司不履行法定职责一案。现在，宣布开庭。根据《中华人民共和国行政诉讼法》第 6 条、第 55 条之规定，本案由刘世白担任审判长，与审判员陶表伟、王卫欣依法组成合议庭。由本院书记员董容担任法庭记录。根据《中华人民共和国行政诉讼法》第 29 条、第 30 条、第 32 条、第 47 条、第 58 条之规定，当事人在诉讼中享有以下诉讼权利：① 公益诉讼人在诉讼中享有放弃、变更诉讼请求的权利；② 被告对公益诉讼人的起诉有增加诉讼请求的权利；③ 当事人有委托代理人的权利；④ 当事人有使用本民族语言、文字进行诉讼的权利；⑤ 当事人有在诉讼中进行辩论的权利；⑥ 当事人在诉讼中经审判长许可，有向证人发问的权利；⑦ 当事人有查阅、申请补正庭审笔录的权利；⑧ 当事人经人民法院许可，有查阅本庭的庭审材料，请求复印庭审材料和法律文书的权利；⑨ 在宣判前，公益诉讼人有申请撤诉的权利；⑩ 对一审法院的判决、裁定，当事人在法定期限内有提起上诉的权利；⑪ 对已发生法律效力的判决、裁定，当事人有申请执行的权利；⑫ 当事人在诉讼中对审判员、书记员有申请回避的权利。以上诉讼权利，你们听清了吗？

公益诉讼人：听清楚了。

被告：听清楚了。

第三人：听清楚了。

审判长：如果你们认为参与本案的审判人员、鉴定人、勘验人及书记员与本案有利害关系或其他关系，可能影响公正审判的，可以提出事实或理由申请回避。你们听清楚了吗？是否申请回避？

公益诉讼人：听清了，不申请回避。

被告：听清了，不申请回避。

第三人：听清了，不申请回避。

审判长：根据《中华人民共和国行政诉讼法》第 34 条、第 35 条及第 94 条的规定，当事人在享有诉讼权利的同时，还应当承担以下诉讼义务：① 被告对自己作出的具体行政行为负有举证责任，应当提供作出该具体行政行为的证据和所依据的法律、法规及其他规范性文件,如实陈述事实。② 在诉讼期间,被告不得向公益诉讼人和证人收集证据。③ 当事人有依法行使诉讼权利,遵守法庭秩序,自觉履行发生法律效力的判决书、裁定书和行政赔偿调解书的义务。以上诉讼义务,你们听清了吗?

公益诉讼人:听清楚了。

被告:听清楚了。

第三人:听清楚了。

审判长:根据《中华人民共和国行政诉讼法》第59条的规定,诉讼参与人和其他人应当遵守法庭规则。人民法院对违反法庭规则的人,可以予以训诫、责令其退出法庭或者予以罚款、拘留。以暴力、威胁或者其他方法阻碍人民法院工作人员执行职务,或者以哄闹、冲击法庭等方法扰乱人民法院工作秩序的人,构成犯罪的,依法追究刑事责任。人民法院可以根据情节轻重,予以训诫、责令具结悔过或者处一万元以下的罚款、15日以下的拘留;构成犯罪的,依法追究刑事责任。因此,你们在享受诉讼权利的同时,还必须遵守法庭规则,不得扰乱诉讼秩序,听清楚了没有?

公益诉讼人:听清楚了。

被告:听清楚了。

第三人:听清楚了。

审判员:现在开始法庭调查。下面,先由公益诉讼人宣读起诉状。

公益诉讼人:我方诉讼请求如下:① 请求确认被告房州市城关区林业局未履行行政处罚、恢复被毁林地原状等法定职责的行为违法;② 请求判令房州市城关区林业局依法行使行政管理职权,恢复被毁林地原状;③ 请求房州市城关区林业局召开新闻发布会,以消除社会不良影响。

以下是事实和理由:我院在办理反渎职侵权案件过程中,发现房州市城关区林业局辖区内青白石街道发生毁坏林地的情况。经调查发现,明达公司土地开发项目毁坏林地86.2亩,且全部为宜林地。根据《中华人民共和国森林法实施条例》第41条第2款的规定,被告房州市城关区林业局对第三人明达公司破坏宜林地的行为具有处以相应的罚款并责令恢复原状的行政职权,但其并未作出相应的行政处罚。根据《人民检察院提起公益诉讼试点工作实施办法》第40条之规定,公益诉讼人于2018年

10月21日向被告城关区林业局发出检察建议,督促其严格依法履行职责,加强对明达公司的监管力度,并且督促被告就整改情况于一个月内进行书面回复。但被告房州市城关区林业局在收到公益诉讼人发出的《检察建议书》一个月后,既没有履行其法定职责,也没有进行书面回复,被破坏的宜林地也未得到任何恢复,仍处于受破坏状态。根据《全国人民代表大会常务委员会关于授权最高人民检察院在部分地区开展公益诉讼试点工作的决定》和《人民检察院提起公益诉讼试点工作实施办法》第41条的规定,我院向法院提起行政公益诉讼,请求法院支持。

审判员:被告,刚才公益诉讼人陈述的诉讼请求和理由听清楚没有?

被告:听清楚了。

审判员:和法庭庭前送达的起诉书是否一致?

被告:一致。

审判员:下面请被告进行简要答辩。

被告:答辩人因公益诉讼人提起对我方未履行行政处罚、恢复被毁林地的法定职责的诉讼一案作出答辩如下:公益诉讼人主张我方并未作出相应的行政处罚,我方对此予以否认。首先,我方作为房州市城关区林业行政主管部门,负有对本辖区范围内森林、林木、林地有关事宜的法定监督管理职责。明达公司涉嫌犯罪的行为,不属于我方行政处罚的范围,据此我方于2018年2月2日将案件移送房州市森林公安局查处。但房州市森林公安局以案件缺少询问笔录、鉴定报告为由,让我方补齐以后再予以移交,现所需材料正在积极办理之中。其次,我方针对第三人明达公司擅自违法推山造地的行为,进行了下列工作:① 下发了行政违法通知书三份;② 拍摄了现场违法照片;③ 向森林公安机关提交了案件报告;④ 向房州市生态建设管理局提出对涉案林地进行勘验的申请;⑤ 房州市城关区林业勘测设计队出具了《广肃明达科技教育服务有限公司土地开发项目毁坏林地调查报告》;⑥ 完善立案手续及移送所需证据。而且为尽快恢复植被,我方已加大查处力度,积极约谈涉案单位负责人,落实绿化整改措施,承诺于2019年3月中旬至4月底开展恢复植被工作。因此我方已积极接受公益诉讼人的监督、指导,全面履行了自己应尽的职责。

审判员：第三人有什么意见？

第三人：2009年3月15日，本公司经过被告城关区林业局同意，取得授予房州市城关区北山1 118亩集体耕地使用权的林权证，开展房州明达职业学院项目。在相关手续未办理完结的情况下，本公司接到被告发出的行政违法通知后已经停止了开发项目，积极采取措施，恢复植被。2019年4月11日，本公司按照被告城关区林业局的指导，开展了春季森林植被恢复绿化种植工作，组织学生及公司工作人员合计242人参与植被恢复绿化种植工作，种植林条2万余株，油菜籽100公斤及林条籽50公斤，落实了被告城关区林业局制定的绿化整改方案。开发项目已与中国低碳产业投资中心项目重组，命名为中国低碳智慧新城，在涉案林地开发建设低碳和智慧技术示范基地，现已完成土地流转，正在进行土地规划调整，属于房州市重点招商引资项目，相关手续正在积极办理过程中。因此，我方请求依法驳回公益诉讼人的诉讼请求。

审判员：当事人有遗漏的，可以补充陈述。

公益诉讼人：没有。

被告：没有。

第三人：没有。

审判员：现在进行当庭举证。下面依次由公益诉讼人、被告进行举证、质证。公益诉讼人，就你的诉讼请求，有哪些证据需要向法庭提交？

公益诉讼人：公益诉讼人一共有15项证据需要向法庭提交，包括：

证据1.《广肃明达科技教育服务有限公司营业执照》；

证据2.《中华人民共和国林权证》；

证据3.《关于房州明达理工职业学院及文化教育产业孵化园用地情况的说明》；

证据4.公益诉讼人向明达公司刘韵琴作的询问笔录；

证据5.现场照片；

证据6.相关新闻报道；

证据7.《广肃明达科技教育服务有限公司土地开发项目毁坏宜林地恢复价格评估》；

证据8.《广肃明达科技教育服务有限公司土地开发项目毁坏林地调

查报告》；

证据 9.《广肃明达科技教育服务有限公司毁坏林地的情况说明》；

证据 10.《城关区林业行政执法通知单》；

证据 11.《关于移交违法占用林地案件的报告》；

证据 12.《关于对广肃明达科技教育服务有限公司推山造地勘验报告的申请》；

证据 13.《房州市生态建设管理局对城关区林业局申请协调解决林地勘验的答复》；

证据 14. 被告向明达公司董事长刘韵琴作的询问笔录；

证据 15. 2018 年 10 月 21 日检察建议及送达回证；

公益诉讼人：首先出示证据 1《广肃明达科技教育服务有限公司营业执照》、证据 2《中华人民共和国林权证》，证明明达公司主体情况及享有房州市城关区北山 1 118 亩林地使用权的情况。

审判员：好，请向被告和第三人出示。被告和第三人，这组证据你们看清楚没有？有何异议？

被告：看清了，没有异议。

第三人：看清了，没有异议。

审判员：证据本庭予以确认，公益诉讼人继续举证。

公益诉讼人：出示证据 3《关于房州明达理工职业学院及文化教育产业孵化园用地情况的说明》，证明第三人明达公司筹建的"房州明达理工职业学院"，其资质已被广肃省教育厅撤销，明达公司筹建的项目不符合土地利用总体规划，未能取得用地手续。

审判员：好，请向被告和第三人出示。被告和第三人，这组证据你们看清楚没有？有何异议？

被告：看清了，没有异议。

第三人：我对它的真实性、合法性不持异议。但是，对于这项证据所证明的内容我持有异议。我持有土地的使用权并已经过房州市城关区人民政府的同意取得了林权证，能够合法使用这块土地。

审判员：公益诉讼人，你有什么意见？

公益诉讼人：第三人明达公司于 2009 年 3 月 15 日经房州市城关区

人民政府同意，确实取得了授予房州市城关区北山1 118亩集体耕地使用权的林权证，其中154亩用来建设房州明达理工职业学院（系该公司投资的项目）。但是我方出示的证据显示明达公司筹建的项目不符合土地利用总体规划，资质已被撤销，无权进行土地开发。

审判员：第三人还有意见吗？

第三人：没有了。

审判员：此份证据的真实性、合法性本庭予以确认，其关联性待合议庭最后评议的时候再作出最后的认定。下面公益诉讼人继续举证。

公益诉讼人：出示证据4公益诉讼人向明达公司刘韵琴作的询问笔录、证据5现场照片，证明第三人明达公司挖山修路毁坏林地的状况。

审判员：好，请向被告和第三人出示。被告和第三人，此份证据你们看清楚没有？有何异议？

被告：看清了，没有异议。

第三人：看清了，没有异议。

审判员：证据本庭予以确认，公益诉讼人继续举证。

公益诉讼人：出示证据6相关新闻报道，证明第三人明达公司推山造地的行为在社会上引起的负面影响。

审判员：好，请向被告和第三人出示。被告和第三人，这组证据你们看清楚没有？有何异议？

被告：看清了，没有异议。

第三人：看清了，没有异议。

审判员：证据本庭予以确认，公益诉讼人继续举证。

公益诉讼人：出示证据7《广肃明达科技教育服务有限公司土地开发项目毁坏宜林地恢复价格评估》，证明破坏面修复费用和宜林地植被恢复费用共计需要91 110元。

审判员：好，请向被告和第三人出示。被告和第三人，这组证据你们看清楚没有？有何异议？

被告：看清了，没有异议。

第三人：看清了，没有异议。

审判员：证据本庭予以确认，公益诉讼人继续举证。

公益诉讼人：出示证据8《广肃明达科技教育服务有限公司土地开发项目毁坏林地调查报告》；证据9《广肃明达科技教育服务有限公司毁坏林地的情况说明》；证据10《城关区林业行政执法通知单》；证据11《关于移交违法占用林地案件的报告》；证据12《关于对广肃明达科技教育服务有限公司推山造地勘验报告的申请》；证据13《房州市生态建设管理局对城关区林业局申请协调解决林地勘验的答复》；证据14 被告向明达公司董事长刘韵琴作的询问笔录。这组证据证明被告负有的监管职责以及履行职责的情况。

审判员：好，请向被告和第三人出示。被告和第三人，这组证据你们看清楚没有？有何异议？

第三人：看清了，没有异议。

被告：看清了，我方对它的真实性、合法性不持异议。但是，对于第13项证据的关联性和它所证明的内容持有异议。公益诉讼人提交的证据3、证据13直接证明我方在事发后履行了监督监管的职责，并不像公益诉讼人主张的不作为。

审判员：此份证据的真实性、合法性本庭予以确认，其关联性待合议庭最后评议的时候再作出最后的认定。下面公益诉讼人继续举证。

公益诉讼人：出示证据15，2018年10月21日检察建议及送达回证，证明2018年10月20日，公益诉讼人诉前向被告发出检察建议的事实。

审判员：好，请向被告和第三人出示。被告和第三人，这组证据你们看清楚没有？有何异议？

被告：看清了，没有异议。

第三人：看清了，没有异议。

审判员：此份证据本庭予以确认。公益诉讼人，还有没有其他证据？

公益诉讼人：公益诉讼人出示证据暂时到此结束。

审判员：被告，就你的答辩以及公益诉讼人的起诉，你们有何证据需要向本庭提交？

被告：被告一共有12项证据需要向法庭提交，包括：

证据1. 城农林证字〔2009〕37号林权证一份；

证据 2. 城关区林业行政执法通知单 3 份；

证据 3. 违法现场照片 6 张；

证据 4. 涉案林地进行勘验的申请及答复；

证据 5.《广肃明达科技教育服务有限公司土地开发项目毁坏林地调查报告》；

证据 6. 询问笔录；

证据 7. 勘验检查笔录；

证据 8. 土地地界证明；

证据 9. 广肃省林业行政处罚立案登记表；

证据 10. 立案通知书；

证据 11. 会议纪要；

证据 12.《广肃明达科技教育服务公司 2019 年春季绿化方案》。

审判员：请被告出示证据。

被告：证据 1. 城农林证字〔2009〕37 号林权证一份，证明第三人明达公司拥有林地的面积的情况。

审判员：好，请向公益诉讼人和第三人出示。公益诉讼人和第三人，这组证据你们看清楚没有？有何异议？

公益诉讼人：看清楚了，没有异议。

第三人：看清楚了，没有异议。

审判员：此份证据本庭予以确认。被告继续举证。

被告：出示证据 2 城关区林业行政执法通知单 3 份；证据 3 违法现场照片 6 张；证据 4 涉案林地进行勘验的申请及答复；证据 5《广肃明达科技教育服务有限公司土地开发项目毁坏林地调查报告》；证据 6 询问笔录；证据 7 勘验检查笔录；证据 8 土地地界证明；证据 9 广肃省林业行政处罚立案登记表；证据 10 立案通知书。这份证据证明我方在办理明达公司擅自违法推山造地案件的过程中，已经履行了相关法定职责。

审判员：请向公益诉讼人和第三人出示。公益诉讼人和第三人，这组证据你们看清楚没有？有何异议？

第三人：看清楚了，没有异议。

公益诉讼人：看清楚了，我方对它的真实性、合法性不持异议。但是,对于这项证据的关联性和它所证明的内容持有异议。被告林业局依照《林业行政处罚程序规定》对第三人明达公司的违法行为应当进行调查、取证、处罚。上述证据只能证明林业局进行了调查,没有证明林业局履行了相关法定职责。因此我方认为该证据的关联性不足。

审判员:被告,你有什么意见?

被告:我方在经过调查后发现明达公司的违法行为不属于行政处罚的范围,随后将其移送给房州市森林公安局办理,并且收到了公安局的立案通知书,由此证明我方履行了相关法定职责。

审判员:公益诉讼人还有意见吗?

公益诉讼人:对于违法行为行政处罚与刑事处罚并行不悖,对于该问题我方会在法庭辩论环节详细回答。

审判员:此份证据的真实性、合法性本庭予以确认,其关联性待合议庭最后评议的时候再作出最后的认定。下面被告继续举证。

被告:出示证据11会议纪要,证据12《广肃明达科技教育服务公司2019年春季绿化方案》,证明被告为尽快恢复被毁林地,积极约谈第三人单位负责人,落实绿化整改措施,尽快恢复被毁林地的植被。

审判员:好,请向公益诉讼人和第三人出示。公益诉讼人和第三人,这份证据你们看清楚了没有?有何异议?

公益诉讼人:看清楚了,没有异议。

第三人:看清楚了,没有异议。

审判员:此份证据本庭予以确认。被告,还有没有其他证据?

被告:被告出示证据暂时到此结束。

审判员:第三人有什么证据需要向本庭提交?

第三人:一共有3项证据需要向法庭提交,包括:

证据1.《明达公司关于2019年春季森林植被恢复绿化种植工作的报告》;

证据2.现场照片14张;

证据3.房政办发〔2019〕80号《房州市人民政府办公厅关于做好第一批招商引资重点线索项目推进工作的通知》。

审判员:请出示证据。

第三人：出示证据1《明达公司关于2019年春季森林植被恢复绿化种植工作的报告》，证据2现场照片14张，证明我方已经实施了绿化整改措施，开展了植被恢复工作。

审判员：请向公益诉讼人、被告出示。公益诉讼人和被告，这份证据你们看清楚了没有？有何异议？

被告：清楚了，没有异议。

公益诉讼人：我们对它的真实性、合法性不持异议。但是，对于这项证据的关联性和它所证明的内容持有异议。被告提供的证据只能表明有恢复绿化的计划，不能证明计划实际实施了；现场的照片也只能说明照片中存在绿地，但是，对于被破坏的绿地有否恢复不具有代表性。

审判员：第三人对此有什么意见？

第三人：没有意见。

审判员：此份证据的真实性、合法性本庭予以确认，其关联性待合议庭最后评议的时候再作出最后的认定。下面第三人继续举证。

第三人：证据3房政办发〔2019〕80号《房州市人民政府办公厅关于做好第一批招商引资重点线索项目推进工作的通知》，证明涉案土地已经成为低碳新城项目，并被房州市政府列为重点招商引资项目，正在进行土地规划调整和办理相关手续。

审判员：请向公益诉讼人、被告出示。公益诉讼人和被告，这份证据你们看清楚了没有，有没有异议？

被告：没有异议。

公益诉讼人：同样，我方对它的真实性、合法性不持异议。但是，对于这项证据的关联性和它所证明的内容持有异议，《房州市人民政府办公厅关于做好第一批招商引资重点线索项目推进工作的通知》与本案不具有关联性。

审判员：第三人有什么意见？

第三人：本公司积极配合房州市政府有关规划工作，正在就涉案土地进行土地规划调整并办理相关手续的情况属实。

审判员：此份证据的真实性、合法性本庭予以确认，其关联性待合议庭最后评议的时候再作出最后的认定。下面第三人继续举证。

第三人：第三人出示证据暂时到此结束。

审判长：经征求合议庭成员的意见，对通过当庭质证的下列证据的法律效力进行确认：① 对于公益诉讼人提供的15项证据，本院认为其具有真实性、关联性、合法性，均予以采纳。② 对于被告提供的12项证据，本院认为其具有真实性、关联性、合法性，均予以采纳。③ 对于第三人提供的3项证据，其中第3份证据，公益诉讼人及被告没有异议，本院认为其具有真实性、关联性、合法性，予以采纳；其中第1份，公益诉讼人及被告对照片的真实性没有异议，但公益诉讼人对其证明目的不予认可，认为其不能反映被毁林地得到恢复；对于第2份证据，公益诉讼人及被告对其真实性没有异议，但公益诉讼人认为低碳智慧城项目与本案没有关联性，不予认可。本院认为第三人第1份证据中的照片具有真实性、关联性、合法性，予以采纳，但对证明目的不予采纳；第2份证据与本案没有关联性，不予采纳。

根据双方所提出的诉辩意见，本法庭归纳双方的争议焦点如下：① 对明达公司违法毁林行为作出行政处罚是否属于林业局的法定职责；② 被告方行为是否构成行政不作为；③ 移送公安机关进行刑事处罚后是否还需要继续作出行政处罚。原告对本庭归纳的争议焦点有无异议？

原告：无异议。

审判长：被告对本庭归纳的争议焦点有无异议？

被告：无异议。

审判长：因原告、被告对本庭概括的上述双方争议焦点均无异议，故本庭对上述争议焦点予以确认。法庭调查结束，下面进行法庭辩论，双方当事人及代理人应就本案的主要事实、证据以及作出具体行政行为的依据展开辩论，不要在枝节问题上或与本案无关的问题上纠缠，辩论应当实事求是，以法为据，以理服人，不得责骂或进行人身攻击。首先由公益诉讼人发表意见。

公益诉讼人：我方认为第三人明达公司土地开发项目毁坏林地86.2亩，且全部为宜林地。被告城关区林业局对第三人明达公司破坏宜林地的行为具有处以相应的罚款并责令恢复原状的行政职权，但其并未作出相应的行政处罚。希望法院支持以下请求，请求确认被告房州市城关区林业局未履行行政处罚、恢复被毁林地原状等法定职责的行为违法；请求判令房州市城关区林业局依法行使行政管理职权，恢复被毁林地原状；请求城关区林业局召开新闻发布会，以消除社会不良影响。

审判员：由被告发表代理意见。

被告：

审判长、审判员：

广肃吉庆律师事务所依法接受本案被告房州市城关区林业局法定代表人张一的委托，指派律师张天、李林担任其一审阶段的授权代理人。接受委托后，代理人认真查阅了案卷材料，进行了必要的调查了解，刚才又参加了法庭调查。代理人认为被告方已经履行行政处罚、恢复被毁林地的法定职责。现依法发表以下代理意见，供法庭评议案件时斟酌。

第一，我方作为房州市城关区林业行政主管部门，负有对本辖区范围内森林、林木、林地有关事宜的法定监督管理职责。明达公司涉嫌犯罪的行为，不属于我方行政处罚的范围，据此我方于2018年2月2日将案件移送房州市森林公安局查处。

第二，我方针对第三人明达公司擅自违法推山造地的行为，进行了下列工作：① 下发了行政违法通知书三份；② 拍摄了现场违法照片；③ 向森林公安机关提交了案件报告；④ 向房州市生态建设管理局提出对涉案林地进行勘验的申请；⑤ 房州市城关区林业勘测设计队出具了《广肃明达科技教育服务有限公司土地开发项目毁坏林地调查报告》；⑥ 完善立案手续及移送所需证据。

第三，为尽快恢复植被，我方已加大查处力度，积极约谈涉案单位负责人，落实绿化整改措施，承诺于2019年3月中旬至4月底开展恢复植被工作。

综上所述，我方已积极接受公益诉讼人的监督、指导，全面履行了自己应尽的职责。希望合议庭在评议时充分考虑代理人的意见，在查明本案事实的基础上，依法判决！

审判员：下面进行自由辩论，公益诉讼人先发言。

公益诉讼人：首先，对被告答辩状中所称的"林业局已全面履行职责"有异议。根据《森林法实施条例》第41条第2款的规定，违反森林法和本条例规定,擅自开垦林地,致使森林、林木受到毁坏的,依照《中华人民共和国森林法》第44条规定予以处罚;对森林、林木未造成毁坏或者被开垦的林地上没有森林、林木的,由县级以上人民政府林业主管部门责令停止违法行为,限期恢复原状,可以处以非法开垦林地每平方米10元以下的罚款。《中华人民共和国森林法》第44条第2款和第3款规定,违反本法规定,在幼林地和特种用途林内砍柴、放牧致使森林、林木受到毁坏的,依法赔偿损失;由林业主管部门责令停止违法行为,补种毁坏株数1倍以上3倍以下的树木。拒不补种树木或者补种不符合国家有关规定的,由林业主管部门代为补种,所需费用由违法者支付。明达公司擅自违法推山造地的行为,属于林业局的行政处罚范围。对明达公司的违法行为作出行政处罚是林业局的法定义务。但是,被告并没有对明达公司进行行政处罚,也没有履行法定义务。因此不能认定被告已全面履行职责。请问被告是否真正明确你方的法定职责?

被告:我方作为房州市城关区林业行政主管部门,依法组织、指导森林资源的动态监测和调查统计、审核并监督森林资源的使用;依法管理林地、林权,监督林地开发利用工作。我方负有对本辖区范围内森林、林木、林地有关事宜的法定监督管理职责。对于第三人明达公司违法开垦、挖山修路毁坏宜林地的行为,我方分别于2017年4月15日、9月1日、11月16日发出了3份《城关区林业行政执法通知单》。除此以外,2018年2月4日,我方还向房州市林业局提出了《关于对广肃明达科技教育服务有限公司推山造地勘验报告的申请》,并于5月26日获得房州市林业局的回复文件《协调解决林地勘验的答复》。随后在2018年9月20日,林业局林业勘测设计队现场调查出具《广肃明达科技教育服务有限公司土地开发项目毁坏林地调查报告》。房州市城关区林业勘测设计队出具的该份调查报告,初步证明第三人明达公司开发项目毁坏林地86.2亩,全部为宜林地。我方在随后的调查处理过程中也一直秉持依法办事的原则,在明确自身的法定职责后作出了相应的行政行为。

公益诉讼人:被告方刚刚提出的发出行政违法通知单的行为对于明达公司并无约束力,对于林地恢复也没有实际作用,反而放任了该林地生态环境的进一步恶化,作为一个专管林业的行政主体,这是严重失职的表现。如果真正履行义务到位的话,你方又该如何解释林地现实的毁坏情况?

被告:首先针对公益诉讼人对我方发出的行政违法通知单的约束力的质疑,我方认为公益诉讼人没有了解事实。根据第三人的意见也可得知,明达公司在接到行政违法通知单后,已经停止了开发项目,并积极采取措施。针对公益诉讼人指控我方放任林地的生态环境进一步恶化,我方认为,早在受理该案后,我方便作出了具体行政行为。针对第三人明达公司擅自违法推山造地的行为,我方进行了下列工作:① 拍摄了现场违法照片;② 向森林公安机关提交了案件报告;③ 向房州市生态建设管理局提出对涉案林地进行勘验的申请;④ 房州市城关区林业勘测设计队出具了《广肃明达科技教育服务有限公司土地开发项目毁坏林地调查报告》。以上均是我方作出的积极行为,但对于结果的不尽如人意,我方表示这并不是我方能控制的范围,所以公益诉讼人对我方行政不作为的控诉不成立。

公益诉讼人:被告作为行政机关,对于明达公司的违法毁林行为,依法应当进行行政处罚。但被告并未作出相应的行政处罚,并且在我院发出《检察建议书》一个月后也没有履行法定职责,被破坏的宜林地也没有得到任何恢复。我方认为,这就是被告履行职责不彻底,不负责的表现,对此你方作何解释?

被告:我方再次表明我方已经依法履行了职责。

但是,根据我国《最高人民检察院、公安部关于公安机关管辖的刑事案件立案追诉标准的规定(一)》第67条第3款,非法占用其他林地10亩以上的,应予立案追诉。并且根据《林业行政处罚程序规定》第5条的规定,违法行为构成犯罪,应当依法追究刑事责任,不得以行政处罚代替刑事处罚;第24条也规定,林业行政处罚案件立案以后,经调查并报行政负责人审批,没有违法事实的,撤销立案;不属于自己管辖的,移送有关主管部门;需要追究刑事责任的,移送司法机关处理。在确定第三人明达公司的行为已达追诉要求,涉嫌犯罪,应该追究其刑事责任后,我方认为该案不属于我方行政处罚的范围,据此我方依法于2018年2月2日将案件移送房州市森林公安局查处,向森林公安机关提交了案件报告,完善立案手续及移送所需证据,并收到了立案通知书。因此,对于我方前期的作为以及后期的移送,公益诉讼人仅仅因被破坏林地没有恢复就指控我方行政不作为、认定我方违法是没有依据的。

公益诉讼人:对于刚刚被告方提出的将明达公司涉嫌犯罪的行为,直接移送给房州市森林公安局的行为,《中华人民共和国行政处罚法》第38条规定,调查终结,行政机关负责人应当对调查结果进行审查,根据不同情况,分别作出如下决定:① 确有应受行政处罚的违法行为的,根据情节轻重及具体情况,作出行政处罚决定;② 违法行为轻微,依法可以不予行政处罚的,不予行政处罚;③ 违法事实不能成立的,不得给予行政处罚;④ 违法行为已构成犯罪的,移送司法机关。并且,根据《行政执法机关移送涉嫌犯罪案件的规定》第11条的规定,行政执法机关对应当向公安机关移送的涉嫌犯罪案件,不得以行政处罚代替移送;行政执法机关向公安机关移送涉嫌犯罪案件前已经作出的警告,责令停产停业,暂扣或者吊销许可证、暂扣或者吊销执照的行政处罚决定,不停止执行。由此可知刑事处罚与行政处罚可以竞合,对违法犯罪案件既要作出行政处罚也应当将其移送。你方直接将明达公司违法推山造地案件移送给房州市森林公安局的这一行为,难道不是一种怠于追究行政责任的表现吗?

被告:但是,根据《行政执法机关移送涉嫌犯罪案件的规定》第3条的规定,具体到案件处理中,如果是在作出行政处罚决定前发现该行为涉嫌犯罪,应当停止行政处罚案件的处理,及时移送具有刑事案件管辖权的司法机关,等刑事案件处理终结后,再根据情况进行行政处罚。本着严格遵守法定程序的原则,我方谨慎开展工作,决定在案件经司法机关审理后再进行处理,尊重司法最终裁决结果。而且我方在案件发生后做的种种调查、询问表明我方早已作出具体行政行为,而非公益诉讼人所说的行政不作为。故我方在发现明达公司涉嫌犯罪之时,立即停止处理行政处罚案件,并且将该案件及时移送具有刑事案件管辖权的司法机关,待刑事案件终结后再做处理。并非像公益诉讼人认为的那样,将案件移送给司法机关后就不打算负责,请你方注意这点。

公益诉讼人:当行政处罚与刑事处罚竞合时,一般遵循刑事优先的原则。也就是像刚刚被告方提出的,先将案件移送,停止对行政处罚案件的处理,等刑事处罚作出之后,在尊重司法的最终裁判结果的前提下,再作出行政处罚。但是,明达公司违法毁林案件并不适用这一原则,被告并不能在刑事判决作出后才进行行政处罚,反而要对其先进行行政处罚。这是因为明达公司违法毁林行为属于环境安全犯罪,不适用先刑后罚原则。在环境安全犯罪中,责令停产停业、吊销许可证等行政处罚,在及时遏制危害后果扩散、打击行政违法行为方面的作用是显著而有效的。对于明达公司违法毁林的行为,被告对明达公司应当及时作出行政处罚,及时保护国家利益和公共利益。这些难道是一个移交行为就可以完成的吗?

根据《行政处罚法》第 22 条的规定,违法行为构成犯罪的,行政机关必须将案件移送司法机关,依法追究刑事责任。显然我方适用上述规定,将明达公司违法毁林案件移送给房州市森林公安局的行为并不违法。

公益诉讼人: 被告在适用法律方面存在错误,导致应当对明达公司作出行政处罚而未作出行政处罚,在我院发出《检察建议书》后的一个月内,被告没有积极履行职责,对明达公司作出行政处罚,被破坏的绿地也没有得到恢复。绿地和森林是房州市最为宝贵的国家财富和公共利益,被告作为林业局,根据《森林法》第 10 条的规定,国务院林业主管部门主管全国林业工作;县级以上地方人民政府林业主管部门,主管本地区的林业工作;乡级人民政府设专职或者兼职人员负责林业工作。第 13 条规定,各级林业主管部门依照《森林法》规定,对森林资源的保护、利用、更新,实行管理和监督。被告负有保护、利用森林资源的法定职责,而被告并没有积极履行职责,反而以行政处罚与刑事处罚的竞合为由,不对违法毁林单位明达公司作出行政处罚。我方坚决认为这个事实已经构成了行政不作为,应当确认违法。

被告: 我方作为房州市城关区林业行政主管部门,依法负有监督管理本辖区范围内森林、林木、林地有关事宜的职责。在明达公司违法毁林案件发生后,我方加大查处力度,积极约谈明达公司单位负责人,落实绿化整改措施,但是明达公司一直拖延时间,在我方发出三份执法通知单后才最终停止违法行为,致使国家林地资源被浪费。

公益诉讼人: 对被告刚刚提出的已组织落实绿化整改措施,承诺于 2019 年 3 月中旬至 4 月底开展恢复植被工作,证据显示,被告方于

2017年4月已经发现了明达公司的毁林行为,但是2019年4月才初步作出补救行为,此前一直都没有对林地进行补种,对生态环境造成了不可逆的恶劣影响,也导致国家利益和公共利益严重受损。并且,我方认为我院于2019年2月15日向房州铁路运输法院起诉,而被告随后承诺将于2019年3月中旬至4月底开展恢复植被工作,对已经毁坏的林地进行补种,这属于行政案件的被告在一审期间改变具体行政行为的情形,我方作为公益诉讼人,有权利选择继续进行行政诉讼。

审判员:公益诉讼人,有无新的观点?

公益诉讼人:没有。

审判员:被告,有无新的观点?

被告:没有。

审判员:第三人,有无新的观点?

第三人:没有。

审判员:公益诉讼人,还有无补充证据向本庭出示?

公益诉讼人:没有。

审判员:被告,还有无补充证据向本庭出示?

被告:没有。

审判员:第三人,还有无补充证据向本庭出示?

第三人:没有。

审判员:公益诉讼人作最后陈述。

公益诉讼人:审判长,审判员,下面我方就此案件作最后陈述。首先大家都清楚,房州市所处地理位置的环境气候具有特殊性,树木生长不易,所以林地对于房州市这样一个干旱地区来说,具有非常重要的生态保护意义。但是,被告方作为一个专业管理林业发展的行政单位,不仅没有履行职责,而且丝毫没有展现出保护林地树木的责任心以及决心,放任该片林地毁坏长达一年多之久。林业局的行政不作为,对于房州市的生态保护造成了非常恶劣的影响,在社会上引起的舆论也影响了行政机关的公众形象。基于此,我方坚持诉讼请求,请求确认被告房州市城关区林业局未履行行政处罚、恢复被毁林地原状等法定职责的行为违法。

审判员:被告方作最后陈述。

被告：没有最后陈述。

审判员：第三人作最后陈述。

第三人：没有最后陈述。

审判长：根据《中华人民共和国行政诉讼法》，审判长裁判前，由合议庭对案件进行评议，评议时，将充分考虑各方当事人及诉讼代理人的意见。现在休庭。（敲法槌）

第三节　行政诉讼案例素材

一、行政案例1

（一）实验目的

1. 熟悉行政诉讼程序，掌握行政诉讼相关理论与实务知识。

2. 以角色为核心，分别学习各方诉讼技巧以及法官审理案件的方法。

（二）实验要求

注意理论与实践的结合，将所学知识与案件事实结合起来分析。

（三）实验素材

原告张甲清，男，1965年12月15日出生。

委托代理人赵乙芬，女，1952年4月25日出生。

被告大华省罗初市密西县公安局，住所地为罗初市密西县西大桥路12号。

法定代表人张甲健，局长。

委托代理人苏甲霞，女，1977年2月21日出生，密西县公安局法制处轮值轮训科科长。

委托代理人郭乙伟，男，1987年11月6日出生，密西县公安局法制处民警。

第三人赵甲波，男，1986年12月20日出生。

案件事实：原告张甲清不服被告密西县公安局于2013年6月4日对第三人赵甲波作出的罗公密行罚决字（2013）000330号行政处罚决定，

于2013年9月2日提起行政诉讼。2013年4月7日19时许,在密西县巨各庄镇金山子村,原告张甲清与第三人赵甲波发生争执后双方互殴。被告密西县公安局受理案件后,进行了调查取证,履行了调解、告知等义务。2013年5月3日,大华省罗初市密西县公安司法鉴定中心作出罗密公司鉴(临床)字(2013)第280号法医学人体损伤程度鉴定书,鉴定意见为:张甲清身体所受损伤程度属轻微伤(偏重)。2013年6月4日,被告密西县公安局对第三人赵甲波作出罗公密行罚决字(2013)000330号行政处罚决定。原告张甲清不服上述行政处罚决定,于2013年7月8日向密西县人民政府申请行政复议。密西县人民政府于2013年8月22日作出密政复决字(2013)6号行政复议决定,维持了被告密西县公安局作出的罗公密行罚决字(2013)000330号行政处罚决定。

(四)案件争议焦点

本案的争议焦点在于密西县公安局所作处罚决定的合法性。

(五)实验准备

1. 制作相关文书、证据。

2. 布置庭审现场。

(六)实验步骤

1. 开庭前准备:各方代理律师组织思路、确定策略,明确证据使用顺序,讨论对方可能提出的观点,并对此进行研究,寻求对策。

2. 庭审模拟:包括法庭调查、法庭辩论等环节。

(七)实验结果

总结模拟庭审的得失,分析长处和不足,由实务专家或教师对参与模拟的同学的表现做出点评。

二、行政案例2

(一)实验目的

1. 熟悉行政诉讼程序,掌握行政诉讼相关理论与实务知识。

2. 以角色为核心,分别学习各方诉讼技巧以及法官审理案件的方法。

(二)实验要求

注意理论与实践的结合,将所学知识与案件事实结合起来分析。

（三）实验素材

原告雷甲凤，女，东江人，住藤春县。

委托代理人陈甲真，藤春县东城法律服务所法律工作者（特别授权）。

被告藤春县住房和城乡建设局，住所地藤春县。

法定代表人何甲竞，局长。

委托代理人朱甲耀，广西飞大律师事务所律师（特别授权）。

被告藤春县城建管理监察大队，住所地藤春县。

法定代表人黎甲龙，大队长。

委托代理人李乙科，广西飞大律师事务所律师（特别授权）。

案件事实：原告雷甲凤认为被告藤春县城建管理监察大队的执法程序和执法行为违法并请求行政赔偿，于2014年9月22日提起诉讼。藤春县城建管理监察大队是被告藤春县住房和城乡建设局举办的具有法人资格的事业单位。2013年5月17日，藤春县城建管理监察大队执法人员黄某灿、梁某荣等人参加藤春县人民政府组织的在藤春县县城范围内开展市容市貌环境卫生集中整治的联合执法行动，黄某灿、梁某荣等执法人员均身着制服。当天上午9时30分左右，藤春县城建管理监察大队执法人员黄某灿、梁某荣等人在藤春县藤州镇江滨路角嘴码头附近发现原告雷甲凤与其夫覃甲贤未经批准占用街道堆放、摆卖中草药等物品，藤春县城建管理监察大队执法人员出示执法证件后和其他单位执法工作人员要求原告雷甲凤和覃甲贤自行纠正，不要占道摆摊经营，但遭到原告拒绝和谩骂。藤春县城建管理监察大队的执法人员准备搬移原告占用街道摆放的太阳伞时，原告继续谩骂并动手厮打执法人员黄某灿、梁某荣。执法人员黄某灿、梁某荣的制服被原告撕烂，梁某荣的脖子和黄某灿的手臂被原告抓伤，原告也受轻微伤。执法人员遂报警并合力制服原告扭送公安机关处理。藤春县公安局城中派出所经调查取证后，于2013年8月6日作出藤公行罚决字（2013）02338号《行政处罚决定书》，认定藤春县城建管理监察大队工作人员黄某灿等人于2013年5月17日9时许在藤春县藤州镇江滨路角嘴码头附近依法执行公务时，被雷甲凤阻碍执法，决定对雷甲凤处以警告处罚。原告在法定期限内没有申请行政复议或向法院提起行政诉讼，该处罚决定已发生法律效力。原告曾于2014年2月提起民事诉讼,后又撤回起诉,裁定准许撤诉后,原告于 2014 年 9 月 22 日向法院提起行政诉讼。

(四) 案件争议焦点

本案争议焦点在于滕春县城建管理监察大队所作行政处罚的合法性问题。

(五) 实验准备

1. 制作相关文书、证据。

2. 布置庭审现场。

(六) 实验步骤

1. 开庭前准备。各方代理律师组织思路、确定策略,明确证据使用顺序,讨论对方可能提出的观点,并对此进行研究,寻求对策。

2. 庭审模拟,包括法庭调查、法庭辩论等环节。

(七) 实验结果

总结模拟庭审的得失,分析长处和不足,由实务专家或教师对参与模拟的同学的表现做出点评。

参考文献

[1] 邓旭.论涉外卓越法律人才的知识构成[J].法学教育研究,2015,13(2):45-60+379.

[2] 韩爱芹,张兰芳.实践教学的规范化与应用型法律人才的培养[J].现代企业教育,2008(8):169-170.

[3] 谌丽.我国大学课程政策特征及其前瞻性研究[D].长沙:湖南师范大学,2010.

[4] 黄进.中国法学教育状况(2012)[M].北京:中国政法大学出版社,2016.

[5] 李子瑾,施鹏.卓越法律人才培养背景下的国际法双语体验式模拟法庭教学[J].浙江理工大学学报(社会科学版),2019,42(1):97-102.

[6] 周颖,李冰.广州商学院法学专业实践基地建设与研究[J].湖北开放职业学院学报,2019,32(5):52-53.

[7] 周佑勇.新时代中国法学研究及学科发展的新任务[J].武汉大学学报(哲学社会科学版),2019,72(2):5-11.

[8] 张春妍,杜丽萍,宋小丽.高职院校创新创业课程研究与实践[J].无线互联科技,2019,16(5):107-108.

[9] 文学舟,梅强,关云素.高校本科专业教学效果影响因素实证研究[J].高校教育管理,2019,13(1):104-112.

[10] 邵文涛.我国本科法学教育中实践教学体系的构建与运行[D].济南:山东师范大学,2008.

[11] 周汉华.法律教育的双重性与中国法律教育改革[J].比较法研究,2000(4):389-406.

[12] 李曼丽.通识教育——一种大学教育观[M].北京:清华大学出版社,1999.

[13] 葛云松.法学教育的理想[J].中外法学,2014(2):285-318.

[14] 张艳丽.法学本科教育目标与教学方法[J].北京理工大学学报(社会科学版),2007(1):95-99.

[15] 焦富民.经济全球化视野下的法学研究性教学[J].行政与法,2012(7):75-77.
[16] 最受考生关注的10大高考专业排行榜[J].中国高等教育评估,2012,24(2):75-79.
[17] 苏力.法学本科教育的研究和思考[J].比较法研究,1996(2):52.
[18] 王晨光.卓越法律人才培养计划的实施[J].中国大学教育,2013(3):6-12.
[19] 何美欢.理想的专业法学教育[J].清华法学,2006(3):110-140.
[20] 张春兴.张氏心理学辞典[M].上海:上海辞书出版社,1991.
[21] 周世中,倪业群.法学教育与法科学生实践能力的培养[M].北京:中国法制出版社,2004.
[22] 邓建民,李芽.论法学实践教学形式的完善和更新[J].西南民族大学学报(人文社科版),2006(10):116-120.
[23] 张发斌,陆嘉蓉.论法科学生实践能力及其培养模式[J].东方企业文化,2010(3):201-202.
[24] 刘茂林.新法学实验教程——基于LETS软件的实验原理与操作[M].北京:北京大学出版社,2012.
[25] 张晋红,幸红,彭虹.论法学专业学生的素质及创新能力培养[J].政法学刊,2002(3):65-67.
[26] 苏力.当代中国法学教育的挑战与机遇[J].法学,2006(2):3-21.
[27] 刘晓明.论诊所法律教育在独立学院法学教育中的应用[J].阿坝师范高等专科学校学报,2013(1):38-42.
[28] 甄贞.一种新的教学方式:诊所式法律教育[J].中国高等教育,2002(8):35-36.
[29] 项瑞芳.山西大学本科人才培养的现实选择[D].太原:山西大学,2011.
[30] 侯作前,袁继红.职业导向的复合型法律人才培养模式:创新与实践[M].杭州:浙江工业大学出版社,2014.
[31] 王利明.法学教育的使命[J].中国法学教育研究,2017(1):3-11.
[32] 何志鹏.我国法学实践教育之反思[J].当代法学,2010(4):151-160.
[33] 李政辉.美国案例教学法的批判历程与启示[J].南京大学法律评论,2012(2):337-358.
[34] 温新宇,李亚茹,王天平,等.论高校开放式模拟法庭实践课程体系之建立——法学实践教学新路径探索[J].南方论刊,2013(8):107-110.
[35] 吴贵春.论法学专业学生实践能力的培养[J].蚌埠学院学报,2014(2):126-128.
[36] 陈慧娟.论法学专业学生实践能力的培养[J].法制与社会,2009(36):311-312.
[37] 陈友雄,向玲.完善法学实验教学质量监控体系研究[J].现代商贸工业,2017

(4): 175-176.

[38] 桂林.我国高等院校学前教育专业本科生培养方案研究[D].重庆:西南大学,2013.

[39] 丁汉初.面向 21 世纪大学本科生培养计划[J].理工高教研究,1999(2):74-76.

[40] 江晓云,伍进.旅游管理专业课程体系现状调查及创新研究——以桂林工学院旅游管理专业为例[J].桂林旅游高等专科学校学报,2003(4):70-76.

[41] 杨欣.模拟法庭实验教程[M].北京:中国民主法制出版社,2015.

[42] 连丽霞,刘巍.素质教育视野下的逻辑学精品课建设[J].当代教育论坛,2006(9):58-59.

[43] 代义.《证据法学》课程教学模式改革探析[J].华章,2011(34).

[44] 蒯晓明.逻辑学[M].北京:中国商业出版社,2004.

[45] 杨百顺.比较逻辑史[M].成都:四川人民出版社,1989.

[46] 熊明辉.逻辑学的演进[N].光明日报,2016-04-13(14).

[47] 张大松,蒋新苗.法律逻辑学教程[M].北京:高等教育出版社,2003.

[48] 雍琦.法律逻辑学[M].北京:法律出版社,2004.

[49] 杨为程.法律逻辑学教学中的几个基本问题[J].新疆教育学院学报,2013,29(1):84-87.

[50] [苏]B.H.库德里亚夫采夫.定罪通论[M].李益前,译.北京:中国展望出版社,1989.

[51] 张俊芳.概念外延间关系初探[J].东北师大学报,1990(3):18-21.

[52] 姜保忠.法律适用错误基本问题研究:以审判环节为中心[J].河南社会科学,2014,22(10):39-45.

[53] 麦买提·乌斯曼,辛金钦.论区分犯罪构成要件和犯罪构成要件要素[J].新疆社科论坛,2005(6):43-45.

[54] 杨为程.法律逻辑学教学中的几个基本问题[J].新疆教育学院学报,2013,29(1):84-87.

[55] 张继成.命题获得证据地位的内在逻辑[J].中国法学,2011(4):63-77.

[56] 李小虎.论关系命题的逻辑性质[J].齐鲁学刊,2001(6):76-80.

[57] 陆玉文.性质命题及其对当关系审思[J].吉林师范大学学报(人文社会科学版),2004(3):101-104.

[58] 汪柏树.性质命题推理有效性的欧拉图解法判定[J].黄山学院学报,2010(1):54-62.

[59] 徐阳春.复句和复合命题[J].宁夏大学学报(哲学社会科学版),1999(4):55-59.

[60] 刘本学.谈负命题与其它复合命题之间的蕴含关系[J].赤峰学院学报(汉文哲学社会科学版),2007(3):11-13.

[61] 朱小阳.联言命题逻辑值的真与语义的恰当之关系探析[J].江西社会科学,2006(1):172-174.

[62] 李小虎.命题三论[J].山东师范大学学报(人文社会科学版),2002(6):20-25.

[63] 李月彬.关于假言命题的几点思考[J].沧州师范专科学校学报,2002(1):47-51.

[64] 刘中奎.高中生议论文写作中的逻辑思维培育策略研究[D].昆明:云南师范大学,2016.

[65] 陈元勋.再论联结项与假言命题类型之间的或然性关系——并复焦克先生对《"除非"类假言命题新论》一文的质疑[J].云南电大学报,2009(3):37-40.

[66] 王传经.模态关系与意义分析[J].外语研究,2007(2):27-31.

[67] 彭漪涟.逻辑学大辞典[M].上海:上海辞书出版社,2004.

[68] 沈琪.刑法推理方法初论[D].北京:中国政法大学,2006.

[69] 赵玉增.论法律推理的概念——从法律方法论的视角[J].法律方法,2005(4):304-386.

[70] 彭榆琴.法律会话推理有效性探析——以商谈论的视角[J].甘肃社会科学,2012(2):107-110.

[71] 余经林.谈谈定罪三段论的概念及其特征[J].安徽大学学报,1990(2):24-28.

[72] 王宝荷.浅析审判三段论及其特点[J].山西省政法管理干部学院学报,2001(2):58-59.

[73] 林小燕.《荀子》论辩推理探究[J].陕西学前师范学院学报,2014,30(3):116-119.

[74] 刘玉兰,周继祥.选言推理在侦查工作中的运用[J].重庆工学院学报,2005(10):76-79.

[75] 马前进.刑事案件侦查思维中的假言推理[J].贵州警官职业学院学报,2016(3):108-113.

[76] 李安.归纳法在判例主义法律推理中的有效性与论证[J].法律科学(西北政法学院学报),2007(2):40-48.

[77] 李娟.非必然性推理与侦查假设的提出[D].重庆:西南政法大学,2015.

[78] 周继祥.不完全归纳推理及其在侦查工作中的运用[J].山东警察学院学报,2012(4):90-95.

[79] 刘美辰.浅谈归纳推理在生活中的应用[D].哈尔滨:哈尔滨师范大学,2013.

[80] 印大双,张力锋.归纳推理在侦查中的应用[J].江苏警官学院学报,2008(2):

147-151.

[81] 肖俊勇.浅析刑事侦查工作中的类比推理[J].山海经,2015(3):103.

[82] 张洋.司法中的类比推理研究[D].开封:河南大学,2007.

[83] 杨知文.裁判理由形成中的检验方法[J].人大法律评论,2012(1):43-63.

[84] 熊进光,姜红仁.法学专业实践教学的理论与实践[M].长春:吉林大学出版社,2008.

[85] 张卫平.法庭调查与辩论:分与合之探究[J].法学,2001(4):44-47.

[86] 赵琪昊.浅析法庭辩论[D].上海:复旦大学,2012.

[87] 肖伯符,邵明,许旭.程序公正及其在法庭辩论中的具体应用[J].政法论坛,1996(5):67-72.

[88] 余啸波.公诉实务教程[M].上海:上海交通大学出版社,2012.

[89] [美]约翰·罗尔斯.正义论[M],何怀宏,等译.北京:中国社会科学出版社,1988.

[90] [美]史蒂文·苏本,玛格瑞特·伍.美国民事诉讼的真谛[M],蔡彦敏,徐卉,译.北京:法律出版社,2002.

[91] 赵玉增.论法律推理的概念——从法律方法论的视角[J].法律方法,2005(4):314-396.

[92] 孙笑侠,熊静波.判决与民意——兼比较中美法官如何对待民意[J].政法论坛,2005:47-56.

[93] 张卫平,程序公正实现中的冲突与衡平[M].成都:成都出版社,1993.

[94] [日]兼子一,竹下守夫.民事诉讼法新版[M].白绿铉,译.北京:法律出版社,1995.

[95] 肖伯符.程序公正及其在法庭辩论中的具体运作[J].政法论坛:中国政法大学学报,1996(5):67-72.

[96] 侯学勇.法律论证中的证明思维与论证思维[J].法制与社会发展,2006(6):14-20.

[97] 焦宝乾,当代法律方法论的转型——从司法三段论到法律论证[J].法制与社会发展,2004(1):97-103.

[98] 田文昌.法庭辩论技巧——在司法部刑事辩护律师高级培训班的演讲[M].中国律师出版社,1996.

[99] 季刚.季刚出庭公诉若干实务问题刑事司法指南[M].北京:中国人民公安大学出版社,2010.

[100] 赵传栋.论辩原理[M].上海:复旦大学出版社,1997.

[101] 秦甫.律师论辩的策略和技巧[M].北京：法律出版社,2001.

[102] 游梓翔.认识辩论[M].台北：双叶画廊有限公司,2004.

[103] [美]赫伯特·布曼.中国庭审控辩技巧培训教程[M].丁相顺,金云峰,译.北京：中国方正出版社,2005.

[104] 殷宪龙,李继刚.证据法学[M].北京：法律出版社,2014.

[105] 樊崇义.证据法学[M].6版.北京：法律出版社,2017.

[106] 何家弘.论述证据法学的研究对象和研究方法[J].法学杂志,2000(2)：7.

[107] 刘爱龙.论法务会计证据学的研究对象及方法[J].审计与经济研究,2011(6)：74-80.

[108] 刘金友.证据理论与实务[M].北京：法律出版社,1992.

[109] 李思川,周宝金.浅谈法学方法论[J].商,2013(4)：169.

[110] 洪浩.证据法学[M].2版.北京：北京大学出版社,2007.

[111] 田辰山.中西比较下的政治文化[J].中央社会主义学院学报,2019(1)：168-173.

[112] 高家伟,邵明,王万华.证据法原理[M].北京：中国人民大学出版社,2004.

[113] 毛立华.论证据与事实[D].北京：中国政法大学,2006.

[114] 陈光中.证据法学[M].3版.北京：法律出版社,2015.

[115] 吴荣荣.民事诉讼中录音证据采信与排除规则的设计与论证[J].理论界,2012(1)：49-52.

[116] 江伟,邵明.关于我国制定统一证据法典的思考[J].证据学论坛,2004(2)：37-61.

[117] 刘敏.论直接言词原则与民事证据制度的完善[J].证据学论坛,2001(2)：228-242.

[118] 卞建林.美国联邦刑事诉讼规则和证据规则[M].北京：中国政法大学出版社,1998.

[119] 郑旭.刑事证据规则[D].北京：中国政法大学,2000.

[120] 中国法官管理制度改革研究课题组.中国法官管理制度改革研究[J].政治与法律.1999(4)：23.

[121] 谭世贵.中国法官制度研究[M].北京：法律出版社,2009.

[122] 李建波,司法文化若干问题研究[D].海口：海南大学,2009.

[123] 肖扬.当代司法体制[M].北京：中国政法大学出版社,1998.

[124] 栾广焰,杨武.审判权公正行使之研究[J].活力,2012(16)：54.

[125] 林莉红.行政诉讼法学[M].武汉：武汉大学出版社,2009.

[126] 刘箭.审判中心视野下的司法建议制度[J].法学杂志,2017(6):118.
[127] 张卫平.民事诉讼法[M].北京:法律出版社,2004.
[128] 兰世民,兰馨,缪新森.法院分案若干问题研究[J].法律适用,2012(6):95-100.
[129] 毕玉谦,谭秋桂,杨路.民事诉讼研究及立法论证[M].北京:人民法院出版社,2006.
[130] 孙笑侠.法的现象与观念[M].济南:山东人民出版社,2001.
[131] 田先纲.我国检察官的性质、职业特点及其职权配置的再思考[J].上海大学学报(社会科学版),2007(2):127-131.
[132] 王岚.谈检察官的职责及培养中应注意的几个问题[J].中央检察官管理学院学报,1995(3):8-11.
[133] 松本一郎,郭布,罗润奇.检察官的客观义务[J].环球法律评论,1980(2):49-52.
[134] 李昌林.论检察官的客观义务[J].中国司法,2004(8):25-29.
[135] 龙宗智.中国法语境中的检察官客观义务[J].法学研究,2009(4):137-156.
[136] 张慧民,孙自芳.确认主诉检察官的权利与责任是主诉检察官制度的核心[J].河北法学,1999(6):57-58.
[137] 刘万丽,黄在国.我国检察官角色定位问题研究[J].中州学刊,2013(11):51-55.
[138] 安徽省淮南市人民检察院课题组.检察官遴选制度的现实困境与理想构建[A]//胡卫列,董桂文,韩大元.人民检察院组织法与检察官法修改——第十二届国家高级检察官论坛论文集[C].中国检察出版社:15.
[139] 周恒.中国检察官遴选制度探究[D].郑州:郑州大学,2016.
[140] 计银波.论我国律师角色的定位——兼谈我国律师执业权利的完善[D].武汉:华中科技大学,2009.
[141] 孙艳华.法律职业化探微[J].法学论坛,2002(4):109.
[142] 王凤民,刘新影.关于中国律师职业时代特征的思考[J].行政与法,2007(6):49.
[143] 揭明.中国律师的角色探讨[J].律师世界,2000(2):44.
[144] 米尔思.律师的艺术[M],刘同苏,侯君丽译.北京:中国政法大学出版社,1989.
[145] 焦武峰.论法社会学视野中的律师角色[D].苏州:苏州大学,2004.
[146] 陈卫东.中国律师学[M].北京:中国人民大学出版社,2000.
[147] 杨杰.律师的职业角色定位及其职责[D].济南:山东大学,2010.
[148] 李峰,丁娟,梁静.律师制度改革热点问题研究[M].北京:人民法院出版社,2004.
[149] 张军英.律师道德伦理与社会正义[J].河北学刊,2013(5):158-161.
[150] [美]哈罗德·J.伯尔曼.法律与革命:西方法律传统的形成[M],贺卫东等译.北京:中国大百科全书出版社,1993.

[151] 梁伟.改善我国律师生存现状的具体对策[J].剑南文学(经典阅读),2011(6):256-257.

[152] 汤火箭.中国律师的地位:现状、反思与前瞻[J].社会科学研究,2002(1):83-87.

[153] 郑建伟.我国律师角色定位探讨[J].法制与经济(中旬刊),2012(12):116-117.

[154] 冯春萍.模拟法庭教学的实践与探索[J].海南师范大学学报(社会科学版),2010(1):159-162.

[155] 吴西彬.模拟法庭教学效果评价[J].教育评论,2007(1):73.

[156] 秦兰英.模拟庭审实务操作教程[M].北京:中国人民大学出版社,2013.

[157] 王金艳.《民事诉讼法》应用型教学模式改革探讨[J].现代商贸工业,2013(21):163-164.

[158] 湛念.论模拟法庭教学中大学生批判性思维能力的培养[J].中南林业科技大学学报(社会科学版),2010,04(6):128-130.

[159] 李元香.高等院校法律类课程实训课教学模式初探[J].企业家天地下半月刊(理论版),2008(9):146-147.

[160] 陈学权.模拟法庭实验教学方法新探[J].中国大学教学,2012(8):86-89.

[161] 王喆,周毅.模拟法庭实训教程[M].北京:经济科学出版社,2015.

[162] 樊学勇.模拟法庭审判讲义及案例脚本:民事卷[M].北京:中国人民公安大学出版社,2009.

[163] 刘志苏.模拟法庭:模拟案例与法律文书[M].北京:化学工业出版社,2014.

[164] 刘晓霞.模拟法庭[M].北京:科学出版社,2013.

[165] 王晓莉.民事诉讼撤诉制度的法理探索[J].江苏警官学院学报,2003(2):116-121.

[166] 任重.论中国民事诉讼的理论共识[J].当代法学,2016(3):38-51.

[167] 戴优强.职校民事模拟法庭实训方案研究[J].职业教育研究,2010(7):121-122.

[168] 张炜达,尉琳.庭审理论与实务研究[M].西安:西北大学出版社,2009.

[169] 田毅平.浅谈模拟法庭在刑事诉讼法教学中的应用[J].时代教育,2015,(1):10-11.

[170] 沈柳兰.模拟法庭在刑事实体法教学中的探索和应用[J].考试周刊,2010(24):201.

[171] 侯华生.补充侦查案件延期审理建议宜由公诉人提出[J].人民检察,2014(5):80.

[172] 谭庆德,谭新宇.论检察机关证据合法性证明责任承担[J].中共青岛市委党

校.青岛行政学院学报,2013(2)：96-100.

[173] 黄河,史卫忠,吕卫华.刑事诉讼规则在公诉工作中的理解与适用[J].国家检察官学院学报,2013,21(1)：12-23.

[174] 曹应林.浅谈公诉人如何参与法庭调查[J].江苏广播电视大学学报,1994(2)：32-35.

[175] 范登峰.刑事庭审研究[M].北京：法律出版社,2017.

[176] 左卫民,谢鸿飞.法院的案卷制作——以民事判决书为中心[J].比较法研究,2003(5)：39-51.

[177] 翟业虎.关于规范我国高校模拟法庭教学的思考[J].高等教育研究,2015(9)：71-74.

[178] 程楠楠,王海滢.礼貌原则在法庭审理用语中的体现[J].行政与法,2012(8)：69-71.

[179] 齐永丽,冯亚景.法庭审判中的法官言语行为研究[J].新余学院学报,2011,16(2)：51-54.

[180] 沙帅.对行政诉讼开庭程序的几点思考[J].法制与社会,2015(29)：27-28.

[181] 李轩.《民事诉讼法》基本程序的反思与重构[J].中国司法,2012(3)：36-43.

[182] 段文波.《民事诉讼法》修改应当关注作为证据的当事人[J].西南政法大学学报,2012,14(3)：112-115.

[183] 陈兵.法学教育应推进模拟法庭教学课程化[J].中国大学教学,2013(4)：45-51.

[184] 江伟.民事诉讼法[M].3版.上海：复旦大学出版社,2016：182-184.

[185] 邹学荣.中英民事庭审制度之比较研究[J].四川师范学院学报(哲学社会科学版),2000(3)：5-10.

[186] 段厚省,郭宗才.规范出发型的民事案件裁判方法与民事抗诉案件审查方法[J].法学,2008(8)：130-137.

[187] 赵红杰.我国民事庭审笔录规范化研究[D].海口：海南大学,2017.

[188] 李轩,李刚.律师视角下的《民事诉讼法》修改[J].国家检察官学院学报,2011,19(5)：51-62.

[189] 程亚丽.范例教学理论在经济法学教学中的应用——以模拟法庭教学模式为例[J].淮南师范学院学报,2010,12(4)：117-120.

[190] 张卫平.法庭调查与辩论：分与合之探究[J].法学,2001(4)：44-47.

[191] 张炜达,尉琳.庭审理论与实务研究[M].西安：西北大学出版社,2009.

附件1 常用诉讼文书格式

民事(行政)起诉状
(民事、行政诉讼案件用)

原告：×××，男/女，××××年××月××日生，×族，……(写明工作单位和职务或职业)，住……。联系方式：……。

法定代理人/指定代理人：×××，……。

委托诉讼代理人：×××，……。

原告(法人或非法人组织)：×××，住所……。

法定代表人/主要负责人：×××，……(写明职务)，联系方式：……。

委托诉讼代理人：×××，……。

被告：×××，……。

……

(以上写明当事人和其他诉讼参加人的姓名或者名称等基本信息)

诉讼请求：……。

事实和理由：……。

证据和证据来源，证人姓名和住所：……。

此致
××××人民法院
附：本起诉状副本×份

起诉人：(签名或盖章)
××××年××月××日

填写说明

1. 本样式供当事人提起民事、行政诉讼用。

2. 起诉应当向人民法院递交起诉状,并按照被告人数提供副本。

3. 原告应当写明姓名、性别、出生日期、民族、职业、工作单位、住所、联系方式。原告是无民事行为能力或者限制民事行为能力人的,应当写明法定代理人姓名、性别、出生日期、民族、职业、工作单位、住所、联系方式,在诉讼地位后括注与原告的关系。

4. 起诉时已经委托诉讼代理人的,应当写明委托诉讼代理人的基本信息。

5. 被告是自然人的,应当写明姓名、性别、工作单位、住所等信息;被告是法人或者其他组织的,应当写明名称、住所等信息。

6. 原告在起诉状中直接列写第三人的,视为其申请人民法院追加该第三人参加诉讼。是否通知第三人参加诉讼,由人民法院审查决定。

7. 起诉状应当由本人签名。

刑 事 自 诉 状
(自诉案件用)

自诉人(代为告诉人):×××,男/女,××××年××月××日生,×族,……(写明工作单位和职务或职业),住……。联系方式:……。

被告人:×××,……。

案由和诉讼请求:……。

事实与理由:……。

证据和证据来源,证人姓名和住所:……。

此致
××××人民法院
附:本诉状副本×份

自诉人:(签名或盖章)
××××年××月××日

填写说明

1. 本诉状供刑事自诉案件起诉用,用 A4 纸书写或打印,左边留 2.5 cm,右边留 2 cm 边距。

2. 在同一诉状中提起附带民事诉讼的,将"自诉人"改为"自诉人暨附带民事诉讼原告人"。

3. "自诉人""被告人"栏,均应写明姓名、性别、身份证号码或者出生时间、民族、文化程度、职业、工作单位、住址、联系方式等。

4. "案由与诉讼请求"栏,应当写明控告的罪名和具体的诉讼请求。

5. 副本份数应当按被告人的人数提交。

附带民事起诉状
（附带民事诉讼案件用）

附带民事诉讼原告人：×××,男/女,××××年××月××日生,×族,……(写明工作单位和职务或职业),住……。联系方式：……。

附带民事诉讼被告人：×××,……。

诉讼请求：……。

事实与理由：……。

证据和证据来源,证人姓名和住所：……。

此致
××××人民法院
附：本诉状副本×份

          附带民事诉讼原告人：（签名或盖章）
          ××××年××月××日

填写说明

1. 本诉状供刑事案件中,单独提起附带民事诉讼案件用,用 A4 纸书写或打印,左边留 2.5 cm、右边留 2 cm 边距。

2. "附带民事诉讼原告人""附带民事诉讼被告人"栏,均应写明姓名、性别、身份证号码或者出生时间、民族、文化程度、职业、工作单位、住址、联系方式等。

3. "诉讼请求"栏,应当写明具体的诉讼请求事项。

4. 副本份数应当按附带民事诉讼被告人的人数提交。

上　诉　状
（各类案件通用）

上诉人（原审诉讼地位）：×××，男/女，××××年××月××日出生，×族，……（写明工作单位和职务或者职业），住……。联系方式：……。

法定代理人/指定代理人：×××，……。

委托诉讼代理人：×××，……。

被上诉人（原审诉讼地位）×××，……。

……

（以上写明当事人和其他诉讼参加人的姓名或者名称等基本信息）

×××因与×××……（写明案由）一案，不服××××人民法院××××年××月××日作出的（××××）……号判决/裁定，现提起上诉。

上诉请求：……。

上诉理由：……。

此致

××××人民法院

附：本上诉状副本×份

上诉人：（签名或者盖章）
××××年××月××日

填写说明

1. 本格式供各类案件当事人提出上诉用，用 A4 纸书写或打印，左边留 2.5 cm、右边留 2 cm 边距。

2. "上诉人"栏：系自然人的，应写明姓名、性别、身份证号码或者出生时间、民族、出生地、文化程度、职业、工作单位、住址、联系方式等；系法人或者其他组织的，应写明名称、组织机构代码、住所、法定代表人或主要负责人姓名、职务、联系方式。

3. "上诉人"署名栏：系自然人的，要由本人签名捺印；系法人或者其他组织的，应当写明全称，加盖单位公章。

申 请 执 行 书
（申请执行案件用）

申请执行人：×××，男/女，××××年××月××日出生，×族，……（写明工作单位和职务或者职业），住……。联系方式：……。

法定代理人/指定代理人：×××，……。

委托诉讼代理人：×××，……。

被执行人：×××，……。

……

（以上写明申请执行人、被执行人和其他诉讼参加人的姓名或者名称等基本信息）

申请执行人×××与被执行人×××……（写明案由）一案，××××人民法院（或其他生效法律文书的作出机关）（××××）……号民事判决（或其他生效法律文书）已发生法律效力。被执行人×××未履行/未全部履行生效法律文书确定的给付义务，特向你院申请强制执行。

请求事项：……（写明请求执行的内容）。

此致

××××人民法院

附：生效法律文书×份

申请执行人：（签名或盖章）
××××年××月××日

填写说明

1. 本文书样式根据《中华人民共和国民事诉讼法》第236条、第237条第1款、第238条第1款，《最高人民法院关于人民法院执行工作若干问题的规定（试行）》第18—23条规定制定，供申请执行人向人民法院申请执行时用。

2. 当事人是法人或者其他组织的，写明名称住所。另起一行写明法定代表人、主要负责人及其姓名、职务、联系方式。

3. 申请执行人向人民法院申请强制执行的内容，必须为生效法律文书确定的给付义务。

国家赔偿申请书
（向人民法院赔偿委员会申请国家赔偿用）

赔偿请求人：……（写明姓名或者名称等基本情况）

赔偿义务机关：……（写明名称、住所地）

法定代表人：（写明姓名、职务）

复议机关：……（写明名称、住所地）

法定代表人：（写明姓名、职务）

×××（赔偿请求人姓名或名称）因……（申请国家赔偿的案由），申请×××（赔偿义务机关名称）……（具体赔偿要求）。

事实与理由：

……（认为赔偿义务机关及其工作人员侵权造成赔偿请求人合法权益损害的事实和根据；已经向赔偿义务机关申请国家赔偿、向复议机关申请复议，认为赔偿义务机关、复议机关作出的决定错误的理由，或者其逾期不作出决定的事实和证据；根据有关法律规定应当获得国家赔偿的理由）。

……（证据和证据来源，证人姓名和住址）。

此致

××××人民法院赔偿委员会

附：……（本国家赔偿申请书副本三份和有关法律文书及证明材料目录）

赔偿请求人：（签名或盖章）
××××年××月××日

填写说明

1."赔偿请求人"栏：系自然人的，应写明姓名、性别、身份证号码或者出生时间、民族、职业、工作单位、住址、有效联系方式；系法人或者其他组织的，应写明名称、住所地、组织机构代码，以及法定代表人或主要负责人的姓名、职务、有效联系方式。有委托代理人的，写明委托代理人的姓名、性别、职业、工作单位、住址、联系方式等。

2.赔偿申请书尾部的"此致×××人民法院"为被请求赔偿义务机关的法院名称。

3. 附件中所列有关法律文书及证明材料目录,应根据具体情况分别列项标注,目录应与提交的有关法律文书及证明材料相符。

4. 用 A4 纸打印或书写,书写时应字迹清楚,避免使用铅笔、圆珠笔等易褪色或不易长期保管的工具材料书写。

再审申请书
(民事、行政申请再审用)

再审申请人(一、二审诉讼地位):×××,男/女,××××年××月××日出生,×族,……(写明工作单位和职务或者职业),住……。联系方式:……。

法定代理人/指定代理人:×××,……。

委托诉讼代理人:×××,……。

被申请人(一、二审诉讼地位):×××,……。

……

原审原告/被告/第三人(一审诉讼地位):×××,……。

……

(以上写明当事人和其他诉讼参加人的姓名或者名称等基本信息)

再审申请人×××因与×××……(写明案由)一案,不服××××人民法院(写明原审人民法院的名称)××××年××月××日作出的(××××)……号判决/裁定/调解书,现提出再审申请。

再审请求:……。

事实和理由:……(写明申请再审的法定情形及事实和理由)。

此致

××××人民法院

附:本再审申请书副本×份

再审申请人:(签名或者盖章)
××××年××月××日

填写说明

1. 本申请书供民事/行政案件的当事人申请再审用,用 A4 纸书写或打印,左边留 2.5 cm、右边留 2 cm 边距。

2. "再审申请人""被申请人"栏：系自然人的，应写明姓名、性别、身份证号码或者出生时间、民族、职业、工作单位、住址、有效联系电话、邮寄地址等；系法人或者其他组织的，应写明名称、住所，以及法定代表人或者主要负责人的姓名、职务及有效联系电话、邮寄地址。

3. "再审申请人"署名栏：系自然人的，要由本人签名捺印；系法人或者其他组织的，应当写明全称，加盖单位印章。

4. 再审申请书应当记明下列事项：① 再审申请人与被申请人和原审其他当事人的姓名或者名称等基本信息；② 原审人民法院的名称，原审裁判文书案号；③ 具体的再审请求；④ 申请再审的法定情形及具体事实、理由。再审申请书应当明确申请再审的人民法院，并由再审申请人签名、捺印或者盖章。

5. 当事人申请再审，应当提交下列材料：① 再审申请书，并按照被申请人和原审其他当事人的人数提交副本。② 再审申请人是自然人的，应当提交身份证明；再审申请人是法人或者其他组织的，应当提交营业执照、组织机构代码证书、法定代表人或者主要负责人身份证明书；委托他人代为申请的，应当提交授权委托书和代理人身份证明。③ 原审判决书、裁定书、调解书。④ 反映案件基本事实的主要证据及其他材料。

6. 有新证据的，应当在事实和理由之后写明证据和证据来源，证人姓名和住所。

刑事申诉书

申诉人：×××，男/女，××××年××月××日生，×族，……（写明工作单位和职务或职业），住……。联系方式：……。

申诉人×××对×××人民法院×××年××月××日（×××）×××字×××第×××号×××书不服，提出申诉。

请求事项：……。

事实与理由：……。

此致
×××人民法院
附：原审×××书复印件一份

申诉人：（签名或盖章）
××××年××月××日

填写说明

1. 本申诉状供刑事案件申诉主体提出申诉时使用,用 A4 纸书写或打印,左边留 2.5 cm,右边留 2 cm 边距。

2. "申诉人"栏:系自然人的,应写明姓名、性别、身份证号码或者出生时间、民族、文化程度、职业、工作单位、住址等;系法人或者其他组织的,应当写明名称、组织机构代码、住所、法定代表人或者代表人的姓名和职务。

3. "申诉人"署名栏:系自然人的,要由本人签名捺印;系法人或者其他组织的,应当写明全称,加盖单位公章。

附件 2　民事案件审判流程图

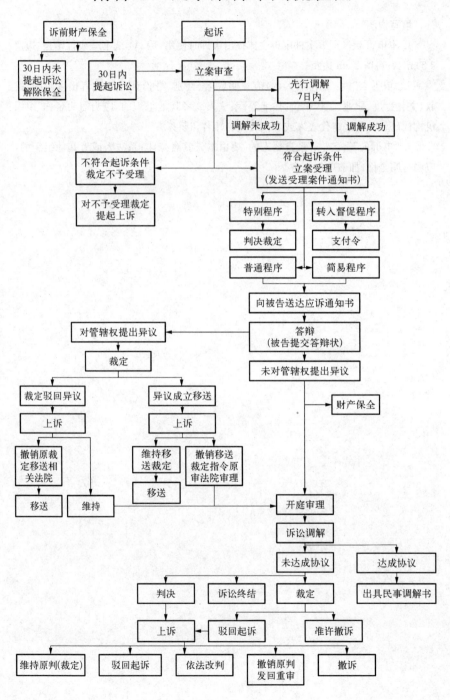

附件 3 行政案件审判流程图

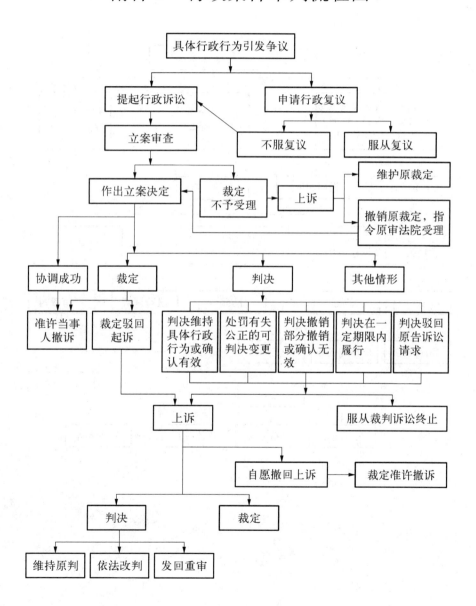

附件 4　刑事(自诉)案件审判流程图

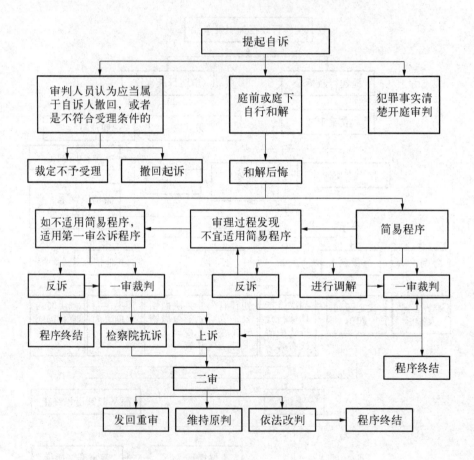

附件 5　各类案件收费标准

诉讼费用主要包括案件受理费、申请费和其他诉讼费用三种。法院决定受理民事案件时,起诉方当事人应当按照法律的规定向法院交纳一定的费用,诉讼费用由原告在收到预缴通知书的次日的七日内预交,七日内未预交又不提出缓交申请的,按自动撤回起诉或上诉处理。

案件受理费按《人民法院诉讼费收费办法》规定的计算方法缴纳,勘验费、鉴定费、公告费、翻译费及其他诉讼费用的缴纳数额,根据国家有关部门收费标准或规定执行。

人民法院诉讼费收费标准

案件受理费		
离婚案件	每件 50 元至 300 元	涉及财产分割,财产总额不超过 20 万元的,不另行交纳;超过 20 万元的部分按照 0.5% 交纳
侵害姓名权、名称权、肖像权、名誉权、荣誉权及其他人格权的案件	每件 100 元至 500 元	涉及损害赔偿,赔偿金额不超过 5 万元的,不另行交纳;超过 5 万元至 10 万元的部分,按照 1% 交纳;超过 10 万元的部分,按照 0.5% 交纳
其他非财产案件	每件 50 元至 100 元	
劳动争议案件	每件 10 元	
知识产权民事案件	每件 500 元至 1 000 元	有争议金额的按财产案件收费标准交纳
商标、专利、海事行政案件	每件 100 元	

（续表）

	案件受理费	
其他行政案件	每件 50 元	
当事人提出案件管辖权异议不成立的	每件 50 元至 100 元	
财产案件收费（根据诉讼请求的金额或者价额，按照右侧标准按比例分段累计交纳）	不超过 1 万元的部分	每件交纳 50 元
	1 万元至 10 万元的部分	按照 2.5% 交纳
	10 万元至 20 万元的部分	按照 2% 交纳
	20 万元至 50 万元的部分	按照 1.5% 交纳
	50 万元至 100 万元的部分	按照 1% 交纳
	100 万元至 200 万元的部分	按照 0.9% 交纳
	200 万元至 500 万元的部分	按照 0.8% 交纳
	500 万元至 1 000 万元的部分	按照 0.7% 交纳
	1 000 万元至 2 000 万元的部分	按照 0.6% 交纳
	超过 2 000 万元的部分	按照 0.5% 交纳
	申 请 费	
申请执行人民法院发生法律效力的判决、裁定、调解书，仲裁机构依法作出的裁决和调解书，公证机关依法赋予强制执行效力的债权文书，申请承认和执行外国法院判决、裁定以及国外仲裁机构裁决的	没有执行金额或者价额的	每件交纳 50 元至 500 元
	执行金额或者价额不超过 1 万元的	每件交纳 50 元
	超过 1 万元至 50 万元的部分	按照 1.5% 交纳
	超过 50 万元至 500 万元的部分	按照 1% 交纳
	超过 500 万元至 1 000 万元的部分	按照 0.5% 交纳
	超过 1 000 万元的部分	按照 0.1% 交纳
	符合《民事诉讼法》第 55 条第 4 款规定，未参加登记的权利人向人民法院提起诉讼的，按照本项规定的标准交纳申请费，不再交纳案件受理费	

(续表)

申　请　费		
申请保全措施的	财产数额不超过 1 000 元或者不涉及财产数额的	每件交纳 30 元
	超过 1 000 元至 10 万元的部分	按照 1% 交纳
	超过 10 万元的部分	按照 0.5% 交纳
	当事人申请保全措施交纳的费用最多不超过 5 000 元	
依法申请支付令的	比照财产案件受理费标准的 1/3 交纳	
依法申请公示催告的	每件交纳 100 元	
申请撤销仲裁裁决或者认定仲裁协议效力的	每件交纳 400 元	
破产案件	依据破产财产总额计算，按照财产案件受理费标准减半交纳	最高不超过 30 万元

其　他

以调解方式结案或者当事人申请撤诉的，减半交纳案件受理费。

适用简易程序审理的案件，减半交纳案件受理费。

对财产案件提起上诉的，按照不服一审判决部分的上诉请求数额交纳案件受理费。

被告提起反诉、有独立请求权的第三人提出与本案有关的诉讼请求，人民法院决定合并审理的，分别减半交纳案件受理费。

依照《诉讼费用交纳办法》第 9 条规定需要交纳案件受理费的再审案件，按照不服原判决部分的再审请求数额交纳案件受理费。

图书在版编目(CIP)数据

庭审 N+1 实训教程/王瑞主编. —上海:复旦大学出版社,2019.10
ISBN 978-7-309-14244-0

Ⅰ.①庭… Ⅱ.①王… Ⅲ.①审判-案例-中国-高等学校-教材 Ⅳ.①D925.05

中国版本图书馆 CIP 数据核字(2019)第 058311 号

庭审 N+1 实训教程
王 瑞 主编
责任编辑/方毅超 李 荃

复旦大学出版社有限公司出版发行
上海市国权路 579 号 邮编:200433
网址:fupnet@fudanpress.com   http://www.fudanpress.com
门市零售:86-21-65642857   团体订购:86-21-65118853
外埠邮购:86-21-65109143
上海四维数字图文有限公司

开本 787×960 1/16 印张 18 字数 254 千
2019 年 10 月第 1 版第 1 次印刷

ISBN 978-7-309-14244-0/D·981
定价:42.00 元

如有印装质量问题,请向复旦大学出版社有限公司发行部调换。
版权所有 侵权必究